Gertrud Lehnert

RÄUME DER I

Gertrud Lehnert (Hrsg.)

RÄUME DER MODE

Wilhelm Fink

Umschlagfoto:
Olaf Martens

Bibliografische Information der Deutschen Nationalbibliothek

Die Deutsche Nationalbibliothek verzeichnet diese Publikation in der Deutschen
Nationalbibliografie; detaillierte bibliografische Daten sind im
Internet über http://dnb.d-nb.de abrufbar.

© 2012 Wilhelm Fink Verlag, München
(Wilhelm Fink GmbH & Co. Verlags-KG, Jühenplatz 1, D-33098 Paderborn)

Internet: www.fink.de

Satz: Stephanie Rymarowicz
Einbandgestaltung: Evelyn Ziegler, München
Printed in Germany
Herstellung: Ferdinand Schöningh GmbH & Co. KG, Paderborn

ISBN 978-3-7705-5200-9

Inhalt

Mode im Museum

Mode als Raum

Gertrud Lehnert

Mode als Raum, Mode im Raum. Zur Einführung

Lange ist Mode[1] vor allem als System von Zeichen betrachtet und analysiert worden. Modische Zeichen wurden als Aussage über sozialen Status und damit über gesellschaftliche Strukturen gedeutet. Mittlerweile hat ein Paradigmenwechsel eingesetzt, der Mode als Resultat menschlichen Handelns, als ästhetische Arbeit und damit als Phänomen der Wahrnehmung deutet.[2]

Fokussiert man auf Prozesse der Wahrnehmung, dann kommt zu den Kleidern der Raum ins Spiel. Denn Kleider sind räumliche Gebilde, sie existieren im Raum und treten in Austausch mit ihm. Raum wiederum konstituiert sich modernen soziologischen und kulturwissenschaftlichen Konzepten zufolge durch Dinge und Bewegung.[3] So werden Körper und Kleider zu integralen Elementen der Wahrnehmung und Gestaltung von Raum. „Mode" ist, wie „Raum", dynamisiert worden, und in ihrer Dynamik gehen beide eine unauflösliche Verbindung ein.

Mode fungiert zwar weiterhin als soziales Zeichensystem, aber die modischen Zeichen, so unablässig sie gedeutet werden, sind so wenig eindeutig wie andere symbolische Zeichen, vielleicht weniger noch als andere. Nicht nur ändern sich die kulturellen Zuschreibungsprozesse ständig, außerdem werden sie durch unterschiedliche soziale Gruppen ebenso wie sämtliche Individuen, die sie verwenden, unablässig im Gebrauch verändert. Ihre große Bedeutung liegt denn auch auf einem anderen Gebiet: Mode umgibt uns täglich und bestimmt unsere unmittelbaren Eindrücke von anderen Menschen, die wir zuerst immer als mehr oder weniger modisch bekleidete Körper wahrnehmen – die sich in der Regel entsprechend „geben": Mode trägt entscheidend zur Habitusbildung bei. Kleidung und um so mehr Mode moduliert und produziert unsere ästhetische Wahrnehmung

---

1   Damit ist im Folgenden grundsätzlich Kleidermode gemeint, und zwar zunächst undifferenziert nach dem finanziellen, ästhetischen und sozialen Niveau.

2   Lehnert 2001b, 2001c, 2002a, 2003, Esposito 2004, Lehnert 2004a, 2006, Entwistle 2009 und andere.

3   z.B. Löw 2001, Lefebvre 2006.

Gertrud Lehnert

und unsere ständig im Prozeß befindliche Geschmacks(um)bildung. Auf diese Weise moduliert sie ästhetische Erwartungen, die wiederum von der längst globalen Modeindustrie immer wieder erfüllt, aber auch neu hervorgebracht werden. Ihre Herkunft als Industrieprodukt und die Bedingungen ihrer Herstellung verschleiert die Mode freilich gern.

Im allgemeinsten, abstrakten Sinne kann Mode als grundlegende Dynamik betracht werden, die die modernen, d.h. die Konsum-Kulturen antreibt und in Gang hält[4] und sich in einer Vielzahl von Moden konkretisiert: Architektur, Inneneinrichtung, Design, intellektuelle bzw. Wissensmoden, künstlerische Moden usw. Kleidermode ist im Hinblick auf ihre kulturelle, soziale und wirtschaftliche Bedeutung eine ihrer wichtigsten Hervorbringungen (oder Materialisierungen). Kleidern kommen jedoch nicht als Mode in die Welt, sondern müssen erst dazu gemacht werden. Der Übergang von Kleidern zu Mode geschieht in einer Vielzahl von Aktivitäten. Dazu zählen unter anderem das Design, Distribution und Werbung, Strategien des Ein- und Ausschlusses durch maßgebliche Institutionen wie die „Chambre syndicale de la haute couture française". Es zählen dazu „cultural performances" jeglicher Art wie die Aufführung in Défilés, die Präsentation in Modezeitschriften und in Läden. Und last but not least zählen dazu die allgegenwärtigen Alltagspraktiken, die sich, wie jede Aufführung, in wechselnden Rollen von Darstellenden und Zuschauenden, von Inszenierung und Wahrnehmung, konkretisieren.[5] Wahrnehmung ist mit Zuschreibungen verbunden, insofern verstehe ich Wahrnehmung nicht als ein passives Geschehen, sondern als aktives Handeln, ganz gleich wie bewusst es abläuft. Und so schreiben wir, ob wir es merken oder nicht, unablässig unseren eigenen oder fremden Kleidern den Status von Mode zu oder erkennen ihn ihnen ab.

Modisches Handeln – wie alles menschliche Handeln – findet im Raum und als räumliches – raumaneignendes, raumschaffendes – Handeln statt. Mode entsteht und lebt in einem Prozeß des unauflöslichen wechselseitigen Verhältnisses von Raum/Räumen, Kleidern und Menschen. Dieser Prozeß besitzt wenigstens drei Dimensionen, die ineinander übergehen, aus heuristischen Gründen jedoch im Folgenden getrennt dargestellt werden:

(1) Die Schauplätze, an denen Mode inszeniert und aufgeführt wird – sei es in der materiellen Wirklichkeit, sei es auf Bildern oder in Texten. Solche Schauplätze sind keineswegs beliebig und austauschbar, sondern sie stehen in Wechselwirkung mit den menschlichen Körpern und der Kleidung, die in „Modekörpern" ein Drittes bilden. Eine Wechselwirkung ist zumindest dann gegeben, wenn es sich um intentional modische Orte handelt wie Designer Stores oder Räum, in denen Défilés stattfinden. Allerdings können

---

4   So etwa Lipovetsky 1987.
5   Lehnert 2006; Lehnert 2004a; ferner Entwistle 2009; Craik 2005; Kawamura 2005, Potvin 2009.

8

auch nicht-intentional modische Orte von den in ihnen aufgeführten Moden verändert und zu spezifisch modischen Räumen werden.

(2) Die Räumlichkeit der Kleidung selbst, die sich im Extremfall als textile Skulptur verselbständigen kann.

(3) Körpertechnik als räumliches, raumaneignendes und raumschaffendes Handeln.

Im Folgenden werde ich diese drei Dimensionen skizzieren und damit grundsätzliche Fragestellungen aufwerfen, die der Konzeption dieses Buches zugrunde liegen. Das Buch selbst legt den Schwerpunkt auf die Schauplätze, diejenigen ganz und gar unterschiedlichen Orte, in denen Mode auf ebenso unterschiedliche Weise aufgeführt wird und überhaupt erst entsteht[6]: die Straße, Modenschauen auf diversen Bühnen, Warenhäuser, Flagship Stores, Modezeitschriften, Blogs, auch Museen. Die beiden anderen Aspekte, die Räumlichkeit der Artefakte selbst sowie die Körpertechnik als räumliches Verhalten, kommen in vielen Texten implizit vor, etliche machen sie explizit zum Thema. Denn die Ausgangsthese ist, dass alle drei Dimensionen konstitutiv aufeinander bezogen sind. Ihre Engführung in Darstellung und Interpretation ermöglicht einen neuen Blick auf Mode und auf Raum/Räumlichkeit. Es ist – von wenigen mir bekannten Ausnahmen abgesehen (Potvin 2009; Schlittler/Tietze 2009) - die erste umfangreiche Publikation, die sich ausschließlich den Räumen und der Räumlichkeit der Mode widmet. Ohne Raum keine Mode. Aber gilt auch das Umgekehrte: Ohne Mode kein Raum? Ich denke, ja. Das könnte eine Frage für weitere Diskussionen sein.

Schauplätze: Räume/Orte

In den Kulturwissenschaften wird Raum spätestens seit dem Spatial Turn dynamisch aufgefasst[7]: Raum wird konstituiert im Zusammenspiel von Menschen, Dingen, Wahrnehmung (einschließlich Deutungs- und Zuschreibungsprozessen) und Bewegung (womit auch ein zeitliches Moment ins Spiel kommt). Anders gesagt: Raum entsteht in sozialem und symbolischem Handeln und ist erfahrbar über die Dinge/Körper im Raum und deren Anordnung sowie ihre Bewegung. Martina Löw (2001) nennt das in ihrer Raumsoziologie „Spacing" (die Plazierung von Objekten im Raum) und betont die menschliche Syntheseleistung, die daraus überhaupt erst Raum zu konstituieren vermöge. Ich möchte das ergänzen durch die phänomenologische Theorie, die Raum an den Leib bindet und ihm eigene

---

6   Vgl. z.B. Lehnert 2002 b; Lehnert 2010; Lehnert 2011 b; Lindemann 2008, Zill 2008; Gaugele 2005.
7   Vgl. Dünne / Günzel 2006.

Stimmungs- und Emotionswerte zuspricht. Hermann Schmitz[8] führt aus, Raum sei strukturell leiblich, d.h., „seine Strukturen entsprechen den leiblichen oder ergeben sich gar aus diesen". Nur in leiblicher Anwesenheit könne man z.B. Weite und Enge spüren; das Ausmessen des Raums sei eine völlig andere, rationale Tätigkeit des Verstandes (deren Ergebnisse ich als Ort bezeichnen würde).

Raum wird nach Schmitz erfasst:

* als Raum des leiblichen Befindens,
* als Raum des motorischen Verhaltens,
* atmosphärisch aufgrund „prädimensionaler Volumina": Schall, Gerüche, Luft.

Raum wäre demzufolge eine Kategorie, die mit dem menschlichen Sein in der Welt gegeben ist und zunächst einmal nichts anderes bedeutet, als dass wir uns nicht im Nichts, sondern in einem ungegliederten, gleichwohl nicht von allen Eigenschaften leeren Element vorfinden (Lehnert 2011). Henri Lefebvre definiert Raum konkreter als „physische[n] Naturraum", der als Ursprung fungiere, von dem ausgehend Gesellschaften unterschiedliche spezifische Räume produzieren. Ein prä-kultureller Naturraum kann freilich nur eine Fiktion sein, da seine Existenz in keiner Weise empirisch erfahrbar ist. Darum setzt die räumliche Praxis einer Gesellschaft ihren Raum und setzt ihn gleichzeitig voraus (Lefebvre 2006, 335). Durch kulturelles Handeln (einschließlich der Empfindungen und Wahrnehmungen) strukturieren Menschen diesen abstrakten Raum und kreieren daraus Raumerfahrungen und Lebensräume – und konkrete Orte.

Ein Ort kann beschrieben werden als ein begrenzter, mehr oder weniger stabiler, klar lokalisierbarer Teil des Raumes, von Menschen geschaffen – sei es durch mentale und gefühlsmäßige, sei es durch materielle Abgrenzungen als gebaute Orte. Diese könnte man mit Marc Augé beschreiben als anthropologisch, verwurzelt und verwurzelnd, sie grenzen das Eigene vom Anderen ab (Augé 1992). Sie bieten bestimmte Nutzungen und Wahrnehmungen sowie Bewegungsrichtungen an:

> „Zunächst einmal wird die Atmosphäre eines Raums dadurch beeinflusst, wie das Blickfeld organisiert ist. So kann man jeweils andere Räume erleben: Innen- oder Außenräume, nahe oder ferne. Darüber hinaus setzen wir auf Bewegung und Flexiblität: Das betrifft die Bewegung des Objektes selbst, seines Materials und die der Benutzer, die mit dem Objekt umgehen oder durch seine Ausrichtung bzw. seine Form in eine bestimmte Richtung gelenkt werden." (Interview mit Petra Blaisse, in: Krüger 2009, 12)

---

8   Schmitz 1998 (1967); Schmitz 1981(1969); Schmitz 1995. Hermann Schmitz unterscheidet Weiteraum, Richtungsraum und Ortsraum. Im Weiteraum ergießen sich Stimmungen und Atmosphären, die noch nicht gerichtet sind. Sie werden vom Subjekt aufgrund der strukturellen Ähnlichkeiten zwischen Leib und Raum leiblich erfahren, das heißt, sie entstehen nicht im Subjekt, sondern es taucht gleichsam in sie ein.

Mit Bezug auf die Mode wären hier jene konkreten Orte wichtig, die speziell für bestimmte Moden gebaut und eingerichtet werden, wie Museen, Flagship Stores, Shop in Shops oder Ateliers. Sie sind durchaus stabile Behälter / Container. Betont man freilich die grundsätzlich dynamische Struktur von Raum, die immer auch Wahrnehmung und Gebrauch einschließt, sind auch Orte weit mehr als bloße Schauplätze. Denn erstens ist ihnen ihre Nutzung und Wahrnehmung durch unterschiedliche Subjekte eingeschrieben, und zweitens nehmen Orte – so sehr sie selbst den Moden unterworfen sind – Einfluß auf die jeweiligen Kleidermoden, auf die Art und Weise von deren Aufführung einerseits und von ihrer Wahrnehmung andererseits. Sie werden damit konstitutiv für das Entstehen von Mode.[9] Denn wenn Raum entsprechend dem modernen Raumverständnis durch menschliches Handeln konstituiert wird, konstituiert auch Mode als kulturelles Handeln von Menschen mit Artefakten Raum. Zumal sowohl die Menschen als auch die Artefakte ihrerseits räumliche Gebilde sind.

Offensichtlich ist: Orte können sich je nach ihrem Gebrauch verändern: eine Kirche kann zum Theater werden, ein Theater zum verzauberten Wald von Arden, ein Platz in der Mitte Berlins zum Mode-Ort, wenn auf dem Bebelplatz ein Zelt errichtet wird, in dem während der Fashion Week die aktuellen Moden vorgeführt werden.[10] Eine Straße am Hackeschen Markt kann sich in einen Mode-Ort verwandeln, wenn hier ein Jahr lang regelmäßig Passanten fotografiert werden, um neueste Trends der Mode zu erfassen, die dann an die Designer kommuniziert werden können. Man könnte mit Erika Fischer-Lichte von performativen Räumen sprechen, in denen z.B. durch eine Theateraufführung andere Räumlichkeiten entstehen können, denen ein Erlebnischarakter eigne (Fischer-Lichte 2004). Das scheint mir mehr den Ausgang zu betonen, d.h. die verwandelbaren Ausgangsorte und die konkreten Umgestaltungen durch Aufführungen, die in ihnen stattfinden, während es mir noch stärker auf die Verbindung der materiellen (Ausgangs-)Orte mit den ephemeren, oft fiktionalen Räumen ankommt, die einerseits durch einen spezifischen Gebrauch (wie eine Aufführung oder eine neue Dekoration), andererseits und vor allem auch durch eine besondere Wahrnehmung dieser Orte entstehen (auch wenn diese meist materiell gesteuert ist). Es geht mir also auch um die Imagination, die in ihnen freigesetzt werden und sie verwandeln kann. Diese unterschiedlichen „fiktionalen" Räume „Erlebnisräume" zu nennen habe ich andernorts vorgeschlagen (Lehnert 2011)[11]. Neben konkreten Umgestaltungen und den

---

9   Zum „Treffen" von Architektur und Mode siehe den Beitrag des Architekten Arjan van der Bliek in diesem Band.

10   Es sei an die Diskussion erinnert, ob der Gedächtnisort, der an die Bücherverbrennungen im Nationalsozialismus erinnert, „entweiht" werden dürfe durch das Mode-Zelt, das während der Fashion Week darüber errichtet wird. Deswegen durfte das Zelt zum letzten Mal im Januar 2011 auf dem Platz stehen.

11   Andere Begriffe wären denkbar, so könnte man die Erlebnisräume auch einfach Räumlichkeiten nennen. Eine wieder andere Begrifflichkeit schlägt Alicia Kühl in ihrem Aufsatz vor.

atmosphärischen Qualitäten der Räume sind für die Entstehung von Er-
lebnisräumen entscheidend: Raumwahrnehmungen, Raumerlebnisse und
auch Raumvorstellungen, die das konkrete Raumerlebnis erheblich zu prägen vermögen. Gerade die Mode in ihrer Materialität und als soziale und
symbolische Praxis verwandelt vorgegebene Orte in diesem Sinne. „So fokussiert und konkretisiert sich Raum im Ort, der sich wiederum ausweitet
zu ganz anderen Räumen – oder in andere Räume, die zugleich materiell
und nicht-materiell sind" (Lehnert 2011, 12).

Meine Einteilung weist gewisse Ähnlichkeiten zu Henri Lefebvres dynamischer Dreiteilung von räumlicher Praxis, Raumrepräsentationen und
Repräsentationsräumen auf (Lefebvre 2006), unterscheidet sich jedoch in
wesentlichen Punkten davon. Lefebvres Raum-Konzept basiert auf konkret
beschreibbaren *sozialen* Praktiken, insbesondere auf Produktionsverhält-
nissen und -praktiken. Demgegenüber vertrete ich ein weiteres kulturwis-
senschaftliches Verständnis und ziehe das Konzept *kultureller* Praxis vor,
um Wahrnehmung, Aufmerksamkeitssteuerung, Symbolisierungen, Phantasien, ästhetische Arbeit, Gefühle und Atmosphären nicht nur einzube-
ziehen, sondern explizit in den Mittelpunkt des Erkenntnisinteresses zu
stellen.

Ich fasse zusammen: Raum ist eine grundlegende Kategorie, die von
Menschen erlebt und gestaltet wird. Im kulturellen Handeln (das immer
auch Wahrnehmung als aktives Handeln sowie kognitive Prozesse des Syn-
thetisierens einbegreift) wird Raum zu Orten konkretisiert und dann wiederum in Lebensräume und Erlebnisräume verwandelt. Körper und Kleider, die sich kurzfristig zu Modekörpern amalgamieren, spielen eine bedeutende Rolle in diesem Prozeß. Umgekehrt kann Mode nicht ohne Raum
existieren, in den sie sich dreidimensional erstreckt.

Mode als Raum

Nicht nur in der Kunst, sondern auch in der Mode selbst entstehen textile
Skulpturen[12]. Mode bringt immer eigenständige materielle Körper hervor, die zwar im Austausch mit den anatomischen menschlichen Körpern
stehen, diese freilich häufig nur noch als Hintergrund und Maßstab für die
eigene Abweichung benötigen. Das fällt weniger ins Auge, wenn man vermeintlich natürliche, körpernahe Moden betrachtet. Aber auch sie sind im
Kern (um eine etwas freie räumliche Metapher zu verwenden) diesem Prinzip der Verselbständigung des Textilen und seiner Ästhetik verpflichtet.
Unübersehbar wird das in jenen textilen Gebilden, die die Spezifik des anatomischen Körpers weitgehend ignorieren, um eine (quasi-)eigenständige
materielle Räumlichkeit hervorzubringen (Lehnert 2001 a; Lehnert 2001c).

---

12   Vgl. etwa KunstForum International, (Juni/Juli 2009), oder den Katalog zur Ausstellung Art &
     Fashion in Rotterdam und Wolfsburg (2012).

Sie lösen einzelne Formen des menschlichen Körpers aus dem Gesamtzusammenhang, übertreiben sie, erweitern sie prothetisch. Das gilt für die historischen Moden der westlichen Welt nicht anders als für außereuropäische Bekleidungsstile und Moden, man denke etwa an den japanischen Kimono. Die gewaltigen Stoffmassen, die etwa in der Mode des 18. und 19. Jahrhunderts die Körper beider Geschlechter, zunehmend aber der weiblichen Körper umgaben und wechselnd etwa an Hüften, Gesäß oder Busen besonders prägnant die weibliche Körperform aufzunehmen schienen, sie tatsächlich aber ironisch repräsentierten, sind nur ein Beispiel dafür. Ein anderes sind die Schamkapseln der Männermoden der Renaissance, die den Penis keineswegs abbildeten, sondern ihn in der maßlosen Hypertrophierung symbolisch als Phallus in Szene setzten (vgl. u.a. Klinger 2006). Der Körper dient gleichsam als Stichwortgeber für eine ästhetische Hervorbringung, die sich verselbständigt, dann aber doch wieder den lebenden Körper als Träger und Motor benötigt, um sich als Mode zur Erscheinung zu bringen. Heute besonders bekannte Beispiele sind avantgardistische Moden von Commes des Garçons, Viktor & Rolf oder Husseyn Chalayan[13].

Wenn Kleider ihre eigene Dreidimensionalität haben, die sich im Getragenwerden auf besondere Weise entfaltet, stellt sich die Frage, wie die Räumlichkeit des puren Artefakts erzeugt wird. Experimente mit Räumlichkeit zählen zu den wesentlichen gestalterischen Prozessen, die aus Kleidern Mode machen. Bis zu Beginn des 20. Jahrhunderts waren es regelrechte Gerüste (Korsetts, Krinolinen etc.), die äußerlich unsichtbar, aber um so unmittelbarer und wirkungsvoller auf den Körper einwirkten und ihn zurichteten; darüber wurden in verschwenderischer Fülle Stoff und Dekorationen (Falten, Volants und Rüschen, in sich bereits eminent räumliche Gebilde, die eine eigenständige räumliche Wirkung entfalten) drapiert. Hier wird die Frage nach dem Verhältnis von Oberfläche und Tiefe virulent. Seit dem 20. Jahrhundert sind es einerseits die Textilien selbst (z.T. technisch neuartig ausgerüstet), andererseits die Schnitte, die Näh- sowie Lege- und Falttechniken, die meist ohne Hilfe darunter liegender Gerüste dreidimensionale räumliche Wirkungen erzeugen. Die Metapher vom Designer als Architekt (bezogen z.B. auf Cristobal Balenciaga) verweist auf die konstruierende Transformation von Geweben in scheinbar stabile räumliche Gebilde analog architektonischen Raumgestaltungen, wobei sich die Frage aufdrängt, wie das Verhältnis von außen und innen, Oberfläche und Tiefe zu definieren sei (Lehnert 2008). In andere Richtung zielen die japanischen Moden (Comme des Garçons, Yamamoto), die eine skulpturale Räumlichkeit der Kleidung mit Hilfe von Konstruktionen, Falttechniken, die zuweilen an Origami erinnern, durch Polsterungen, Schnitttechniken (Lehnert 1998a und 2001a) und auch durch das Spiel mit Licht und Schatten erschaffen und damit die westliche Mode revolutionierten (Kawamura

---

13   Husseyn Chalayan 2005; Evans/Frankel 2009.

2004, Fukai 2011). Der Philosoph Tanizaki Jun'ichiro (2010) erläutert 1933 im *Lob des Schattens* die zentrale Rolle, die Dunkelheit und Schatten und das Spiel der Schatten in der japanischen Ästhetik spielen. Die Schönheit liege nicht im Gegenstand, sondern im Muster der Schatten auf ihm. Die Körper verschwinden in der traditionellen japanischen Kleidung in Dunkelheit, zehnfache, zwanzigfache Schichten von Stoff verhüllen ihn, und Dunkelheit fülle alle Spalten in der Kleidung aus. Der Körper sei nichts als „ein Stock, um daran die Kleider zu befestigen, nichts weiter! Das, was die Körperfülle ausmacht, besteht aus soundso vielen Lagen von Kimonos und baumwollenen Untergewändern, auch wenn man sie aus ihrer Kleidung wickelte, bliebe wie bei der Puppe nur ein unförmiger Stock übrig." (Tanizaki Jun'ichiro 2010, 57) Wie der Körper darunter aussieht, sei völlig gleichgültig: „Was unsichtbar bleibt, erachten wir als nicht vorhanden. Und wer unbedingt diese Unansehnlichkeit betrachten will, der wird zugleich jegliche vorhandene Schönheit zunichtemachen, gerade wie wenn er ein Licht von hundert Kerzenstärken auf die Wandnische eines Teeraums richtete." (Tanizaki Jun'ichiro 2010, 59) Das ist eine völlig andere als die europäische Ästhetik von Raum, Ort, Kleid und Körper. Die großen japanischen Designer verbinden sie mit Aspekten der westlichen Modegeschichte und Modeauffassung und entwickeln daraus ihre überwältigenden, immer wieder neuen textilen Skulpturen, die seit nunmehr 30 Jahren die gesamte avantgardistische und sogar die Mainstream-Moden prägen: die Antwerpener Designer oder Viktor & Rolf – um nur wenige herausragende Beispiele zu nennen –, wären ohne diese Revolution nicht denkbar.

Gabriele Brandstetter schreibt: „Während der Schnitt – als Riss auf dem Papier – aber die Körpergestalt des Kleides auseinanderlegt und gleichsam de-formiert, wirkt die Falte direkt auf die Fügung des Stoffes: auf seine Formierung und seine Modellierung als Raumfigur." Falten trennen Innen und Außen, bringen diese Differenz aber überhaupt erst hervor; es entsteht in bestimmten Moden ein „Spannungsfeld von Formieren und Löschen des Körpers in der Faltung" (Brandstetter 1998, 165 und 167). Im Gegensatz dazu deutet Gilles Deleuze[14] die Falte als eine räumliche, sich ins Unendliche krümmende Struktur oder als gleichsam endloses Spiel mit Schichtungen unterschiedlicher Oberflächen (Deleuze 2000). Dieses Konzept kennt also keine Oberflächen und Tiefen mehr, sondern Schichtungen, die keinen leeren Raum und folglich kein Innen und Außen mehr zulassen. Das lässt

---

14   Gilles Deleuzes Theorie der Falte des Barock lässt sich nicht ernsthaft auf die Modeanalyse übertragen. Er spricht kaum über die reale Kleidung des Barock, sondern über deren Darstellung in Malerei und Skulptur. Er kann daher auch ihre tatsächliche materielle Beschaffenheit oder die den Moden zugrunde liegenden Gerüstaufbauten ignorieren. Sein Ziel ist ja keine Theorie der Materialität von Kleidung oder der Praktiken mit Kleidung. Läßt man sich jedoch davon anregen und löst Aspekte seiner Theorie heraus, lässt sich damit arbeiten, um die klassische Dichotomie von Oberfläche und Tiefe, von Außen und Innen vorläufig außer Kraft zu setzen und vestimentäre Räumlichkeit der sich verselbständigenden textilen Körper unter einem neuen Blickwinkel wenn schon nicht zu analysieren, so doch zu beschreiben und zu interpretieren.

die Frage nach Anfang und Ende, Oberfläche und Tiefe obsolet werden. Die Wissenschaft der Materie, so Deleuze in einem anschaulichen Vergleich, habe das Origami als Modell. „Das Entfalten ist also nicht das Gegenteil der Falte, sondern folgt der Falte bis zu einer anderen Falte." (Deleuze 2000, 16) Das ist zwar eine Setzung, wenn auch eine anschauliche. Sie eignet sich als anregender Ausgangspunkt einer Beschreibung mancher textiler Artefakte von Comme des Garçons, Viktor & Rolf und anderer zeitgenössischer Avantgardisten, in denen beständig mit den Grenzen von Oben und Unten, Innen und Außen, Körper und Kleid gespielt und mit Schichtungen und Durchblicken gearbeitet wird, die Endlosigkeit suggerieren.

Solche Kleidermoden stehen oft auf der Grenze zur Kunst und erzwingen in jedem Fall spezifische Verhaltensweisen und Bewegungen: Sie stellen den Körper oder einzelne seiner Teile still (z.B. durch falsche Ärmel), geben Bewegungsrichtungen für Körperteile, räumliches Ausgreifen oder enge Beschränkung des Radius von Schritten und Bewegungen vor (darauf gehe ich im nächsten Abschnitt ein). In der konstitutiven Verbindung von menschlichen Körpern und vestimentären Objekten entstehen spezifische Räumlichkeiten, die historisch und kulturell variabel sind. Die Dreidimensionalität der (lebendigen) Körper geht eine Verbindung ein mit (leblosen) Kleidern, die ungetragen, hängend oder gefaltet, buchstäblich keinen Körper haben, oft flach scheinen, zuweilen jedoch bereits ihre eigene Dreidimensionalität mitbringen[15]. Das Kleid braucht den Körper als Dialogpartner, um lebendig zu werden – um sich als Mode zu manifestieren. Man könnte die – diskutable – These aufstellen, dass das Kleid ohne den dreidimensionalen Körper und seine Bewegtheit und Bewegung keine Mode ist.

Aber wie lässt sich dieser trotz der Verselbständigung der textilen skulpturen notwendige Bezug zum (oft unsichtbar gewordenen) anatomischen Träger-Körper konkret beschreiben, wie die Wirkung solcher textilen Kunstwerke am Körper? Denn im Unterschied zu künstlerischen Skulpturen benötigen modische Skulpturen meist die Mitwirkung des Körpers, auch wenn sie ihn zu ignorieren scheinen.

Gundolf Winter (1985) fokussiert in einer kunsthistorische Analyse von Skulpturen auf die Wahrnehmung, die sich in Wechselwirkung zwischen gestaltetem Objekt und Betrachter, im Wechsel zwischen Nähe und Distanz entfaltet. In der Büste erstelle sich ein Raumordnungssystem; Richtungen des Raums werden aufgerufen, Motive und Formen verweisen auf Raum, ohne ihn zu systematisieren oder ihm gar eine endgültige Gestalt zu verleihen. Die Skulptur zeichne sich aus durch die Thematisierung des Gegensatzes Objekt – Subjekt und seine Vermittlung durch die Artikulation einer richtigen Distanz. Das kann man ohne weiteres auf Kleidung am Körper und deren Wahrnehmung übertragen. Man muß es freilich ergänzen und erweitern. So sind modische Skulpturen anders als in Marmor

---

15   Martin 1998; Lehnert 1998a, Kapitel über Rei Kawakubo, vgl. ferner *Future Fashion* 2011.

gehauene oder in Bronze gegossene nicht fixiert, sondern in sich selbst
beweglich, und sie werden in der Regel von einem lebendigen Körper in
Bewegung gesetzt. Das bringt neue Aspekte von Räumlichkeit und Nähe-
Distanz-Effekten hervor, die genauer zu analysieren ein Desiderat der Mo-
deforschung darstellt. Einzigartig für die Mode ist zudem die Opposition
Sehen – Fühlen: Kleidung wird nicht nur von außen gesehen, sondern auch
auf dem Körper und als Körper gespürt.

Räumlichkeit von Mode entfaltet sich also in einem Ineinander von Sehen und Spüren, (empathischem) Imaginieren und Extrapolieren, also auch
dem Ergänzen von Leerstellen, wie vage oder konkret auch immer: dessen,
was in der Ansicht in der dreidimensionalen Wirklichkeit und mehr noch
auf dem Bild oder online buchstäblich nicht zu sehen ist, aber doch vorhanden sein muß.

Raumaneignende Körpertechnik

Der Körper schafft sich durch das Kleid und im Kleid spezifische Räume,
Spielräume und Handlungsräume. Insofern kann das Handeln mit Kleidung in Anlehnung an Konzepte wie Selbstzwänge (Elias 1976), Habitus
(Mauss, Bourdieu 1987) und Körpertechnik (Mauss 1978) als eine Körpertechnik betrachtet werden, die Jennifer Craik verknappt als „spezialisierte
Verhaltenstechniken" bezeichnet: „Unter Körpertechniken ist die Art und
Weise zu verstehen, mit der sich der Körper innerhalb eines Regelwerkes,
das sein Verhalten sowohl konstruiert als auch einschränkt, zur Darstellung bringt" (Craik 2005, 288).

Im Zusammenhang mit Kleidung besitzen diese Techniken eine besondere räumliche Dimension: Im Miteinander von Körper und Kleid werden
Enge oder Weite der Bewegungen, Dicke oder Dünne der Körper anders
erfahren und imaginiert als vom nackten Körper. Über Mauss' Konzept der
sozial aufgezwungenen Verkörperung des Psychischen hinausgehend lässt
sich mit Bourdieu umfassender im Sinne einer Leistung der Subjekte argumentieren, womit – auch im Zusammendenken mit Michel de Certeaus
listigen Konsumenten – in der Übertragung auf Mode/Handeln eine gewisse (ästhetische) Autonomie der scheinbar passiven Fashion Victims an-
genommen werden kann. Denn wenn Habitus das Ergebnis der Rezeption
gesellschaftlicher Normen und Zwänge ist (Gebauer 1997, 512), dann sind
auch vielfältige Modifikationen der kulturellen Normen impliziert. Im mi-
metischen Handeln werden Verhaltensmodelle übernommen; in der Mimesis expressiven Verhalten werden damit auch die zugrunde liegenden
Gefühle vermittelt, so dass Soziales und scheinbar Privatestes sich im Subjekt untrennbar verbinden und der Körper als Handlungssubjekt betrachtet
werden muß (Gebauer 1997, 515). Auf Modekleidung übertragen bedeutet
das, dass die Zurichtung des Subjekts zum Umgang mit vestimentären Ar-

tefakten, die zur „zweiten Haut" werden und für unterschiedlichste soziale Anlässe „passend" im doppelten Sinne sein sollen, sich zu einer Verkörperungstechnik ausbildet, die sich mit atemberaubender Geschwindigkeit auf das für die Mode charakteristische ständig Neue einlässt und zugleich garantiert, dass das Individuum zwar nachahmt, was die anderen tun (Nachahmung ist in mannigfacher Hinsicht Strukturprinzip von Mode), zugleich aber sich als einzigartig zu präsentieren und zu fühlen vermag (Simmel 1983, Esposito 2004, und andere). Der Wechsel von repräsentativer aristokratischer Mode hin zur bürgerlichen Mode seit dem 18. Jahrhundert hat Repräsentation in Demonstration überführt und neue Zwänge hervorgebracht, zugleich aber auch den Einzelnen erheblich größere Spielräume modischen Handelns eröffnet, als das zu Zeiten repräsentativer Moden, klarer Kleiderordnungen und sozialer Reglementierungen der Fall war – Spielräume, sich selbst zu erfinden: *self fashioning* im wörtlichen Sinne.

Jede dominante Kleidermode kann weitere Körperpraktiken nach sich ziehen, wie Diät, Sport und Body Shaping zum Gewichtsverlust und damit Veränderung des körperlichen Volumens oder der Oberflächenspannung.

Einer der zentralen Aspekte in Michail Bachtins Theorie des Grotesken ist die Hypertrophierung des grotesken Körpers, der sich ausdehnt, Raum einnimmt, die Grenzen zwischen sich und der Welt überschreitet. Hypertrophierung der Kleiderkörper deute ich, wie ich an anderer Stelle ausgeführt habe, als eine spezifische Ausdrucksform des Grotesken, das Groteske verstanden als formale Gestaltung, die in allen Medien auftauchen kann (Lehnert 2004b). Es ist jedoch nur wahrnehmbar, wenn die Kleider getragen werden, also im Miteinander von Körper und Kleid, wobei der Körper nicht ausdrückt, sondern immer eine Idealvorstellung repräsentiert. Erst gemessen daran lassen sich Abweichungen überhaupt erst erkennen. Andere, angeblich körpernahe oder körperbetonende Moden mögen den Anschein erwecken, als zeichneten sie den Körper nach, drückten ihn aus – tatsächlich können auch sie ihn immer nur repräsentieren, ja mehr noch: kreieren. Die hypertrophierenden, sich verselbständigenden Moden jedoch machen den Repräsentationscharakter jeder Mode sinnfällig und zum (selbstreferentiellen) Prinzip. Die Kleider setzen mithin die groteske Grenzüberschreitung zwischen Körper und Kleid, Körper und Welt, Kleid und Welt in Szene und variieren sie. Und das ist nicht nur typisch für die frühe Moderne, sondern gilt bis zur Gegenwart. Allerdings wird von dieser These aus auch die Frage nach Oberfläche und Innen erneut aufgeworfen, denn auch die Körperöffnungen spielen ja bei Bachtin eine große Rolle, und damit die Unterscheidung zwischen Innen und Außen. Wesentlich aber ist, dass sie gerade die Durchlässigkeit der Grenzen markieren und insofern nicht die Grenze und das Abgeschlossensein, sondern im Gegenteil das ständige Hin und Her zwischen Innen und Außen in Szene setzen.

Beachtenswert ist in dem Zusammenhang Claudia Benthiens (1999) These, die Kodierung von Weiblichkeit geschehe auf der Haut, die von

Männern unter der Haut. Hier lässt sich eine Parallele zur Mode ziehen, die in ihrer bürgerlichen Hochphase im 19. Jahrhundert eine weibliche Oberfläche hypostasiert (Weiblichkeit als Maskerade), die dem tiefgründigen männlichen Sein als weniger wertvoll, aber notwendiges Komplement entgegengestellt wird.

Mir scheint die in dem Zusammenhang naheliegende Metapher von der zweiten Haut heuristisch nützlich zur Beschreibung von Mode, aber unter bestimmten Voraussetzungen. Das räumliche Verhältnis von Oberfläche und Tiefe, Innen und Außen ist weniger klar fixiert, als man gemeinhin der Einfachheit halber annimmt. Kleidung ist zwar unserer Grenze zur Welt und jederzeit auswechselbar, aber sie ist auch ein Zur-Erscheinung-Bringen und sogar Gestalten von etwas, was anderes nicht sichtbar/spürbar wäre. Gerade darum kann sie als zweite Haut und nicht als reine Oberfläche interpretiert werden. Deutet man das Verhältnis von Körper und Kleidung außerdem, wie ich vorgeschlagen habe, in Anlehnung an Bachtin als unabschließbaren Prozeß der Grenzüberschreitung zwischen Innen und Außen, zwischen Abschließung und Öffnung, wird entscheidend, dass die Positionen ständig verändert werden und folglich Oberfläche und Tiefe immer nur vorübergehend räumlich fixiert werden. Zumal die Haut ihren Status als unveränderliche Grenze nicht zuletzt deswegen eingebüßt hat, als sie längst selbst als Teil der Mode verwendet, verändert, gepierct, tätowiert wird.

Räume der Mode, Mode als Raum

Das Kleid inszeniert sich als zwar materieller, aber im Vergleich zum anatomischen Körper als fiktionaler Mode-Körper, und es wird inszeniert als ephemere räumliche Erscheinung im Raum, womit es wiederum dazu beiträgt, den Raum und die Positionierung der Körper im Raum und als Raum zu konstituieren. Dieses Buch widmet sich sehr unterschiedlichen Aspekten der Thematik: von der Trendforschung über die Einrichtung von Modeläden oder die Rolle des Schaufensters bis zur Modenschau; von der Malerei und die Modefotografie bis zum Museum; von modischen Inszenierungen mit Modepuppen über die theatrale Inszenierung von Kleidern in Bewegung bis zur Räumlichkeit von Kleidern.

Dem Buch zugrunde liegt eine Tagung, die ich im Mai 2010 im Kulturforum Berlin durchgeführt habe. Auf der Tagung wurden viele der hier abgedruckten Beiträge nicht nur den anwesenden Kolleginnen und Kollegen, sondern auch dem großen interessierten Publikum vorgestellt und intensiv diskutiert, die Diskussionen sind in die schriftlichen Fassungen eingegangen. Einige der Vorträge sind in der Buchfassung entfallen, andere Texte kamen hinzu. Über die Frage, ob sich derzeit ein Paradigmenwechsel von realen zu virtuellen Räumen abzeichnet, diskutierten auf dem Podium Mirjam A. Grese (Mimi Textile Antiquitäten, Berlin); der Designer Gregor Clemens, London; die Fotografen Sonja Gutschera und Leif Henrik Osthoff, Berlin; der Designer David von Rosen, Berlin; Stefan Sihler, Geschäftsführer von Labels Berlin; Raik Hölzel, 8 ½ Wochen, Berlin; und Julia Knolle, Bloggerin von Les Mads. Susanne Ophelia Beckmann, die die Diskussion moderierte, nimmt Aspekte der Diskussion in ihrem Beitrag in diesem Band erneut unter die Lupe.

Die Tagung wurde einer Vielzahl von Personen und Institutionen unterstützt: von meiner Universität, vom Kulturforum Berlin, von der Akademie Mode und Design Hamburg, die eine Floor Show mit Semesterabschlussarbeiten präsentierte, vom Netzwerk ModeTextil und last but not least von meinen studentischen Mitarbeiterinnen Alicia Kühl und Charlotte Silbermann. Ihnen allen sei noch einmal gedankt.

Mein herzlicher Dank gebührt an dieser Stelle erneut der Universität Potsdam, die mir mit einem finanziellen Zuschuß die Veröffentlichung dieses Buches erleichterte. Ein besonderer Dank geht an Stephanie Rymarowicz, die den Band mit gewohnter Kompetenz gesetzt und gestaltet hat. Danke an Anna Adolph und Robert Schade für ihr mehrfaches, sorgfältiges Korrekturlesen. Und schließlich sei auch den Autorinnen und Autoren noch einmal gedankt, die mit ihrem Engagement dieses Buch erst ermöglicht haben.

Literatur

Art & Fashion. Zwischen Haut und Kleid (2012). Katalog zur Ausstellung. Hg. Kunstmuseum Wolfsburg, Markus Brüderlin, Annelie Lütgens. Bielefeld: Kerber Verlag

Augé, Marc (1992): Non-Lieux. Introduction à une anthropologie de la surmodernité. Paris: Seuil (dt. Übers.: Orte und Nicht-Orte. Vorüberlegungen zu einer Ethnologie der Einsamkeit. Frankfurt am Main: Fischer 1994)

Bachtin, Michail (1995): Rabelais und seine Welt. Volkskultur als Gegenkultur, Frankfurt/M. 1995

Bachtin, Michail (1980)„Die groteske Gestalt des Leibes". In: Best, Otto (Hg.): Das Groteske in der Dichtung. Darmstadt: WBG 1980, S. 195-202

Benthin, Claudia (1999): Haut. Literaturgeschichte – Körperbilder – Grenzdiskurse, Reinbek: Rowohlt

Böhme, Gernot (2001): Aisthetik. Vorlesungen über Ästhetik als allgemeine Wahrnehmungslehre, München: Fink

Böhme, Gernot (1995): Atmosphäre. Essays zur neuen Ästhetik. Frankfurt/M.: Suhrkamp

Bourdieu, Pierrre (1987) [1979]: Die feinen Unterschiede. Kritik der gesellschaftlichen Urteilskraft. Übers. von Bernd Schwibs und Achim Russer. Frankfurt/M.: Suhrkamp

Brand, Jan, Teunissen, José (Hgg.) (2010): Fashion and Imagination. ArtEZ Press

Brand, Jan / Teunissen, José (Hgg.) (2005): Global Fashion – Local Tradition. On the Globalization of Fashion. Arnhem: Terra

Brandstetter, Gabriele (1998): „Spiel der Falten. Inszeniertes Plissee bei Mariano Fortuny und Issey Miyake". In: Gertrud Lehnert (Hg.): Mode, Weiblichkeit und Modernität, Dortmund: Edition Ebersbach, S. 165-193

Certeau, Michel de (1989): Kunst des Handelns. Berlin: Merve Verlag

Chastel, André (1997): Die Groteske. Berlin: Wagenbach

Craik, Jennifer (1993): The Face of Fashion: Cultural Studies in Fashion. New York, London: Routledge

Craik, Jennifer (2005): „Mode als Körpertechnik". In: Kulturanthropologie des Textilen, hg. Gabriele Mentges. Berlin: Edition Ebersbach, S. 287-304

Deleuze, Gilles (2000): Die Falte. Leibniz und der Barock. Aus dem Französischen von Ulrich Johannes Schneider, Frankfurt/M.: Suhrkamp

Dünne, Jörg; Günzel, Stephan (2006) (Hgg.): Raumtheorie. Grundlagentexte aus Philosophie und Kulturwissenschaften. Frankfurt/M.: Suhrkamp

Elias, Norbert (1976): Über den Prozeß der Zivilisation. Soziogenetische und psychogenetische Untersuchungen, 2 Bde., Frankfurt/M.: Suhrkamp

Entwistle, Joanne (2009): The Aesthetic Economy of Fashion. Markets and Values in Clothing and Modeling. Oxford: Berg

Esposito, Elena (2004): Die Verbindlichkeit des Vorübergehenden: Paradoxien der Mode. Frankfurt/M.

Evans, Caroline, Frankel, Susannah (2009): Viktor & Rolf. München: Heyne

Fischer-Lichte, Erika (2004): Ästhetik des Performativen. Frankfurt/M.: Suhrkamp

Fukai, Akiko (2011): „Future Beauty. 30 Jahre Mode aus Japan". In: Future Beauty. 30 Jahre Mode aus Japan, hg. Catherine Ince, Rie Nii. München, London, New York: Prestel 2011, S. 13-25

Fuß, Peter (2001): Das Groteske. Ein Medium des kulturellen Wandels. Köln: Böhlau

Future Beauty. 30 Jahre Mode aus Japan, hg. Catherine Ince, Rie Nii. München, London, New York: Prestel 2011

Gaugele, Elke (2005): „Changing Rooms: oder was geschah in der Umkleidekabine?". In: Ort.Arbeit.Körper (=Tagungsband zum 34. Kongress für Volkskunde). Berlin, S. 447-45

Gebauer, Gunter (1997): „Bewegung". In: Vom Menschen. Handbuch Historische Anthropologie, hg. Christoph Wulf. Weinheim, Basel: Beltz Verlag, S. 501-516

Gebauer, Gunter / Wulf, Christoph (1998): Spiel, Ritual, Geste. Mimetisches Handeln in der sozialen Welt. Reinbek: Rowohlt

Hollander, Anne (1993): Seeing Through Clothes. Berkeley/Los Angeles/London: University of California Press

Hollander, Anne (1994): Sex and Suits. The Evolution of Modern Dress. New York: Alfred Knopf

Hussein Chalayan (2005). Essays von Caroline Evans, Suzy Menkes, Ted Polhemus, Bradley Quinn, Katalog zur Ausstellung vom 17.4.-4.9.2005 in Groningen 2005 (anschließend im Kunstmuseum Wolfsburg, 15.10.2005-5.2.2006)

Kawamura, Yuniya (2004): The Japanese Revolution in Paris Fashion. Oxford, New York: Berg

Kawamura, Yuniya (2005): Fashion-ology. An Introduction to Fashion Studies. Oxford, New York: Berg

Klinger, Judith (2006): „Pralle Beutel und verspielte Potenz. Die ‚Schamkapsel' in der frühneuzeitlichen Körper- und Geldökonomie". In: Lehnert, Gertrud (Hg.): Die Kunst der Mode. Oldenburg: dbv, S. 52-101

Krüger, Sylvie (2009): Textile Architecture / Textile Architektur. Berlin: jovis Verlag, darin: „Die Emanzipation des Vorhangs". Interview mit Petra Blaisse, S. 12-15

KunstForum International (Juni/Juli 2009), Bd. 197: Dressed! Art en Vogue, hg. v. Claudia Banz, Barbara Til, Heinz-Norbert Jocks

Lefebvre, Henri (2006): „Die Produktion des Raums" (1974). In: Raumtheorie. Grundlagentexte aus Philosophie und Kulturwissenschaften, hg. Jörg Dünne und Stephan Günzel. Frankfurt/M.: Suhrkamp, S. 330-342

Lehnert, Gertrud (1998a): Frauen machen Mode. Modeschöpferinnen vom 18. Jahrhundert bis heute. Dortmund: Edition Ebersbach (wieder München: Piper Verlag 2000)

Lehnert, Gertrud (1998b): „Mode, Weiblichkeit und Modernität". In: Lehnert, Gertrud (Hg.): Mode, Weiblichkeit und Modernität. Dortmund: Edition Ebersbach, S. 7-19

Lehnert, Gertrud (2001a): „Der modische Körper als Raumskulptur." In: Theatralität und die Krisen der Repräsentation, hg. Erika Fischer-Lichte, Stuttgart: Metzler, S. 528-549

Lehnert, Gertrud (2001b): „Körperinszenierungen". In: Peter Geißler (Hg.): Über den Körper zur Sexualität finden. Gießen: Psychosozial Verlag, S. 313-325

Lehnert, Gertrud (2001 c): „Sur la robe elle a un corps... oder: Die Fiktionalität der modischen Körper". In: Irene Antoni-Komar (Hg.): Moderne Körperlichkeit. Körper als Orte ästhetischer Erfahrung. Bremen: dbv, S. 126-151

Lehnert, Gertrud (2002a): „Die Angst, gewöhnlich zu sein – Über die Performativität von Mode und das Spiel mit Geschlecht". In: Johann Lischka (Hg.): Mode – Kult. Köln: Wienand Medien, S. 53-64

Lehnert, Gertrud (2002b): „Nachwort". In: Emile Zola: Das Paradies der Damen, Berlin: Edition Ebersbach, S. 558-572

Lehnert, Gertrud (2003): „Mode als Spiel. Zur Performativität von Mode und Geschlecht". In: Aufs Spiel gesetzte Körper. Aufführungen des Sozialen in Sport und populärer Kultur, hg. Thomas Alkemeyer, Robert Boschert, Robert Schmidt, Gunter Gebauer. Konstanz: UVK Verlagsgesellschaft, S. 213-226

Lehnert, Gertrud (2004a): „Wie wir uns aufführen ... Inszenierungsstrategien von Mode". In: Kunst der Aufführung – Aufführung der Kunst, hg. Erika Fischer-Lichte, Clemens Risi, Jens Roselt. Berlin: Theater der Zeit, S. 265-271

Lehnert, Gertrud (2004b): „Das Schöne und das Groteske: Charles Baudelaire und die Mode". In: Le Grotesque/Das Groteske. Colloquium Helveticum 35/2004. Fribourg: Academic Press, S. 161-184

Lehnert, Gertrud (2005): „Mode und Moderne". In: Mentges, Gabriele (Hg.): Kulturanthropologie des Textilen. Berlin: Edition Ebersbach, S. 251-263

Lehnert, Gertrud (2006) (Hg.): „Die Kunst der Mode – Zur Einführung". In: Die Kunst der Mode, hg. Gertrud Lehnert. Oldenburg: dbv, S. 10-25

Lehnert, Gertrud (2008): „Zweite Haut? Körper und Kleid". In: Mehr als Schein. Ästhetik der Oberfläche in Film, Kunst, Literatur und Theater, hg. Gruppe Oberflächenphänomene. Zürich: Diaphanes, S. 89-99

Lehnert, Gertrud (2009): „Das vergängliche Kleid". In: KunstForum International, Bd. 197, S. 266-283

Lehnert, Gertrud (2010): „Paradies der Sinne. Das Warenhaus als sinnliches Ereignis". In: Dogramaci, Burcu (Hg.): Die Großstadt. Motor der Künste in der Moderne. Berlin: Gebrüder Mann Verlag 2010, S. 77-90

Lehnert, Gertrud (2011a) (Hg.): Raum und Gefühl. Der Spatial Turn und die neue Emotionsforschung. Bielefeld: Transcript Verlag

Lehnert, Gertrud (2011 b): „Raum und Gefühl". In: Lehnert, Gertrud (Hg.): Raum und Gefühl. Der Spatial Turn und die neue Emotionsforschung. Bielefeld 2010, S. 9-25

Lehnert, Gertrud (2011c): „Mode". In: Günzel, Stephan (Hg.): Raumlexikon. Darmstadt: Wissenschaftliche Buchgesellschaft, in Vorbereitung

Lindemann, Uwe (2008): „Im Bann der Auslagen. Literatur und Warenhauskultur um 1900". In: Visual Culture, hg. v. Monika Schmitz-Emans u. Gertrud Lehnert. Heidelberg: Synchron Wissenschaftsverlag der Autoren, S. 197-212

Lipovetsky, Gilles (1987): L'empire de l'éphémère. Paris: Gallimard

Löw, Martina (2001): Raumsoziologie. Frankfurt/M.: Suhrkamp

Martin, Richard (1998): Cubism and Fashion. New York: The Metropolitan Museum of Art/Harry N. Abrams

Mauss, Marcel (1978) [1934]: „Die Techniken des Körpers". In: Soziologie und Anthropologie 2. Berlin usw.: Ullstein, S. 199-220

Mentges, Gabriele (1993): „Der vermessene Körper". In: Köhle-Herzinger, Christel / Mentges, Gabriele (Hg.): Der neuen Welt ein neuer Rock: Studien zur Kleidung, Körper und Mode an Beispielen aus Württemberg. Stuttgart: Konrad Theiss Verlag, S. 81-96

Ott, Michaela (2004): „Raum". In: Barck, Karlheinz u.a. (Hg.): Ästhetische Grundbegriffe, Bd. V. Stuttgart: Metzler, S. 113-148

Potvin, John (2009) (Hg.): The Spaces and Places of Fashion, 1800-2007. New York / London: Routledge

Schlittler, Anna-Brigitte/Tietze, Katharina (2009) (Hg.): Kleider in Räumen. Winterthur: Alataverlag

Schmitz, Hermann (1998) [zuerst 1967]: System der Philosophie, Bd 3: Der Raum, Erster Teil: Der leibliche Raum. Bonn: Bouvier

Schmitz, Hermann (1981) [zuerst 1969]: System der Philosophie, Bd. 3: Der Raum. Der Gefühlsraum. Bonn: Bouvier

Schmitz, Hermann (1995): „Choriologie (Der Raum)". In: Hermann Schmitz: Der unerschöpfliche Gegenstand. Grundzüge der Philosophie. Bonn: Bouvier Verlag (2. Aufl.), S. 275-320

Simmel, Georg (1983): „Die Mode". In: Philosophische Kultur. Über das Abenteuer, die Geschlechter und die Krise der Moderne. Berlin, S. 26-51

Tanizaki Jun'ichiro (2010): Lob des Schattens [1933], übersetzt von Eduard Klopfenstein. Zürich: Manesse

Veblen, Thorstein (1997) [1899]: Theorie der feinen Leute Eine ökonomische Untersuchung der Institutionen. Frankfurt/M.: Fischer

Vinken, Barbara (1993): Mode nach der Mode. Kleid und Geist am Ende des 20. Jahrhunderts. Frankfurt/M.: Fischer

Winter, Gundolf (1985): „Distanz. Zu einer medialen Grundbedingung der Skulptur". In: Modernität und Tradition. FS Max f. Imdahl. München: Wilhelm Fink Verlag, S. 271-287

Zill, Rüdiger (2008): „Im Schaufenster". In: Image 8 (Sept. 2008) (http://www.image-online.info/)

Räume der Aufführung

Arjan van der Bliek

Mode trifft Architektur: Eine gewinnbringende Liaison

Das Verhältnis von Mode und Architektur war schon häufig Inspiration und Gegenstand von Ausstellungen und Abhandlungen. Meist werden beide Disziplinen als Kunstformen behandelt; die Verbindungen und Interaktionen zwischen beiden werden dargelegt, und oft wird ihre jeweilige Schönheit geradezu lyrisch evoziert.

Azra Dawood schreibt anlässlich der Ausstellung *The Fashion of Architecture* im Zentrum für Architektur in New York:

> „Es ist hilfreich, einen Blick in die Geschichte der Architektur und der Mode zu werfen. Genauer gesagt, da der Begriff ‚Mode' Bilder sich ständig ändernder Trends beschwört, die sich eher am Frivolen als am Praktischen orientieren, sollte man beide Begriffe (Mode und Architektur) auf ihre Grundlage zurückführen: (Be)Kleidung und Behausung."

Diese Position macht es leichter, die wahre Natur der jeweiligen Kunst zu verstehen. Eine genaue Unterscheidung grundlegender Formen und ihrer künstlerischen Ausformungen führt uns vielleicht durch die Nebelschwaden der unzähligen poetischen, enthusiastischen oder feindseligen Urteile über Mode und Architektur. Die interessante Frage ist nun: Wann wird (Be)Kleidung zu Mode? Wann wird ein Gebäude zu Architektur? Es geht im Kern um die Frage, wann Handwerk als Kunst wahrgenommen wird. Die Antwort darauf lässt sich ausgiebig diskutieren, aber meine Antwort – die sich in der Zusammenarbeit mit den erstklassigen Architekten des Büros UNStudio und mit etablierten Modemarken wie Mexx und Nike herauskristallisiert hat, ist folgende: Wenn jemand zu den Grundlagen, in diesem Fall (Be)Kleidung und Behausung, eine persönliche Idee hinzufügt und das Resultat dieser Fusion wahrgenommen und gewürdigt wird, dann können wir es Mode oder Architektur nennen. Mit anderen Worten, es ist ein „Extra", eine Zugabe, die den „Handwerker" zu einem Künstler macht. Das heißt, es ist die Bestätigung und Anerkennung durch eine nicht näher bestimmte Gruppe, die über die Transformation vom Handwerker zum Künstler ent-

27

scheidet. Im Zuge dieser Prozesse wird seine Arbeit zu Kunst, in unserem Fall zu Mode oder Architektur.

Die persönlichen Ideen, die ein Künstler in seine Arbeit einfließen lässt, können von fast allem inspiriert werden. Im Fall von Mode und Architektur jedoch muss der Künstler seine Ideen anhand eines menschlichen Körpers oder eines Konstruktionsplanes entwerfen. Freie Künstler können durch ihre Arbeit zu allen möglichen Themen Stellung beziehen. Man könnte sagen, dass ihr „Körper" sich nicht bewegen muss, da sie eine unabhängige Art des Lebens und Arbeitens gefunden haben. Die Mode-Designer und Architekten, die wir kennen, arbeiten hingegen in der Regel für sich bewegende Körper und wechselnde Organisationen. Daher ist die Meinung der Menge so wichtig für ihren Status als Designer oder Künstler. Ein Mode-Designer hat oft eine bestimmte Person vor Augen, der er/sie eine bestimmte Identität gibt, indem er/sie das Material um ihren Körper herum formt. Ein Architekt tut das gleiche, vielleicht etwas konkreter, da der Klient bereits existiert und ein wichtiger Partner in der Realisierung der Architektur ist. Der Architekt verkauft mit seinem Gebäude eine Identität an seinen Auftraggeber, ähnlich wie ein Kunde/eine Kundin eine Identität von einem Mode-Designer kauft.

Abb. 1 Dior, Tokio, Foto: van der Bliek

Die interessante Verbindung zwischen Mode und Architektur besteht meiner Meinung nach in der Art, wie sie mit den Kundenidentitäten umgehen. Berühmte Mode-Designer finden berühmte Persönlichkeiten, die ein Interesse daran haben, ihre Kleidung zu kaufen und zu tragen. Berühmte Architekten finden bekannte Firmen und Menschen, die ihre Gebäude kaufen und darin leben oder arbeiten. Sie erreichen das in der Regel durch ein außerordentliches Niveau ihrer Handwerkskunst, durch ansprechende individuelle Ideen und durch harte Arbeit. Alle haben klein angefangen und ihre eigene Ausrichtung und Identität durch Leidenschaft und Hingabe gefunden. Es geht dabei nicht so sehr darum, berühmt zu sein, sondern vielmehr darum, von der Gruppe, zu der sie gehören wollen, anerkannt zu werden. Einige bekannte Beispiele verdeutlichen das: Dior findet in Kazuyo Sejima den richtigen Architekten, um seine Identität durch einen Laden in Tokio zu repräsentieren. Prada fand in Herzog und Meuron die Architekten, die ein paar Straßen weiter ähnliches leisteten, und Rem Koolhaas' OMA entwickelte ein Pendant für New York. Mit dem Prada Transformer von OMA konnte Prada seine Identität durch neue Ansätze in puncto Kultur und Innovation bereichern.

Abb. 2 OntFront

Diese Beispiele zeigen, wie sich die berühmten Designer und Architekten treffen und wechselseitig zu ihrer Identitätsbildung beitragen. Wie schon erwähnt, geht es nicht darum, berühmt zu werden, sondern darum, Identitäten zu kreieren.

Daneben gibt es natürlich die kleineren, lokalen Mode-Designer, die noch keine eigenen Läden in den großen Weltstädten haben. Vielleicht sind sie die exklusiven Designer der Zukunft oder die Zukunft der großen Modemarken. Noch sind sie es nicht, aber es ist um so interessanter zu beobachten, wie sie die Architektur als Mittel zur Bildung ihrer unverwechselbaren Identität (*Corporate Identity*) einsetzen, oder auch nur, um die Identität einer ganz bestimmten Kollektion zu kommunizieren.

In dem Bild über/neben/unter OntFront präsentiert ein in Amsterdam ansässiges Label seine urbane Kollektion mit einem lokalen architektonischen Wahrzeichen im Hintergrund. Das ist durchaus eine effektive Art für Modemarken, die Identität einer Kollektion lebendig zu gestalten, indem man sie im Kontext einer erkennbaren und bekannten Architektur präsentiert.

Zwischen den jungen aufstrebenden Modemarken und den etablierten Modefirmen rangieren die großen Produzenten der Durchschnittsmode. Solche Firmen ziehen durch die Kombination von interessantem Design und erschwinglichen Preisen eine große Verbrauchergruppe an. Diese Marken sind meistens weit verbreitet und manchmal sogar weltweit vertreten. Eine interessante Differenzierung nimmt Olivier Vos vor, dessen studentisches Abschlussprojekt zu begleiten ich die Freude hatte. Die erste Gruppe nennt er „Identitätsmarken", das sind die Marken, die als Medien sozialer Identität funktionieren und die damit verbundenen Produkte verkaufen. Die zweite Gruppe nennt er „Attributsmarken", sie verkaufen Produkte für eine spezielle Gruppe von Identitäten.

Prinzipiell würde ich Vos' scharfsinniger Analyse zustimmen. Seine Überlegungen führen zu meinen anfänglichen Ausführungen zurück, nun jedoch auf die großen Firmen angewendet. Dort, wo eine Firma erfolgreich eine „individuelle", „persönliche" Idee zu ihrem Produkt hinzugefügt hat, entwirft sie eine eigene Identität. Von einer erfolgreichen Vermarktung der Idee kann man dann sprechen, wenn die Verbrauchergruppe diese Identität annimmt – erst dann wird das Produkt zu Kunst, in diesem Fall Mode. Es gibt jedoch viele Firmen, die keine Identität besitzen bzw. keine klar definierte eigene Identität kreieren können. Sie neigen dazu, massenkompatibel zu designen, inspiriert von den Trends, aber definitiv selbst keinen Trend setzend. Diese Firmen können wachsen, weil sie gemäßigte Moden und gute Qualität anbieten, die die Mainstream-Kunden und -Kundinnen anziehen, die man wiederum in zwei Gruppen einteilen kann: diejenigen, die keiner Mode folgen, und diejenigen, die den Wunsch hegen, sich durch Kleidung auszudrücken.

Beide Varianten solcher großen Firmen repräsentieren ihre Identität *in* bzw. *mit* Räumen. Sie besitzen ihre eigenen Läden, führen Ladengeschäfte in großen Kaufhäusern, oder sie verkaufen ihre Produkte inklusive ihrer räumlichen Identität an Lizenzpartner. Eine Marke mit einer starken Identität ist erfolgreicher und besser erkennbar, wenn alle Möglichkeiten des Kontakts mit den Kunden auf diese Identität hin ausgerichtet sind. Auf der anderen Seite wird eine Identität auch dann deutlicher, wenn ihr Stil einzigartig ist, oder sie spezifische Gruppierungen anspricht. Klare und einzigartige Identitäten sind einfacher in überzeugende Räume zu übersetzen, die wiederum ihre Markenidentität aufwerten.

Am Ende ist es nicht wichtig, ob eine Marke jung und klein ist, oder groß und für größere Publikumssegmente gedacht, oder ob sie etabliert und exklusiv ist. Mode und Architektur treffen dann erfolgreich aufeinander, wenn starke Identitäten zusammenkommen.

Übersetzung: Stephanie Siewert

Birgit Haase

„La passante" – Die Promenade als Modeschauplatz im Zeitalter des Impressionismus

„A une passante" lautet der Titel eines berühmten Sonetts von Charles Baudelaire, das erstmals 1860, in der zweiten Ausgabe der *Fleurs du mal* und dort in der Abteilung „Tableaux Parisiens", veröffentlicht wurde. Die Zeilen bieten ein Konzentrat all jener Gedanken zu Kunst, Mode und Modernität im Zeitalter des Impressionismus, die den Dichter zu einem der bedeutendsten Wortführer der geistigen und künstlerischen Avantgarde seiner Zeit machen (Lehmann 2000, 42-45; Haase 2005, 228f). Baudelaire huldigt dort einer eleganten Unbekannten, die im Lärm der anonymen Großstadt für einen kurzen Moment die sehnsüchtige Aufmerksamkeit des Flaneurs erregt, um dann als „flüchtige Schönheit" seinen Blicken auf ewig zu entschwinden:

> A une passante
>
> La rue assourdissante autour de moi hurlait,
> Longue, mince, en grand deuil, douleur majestueuse,
> Une femme passa, d'une main fastueuse
> Soulevant, balançant le feston et l'ourlet;
>
> Agile et noble, avec sa jambe de statue.
> Moi, je buvais, crispé comme un extravagant,
> Dans son œil, ciel livide où germe l'ouragan,
> La douceur qui fascine et le plaisir qui tue.
>
> Un éclair. . . puis la nuit! – Fugitive beauté
> Dont le regarde m'a fait soudainement renaître,
> Ne te verrai-je plus que dans l'éternité?
>
> Ailleurs, bien loin d'ici! trop tard! *jamais* peut-être!
> Car j'ignore où tu fuis, tu ne sais où je vais,
> O toi que j'eusse aimée, ô toi qui le savais!
> (Baudelaire 1975, 244)

33

Birgit Haase

Damit ist den folgenden Gedanken der räumliche und zeitliche Rahmen gegeben: sie beziehen sich auf das Paris der sechziger und siebziger Jahre im 19. Jahrhundert, das damals nicht nur kulturelles und geistiges Zentrum Europas, sondern auch die unbestrittene Welthauptstadt der Damenmode war. Dabei galt es unter Zeitgenossen wie Nachgeborenen als ausgemacht, dass die Pariser Topographie zahlreiche Orte für das beliebte gesellschaftliche Schauspiel des Sehens und Gesehenwerdens bot.[1] Im Second Empire (1852-70) waren beispielsweise die modernisierten Boulevards und der am westlichen Stadtrand gelegene Bois de Boulogne bevorzugt frequentierte und inszenierte Alltagsräume des Konsums, wo stilbewusste Damen in aktueller Garderobe vor den Augen eines anonymen, gleichwohl interessierten Publikums öffentlich promenierten.[2]

Im Folgenden soll danach gefragt werden, wie sich an Schauplätzen wie diesen innerhalb von rund zwei Jahrzehnten ein neues Frauenbild im Sinne der von Baudelaire beschworenen urbanen Modernität kristallisierte, das in einer spezifischen Mode seinen Ausdruck fand. Vorausgeschickt sei hier, dass der Terminus „Mode" in diesem Zusammenhang ein durch zeitliche Aktualität sowie die inhärente Tendenz zum Wandel charakterisiertes Erscheinungsbild bezeichnet, das grundlegend durch Kleidung geprägt wird und vor allem weiblich besetzt ist; denn wenngleich die bekannte Formel vom „großen männlichen Verzicht" auf die Teilnahme am Modegeschehen im 19. Jahrhundert (Flügel 1960, 110) zu relativieren ist, galten modische Frivolität und Luxus seit dieser Zeit zunehmend als die Domäne des sogenannten schwachen Geschlechts. Wichtigste Protagonistin war dabei die „Parisienne", das in der ersten Hälfte des Jahrhunderts entstandene Idealbild der zeitgenössischen Frau. Von Literaten, Physiognomikern und Malern erschaffen, galt die Parisienne als ein Symbol der modernen Gesellschaft, als Inbegriff der unter Federführung Baudelaires zum Synonym für Modernität avancierten Mode. Immer wieder priesen Zeitgenossen diese „Künstlerin der Toilette": sie verstehe es, die große Zahl der von Etikettebüchern, Moderatgebern und Frauenzeitschriften je nach Gelegenheit oder Situation, Tages- oder Jahreszeit vorgeschriebenen Kleidungsstile sicher zu beherrschen und mit unfehlbarem Chic zu tragen (Haase 2002, 61f). Einer der gesellschaftlich codierten Anlässe, der eine spezielle Garderobe erforderte, war die städtische Promenade – Ort und performativer Akt zugleich. Dabei galt Schicklichkeit als oberstes Gebot: ein legerer Charakter in Garderobe und Verhalten war unbedingt zu vermeiden, damit die Dame

1 Bereits in den Jahrzehnten um 1800 hatte sich die außerhäusliche Promenade bürgerlicher Frauen in dafür geeigneter „Spatziertracht" großer Popularität erfreut. So verweist schon Karl Gottlieb Schelle auf die Beliebtheit der „öffentlichen Spaziergänge von Paris [...] als Schule des Luxus in Kleidung und Equipagen" (Schelle 1990/1802, 228-239; vgl. auch Krebber 1990, 88 u. 105; König 1996, 280-287).
2 Dies konstatieren u. a. Challamel 1875, 253; Herbert 1988, Kap. 5; Simon 1995, 29-33; Steele 1998, Kap. 7. Dass die Erweiterung der femininen Sphäre mit grundlegenden Veränderungen im weiblichen Konsumverhalten einherging, verdeutlicht Breward 1995, 166.

34

bei ihrem Gang auf die Straße nicht etwa in den Ruch eines „Straßenmäd-
chens" kam.

Im Folgenden werden jene achtbaren und wohlsituierten Pariserinnen
in den Fokus genommen, die in der zweiten Hälfte des 19. Jahrhunderts
promenierend neue Schauplätze der Mode im Blick der Öffentlichkeit eroberten und damit der Entwicklung eines grundlegend modernen Klei-
dungsstils Vorschub leisteten. Dies wird sich, vermittelt durch Bildzeug-
nisse – hier vor allem weibliche Figurenbilder –, zeitgenössische Texte und
erhaltene Kleider, als ein schrittweiser Prozess darstellen.

Abb. 1 Stevens: *Départ pour la promenade* (Veux-tu sortir avec moi, Fido ?), 1859.

Am Anfang steht der „Aufbruch zum Spaziergang" („Départ pour la promenade"), den der seinerzeit höchst erfolgreiche Salonmaler Alfred Stevens 1859 in der Manier eines zeitgenössischen Genrebildes inszeniert hat
(vgl. Hansen/Herzogenrath 2005, Kat.No.24). Im Zentrum der anekdotisch
erzählten Szene steht eine junge Frau, die eben im Begriff ist, gemeinsam
mit ihrem kleinen Hündchen ein im Stil des 18. Jahrhunderts luxuriös

Birgit Haase

ausgestattetes Zimmer zu verlassen. Sie ist in eleganter Garderobe ebenso sittsam wie prächtig gekleidet: Ihre üppig nachschleppende Robe aus
rotbraunem Samt hält sie mit der linken Hand gerafft, was dem Betrachter
einen Blick auf die gestickte Saumpartie eines Unterrockes aus makellos
gestärktem, weißem Batist erlaubt. Die junge Frau hat einen großen qua-
dratischen, zum Dreieck gefalteten Kaschmirschal umgelegt, dessen stili-
siertes Palmblattmuster von warmen Rottönen bestimmt ist. Komplettiert
wird die schickliche Garderobe durch einen haubenartigen Hut mit dekorativer Kinnschleife und zurückgeschlagenem schwarzem Schleier, den die
Trägerin spätestens beim Betreten der Straße vor das Gesicht ziehen wird,
um sich vor Staub, insbesondere aber vor den Blicken Fremder zu schützen.

Stevens hat sein Sujet im Jahr 1859 sorgfältig ausgewählt und in Szene
gesetzt: Tatsächlich war die elegante Promenade seit der Jahrhundertmit-
te zunehmend in Mode gekommen und die junge Frau in dem Gemälde
musste aus zeitgenössischer Sicht als eine vollkommene Verkörperung dieses gesellschaftlichen Rituals erscheinen. Ihre anspruchsvolle Garderobe
jedoch wirkt für einen Spaziergang im Freien wenig geeignet und verleiht
einem eher traditionellen, häuslich geprägten Frauenbild Ausdruck: Das
voluminöse Krinolinenkleid aus einem empfindlichen Material, der Schal,
dessen anmutige Drapierung seiner Trägerin ständige Aufmerksamkeit ab-
verlangt, und der Schleierhut, der ihre Sicht im Freien einschränkt, wirken
vor allem repräsentativ und schicklich, jedoch nicht praktisch beziehungsweise funktional; dieser Eindruck findet seine Entsprechung in dem histo-
risierenden Innenraum, den die junge Frau noch nicht verlassen hat.

Vergleichsweise moderner, sowohl in der künstlerischen Konzeption als
auch hinsichtlich der dargestellten Garderobe, wirkt Claude Monets „Camille" von 1866 (vgl. Hansen/Herzogenrath 2005, Kat.No.18). Auch sie ist
in modischer Aufmachung zum Ausgehen bereit, wobei der Raum, in dem
sie sich befindet, nicht näher definiert ist. Vor einem braunroten Vorhang
scheint sie von links nach rechts durch das Bild zu schreiten und dabei nur
für einen kurzen Moment inne zu halten; die Hand am Kinnband ihres
kleinen Hutes, wendet sie den Kopf über die rechte Schulter wie lauschend
zurück; der Blick jedoch bleibt gesenkt und erreicht den Betrachter nicht.
Durch die Pose tritt die individuelle Persönlichkeit zurück zugunsten einer
ostentativen Präsentation der modischen Garderobe. Als Blickfang wirkt
der keilförmig geschnittene, üppig nachschleppende Seidenrock, dessen
Weite in voluminösen Falten locker über mehrere Unterröcke fällt. Nicht
nur seine Silhouette erschien in der zweiten Hälfte der 1860er Jahre hoch-
aktuell, auch das Dessin aus kontrastierenden Längsstreifen war damals
äußerst *en vogue*: Leuchtende Nuancen wie das intensive Smaragdgrün, erzielt durch neu entwickelte synthetische Textilfarbstoffe, galten aus zeitgenössischer Sicht vielfach als Symbol für Modernität und Fortschritt. Glei-
ches ist über Camilles hochtaillierten, etwa hüftlangen Paletot aus schwar-

Abb. 2 Claude Monet: *Camille (La Femme à la robe verte)*, 1866 (siehe Farbtafel 1).

zem Samt mit hellbraunem Pelzbesatz zu sagen, der seiner Trägerin mehr Bewegungsfreiheit bot als ein hinderliches Umschlagtuch.

Ganz ähnliche Posen und Kleider wie die der Camille finden sich in zeitgenössischen Modeillustrationen.[3] Indem Monet sein Modell in die neueste Mode kleidete und es nach dem Vorbild von Modegraphiken präsentierte, nahm er auf populäre Massenmedien Bezug, die damals als Inbegriff von Modernität galten. Während die in den Illustrationen gezeigten Modelle durch beiläufige Handlungen und angedeutete, vorzugsweise repräsentative Innenräume, legitimiert werden, geht Monet dabei als „Maler des modernen Lebens" Baudelaire'scher Prägung einen wesentlichen Schritt weiter. Durch den kaum definierten Bildraum sowie die Position von Camille, die mit der Überschneidung des nachschleppenden Rockes vom linken Bildrand und dem rechts vor ihr frei gelassenen Platz eine Richtung vorgibt, vermittelt Monet einen transitorischen Eindruck, der an Baudelaires eingangs genannte Passantin erinnert (Hansen/Herzogenrath 2005, 94).

---

3   Z. B. in Petit Courrier des Dames 1865, Nos.3481 und 3489; Journal des Demoiselles 1867, No.3539. (Vgl. Haase 2002, 47-49; Hansen/Herzogenrath 2005, 96.)

Durch diese Inszenierung wird die für die „Parisienne" signifikante Modernitätsformel der Mode durch jene der Bewegung, des Agierens in einem „Schwellenraum", ergänzt (Kreuder 2008, 215f, 237). Camille befindet sich sowohl modisch als auch räumlich in einer Übergangssituation: Zwar wirkt ihre aktuelle Promenadengarderobe vergleichsweise moderner als jene in Stevens' Gemälde, doch noch behindern nachschleppender Seidenrock und pelzverbrämter Samtpaletot im Wortsinn das weibliche „Fortkom-

Abb. 3 Claude Monet : *Les Promeneurs* (Bazille et Camille), 1865 (siehe Farbtafel 2).

men"; der Schritt in die großstädtische Öffentlichkeit ist noch nicht getan. Er sollte über Umwege erfolgen...

In einem nur wenig früher entstandenen Bild von Monet posiert dieselbe Camille, wiederum in modisch-eleganter Garderobe, vor einer mit breiten Pinselstrichen skizzierten Waldlichtung an der Seite eines korrekt gekleideten Kavaliers (vgl. Hansen/Herzogenrath 2005, Kat.No.9). Ihr helles Promenadenkostüm mit dunkel kontrastierender Soutache-Stickerei entspricht den von zeitgenössischen Modejournalen für sommerliche Landaufenthalte empfohlenen Toiletten. Zu dem in voluminösen Falten lang nachschleppenden Rock gehört ein eng anliegendes, kurzes Schoßjäckchen. Auf den ersten Blick kaum besser geeignet für den Spaziergang im Freien als die bisher gesehenen Ensembles, erweist sich Camilles Garderobe bei genauerer Betrachtung dennoch als zweckmäßiger.

Abb. 4 *Sommerkostüm*, Anfang 1860er Jahre. Baumwoll-Pikee mit Soutache-Stickerei.

Näheren Aufschluss gibt ein vergleichbares erhaltenes Kleidungsstück (vgl. Simon 1995, 178): Das in die erste Hälfte der 1860er Jahre zu datierende Promenadenkostüm besteht aus einem eng anliegenden, hochgeschlossenen Oberteil, das die aktuelle Form des kurzen, offenen Bolero-Jäckchens über einer vorn durchgehend geknöpften Weste imitiert; dazu gehört ein weiter, bodenlanger, jedoch nicht nachschleppender Krinolinenrock. Das Ensemble ist aus weißem Baumwoll-Pikee mit schwarzer Soutache-Stickerei gefertigt, einem strapazierfähigen, gut waschbaren und angenehm zu tragenden Material von frischer Wirkung, das von zeitgenössischen Modejournalen als besonders geeignet „für das Land oder einen Aufenthalt in Seebädern" empfohlen wurde (Pariser Damenkleider-Magazin 7/1863, 104; vgl. Haase 2002, 115f).

Damit ist der „Raum" beziehungsweise die Situation von „Les Promeneurs" näher bezeichnet: Camille und ihr Begleiter genießen ihre „villégiature". Ein solcher sommerlicher Landaufenthalt in der näheren oder weiteren Umgebung von Paris entsprach den damaligen Gepflogenheiten der städtischen Gesellschaft, die damit eine traditionell aristokratische Lebensform übernommen und ihren Bedürfnissen gemäß abgewandelt hatte. Dabei implizierte die jährliche „Flucht aufs Land" eine weitgehende Beibehaltung der gewohnten Lebensart, denn – wie Andrea Dippel festgestellt hat – die „Bedingungen des neuen Naturverständnisses [lagen] in den Strukturen der modernen Stadt. Die urban geprägte Wahrnehmung lenkte den Zugriff des Städters auf die Landschaft." (Dippel 1996, 24; vgl. Haase 2002, 92f)

Abb. 5 Eugène Boudin: *La Princesse de Metternich sur la plage*, um 1865-67.

Noch im Second Empire diente der kaiserliche Hof auch in dieser Beziehung als Vorbild, etwa durch regelmäßige Aufenthalte von Kaiserin Eugénie mit ihrer Entourage an der normannischen Küste. Bei einer dieser Gelegenheiten schuf Eugène Boudin, der frühere Lehrer Monets, eine Ölstudie der Fürstin Pauline von Metternich am Strand (vgl. Haase 2010, 190f). Die Gattin des österreichischen Botschafters am französischen Kaiserhof war im Paris der 1860er Jahre berühmt für ihre außerordentliche Eleganz sowie ihren großen „Modemut". Diese besondere Facette der Persönlichkeit der Fürstin wird durch den spezifischen Charakter von Boudins Darstellung akzentuiert – ähnelt das Bild doch eher einer Modefigurine als einem Portrait. In summarisch-schneller, skizzenhafter Pinselführung sind die individuellen Gesichtszüge ebenso nivelliert wie Kleidungsdetails; dennoch ist die elegante „toilette de bain de mer" beziehungsweise „toilette des eaux" unmittelbar erfasst. Der taillierte Paletot, dessen helle Nuance durch schwarze Garnituren und über den Rücken herabfallende schwarze Bänder unterstrichen wird, der zur Promenade am Meeresstrand über einem roten Unterrock emporgeraffte Krinolinenrock, der kleine, in die Stirn geschobene Hut mit dem wehenden Schleier – all dies ist in der von Boudin gewählten Profilansicht gut erkennbar.

Die Nähe zu gängigen Darstellungsmustern populärer Modestiche wird deutlich durch den Vergleich mit einem 1864 in „La Mode Illustrée" erschienenen Stich von Anaïs Toudouze (vgl. Haase 2002, 123). Dort wiedergegeben sind zwei Frauen in modischer Kleidung am Meeresstrand. Die Linke

Abb. 6 Anaïs Toudouze: *Modegraphik*, 1864.

trägt einen weißen Kapuzenumhang zu einem hellen Kleid mit schwarzem Bandbesatz; die Rechte ein in Beige und Schwarz gehaltenes Ensemble, bestehend aus Umhang, kurzem Bolero-Jäckchen und weitem Rock, der über einem dekorativ ausgestatteten Unterrock emporgerafft ist; dazu ein in die Stirn geschobenes Hütchen mit Federaufputz. In beiden Abbildungen, der Ölstudie wie der Graphik, fallen neben den verschiedenen Jackenformen vor allem die gerafften Kleiderröcke auf. Über sie berichteten die Modejournale seit den frühen 1860er Jahren; so hieß es etwa im „Pariser Damenkleider-Magazin" vom Februar 1863:

> „Da die Mode verlangt, daß die eleganten Kleider hinten eine kleine Schleppe bilden und diese Neuerung nicht nur auf die Soirée- und

Ball-, sondern auch auf die Besuchs- und Promenaden-Toiletten angewendet wird, so ist es nöthig, eine graziös aussehende Art des Kleideraufnehmens zu finden, um die Toilette bei schlechtem Wetter vor dem Schmutz der Straße zu bewahren." (Pariser Damenkleider-Magazin 2/1863, 22f)

Abb. 7 *Promenadenkostüm mit Posamentenarbeit und Soutachestickerei*, um 1865-67.

Tatsächlich ließen sich viele der schleppenden Promenadenröcke bei Bedarf durch integrierte Zugvorrichtungen mehr oder weniger hoch raffen und so in zweckmäßigere, kürzere Versionen verwandeln.

Für die praktische Umsetzung eines solchen Effekts gab es verschiedene Möglichkeiten, die vor allem an erhaltenen Stücken ablesbar sind. So beispielsweise an einem dreiteiligen Sommerkostüm französischer Provenienz, das in Form, Farbigkeit und Aufputz deutliche Parallelen zu dem in der Modeillustration rechts wiedergegebenen Ensemble zeigt. Es ist aus einem robusten, lichtbraunen Leinengewebe gefertigt; die in Übereinstimmung mit der modischen Silhouette platzierten Garnituren bestehen aus dekorativer schwarzer Posamentierarbeit. Während der knappe Bolero und der breite Formgürtel den Oberkörper über einer etwas erhöhten Taillenlinie eng umschließen, zeigt der aus insgesamt vierzehn einseitig schräg geschnittenen Stoffbahnen zusammengesetzte Rock die für das ausgehende Second Empire charakteristische Form mit abgeflachter Front und lang ausschwingender Rückpartie. Die beträchtliche Materialfülle des Rockes lässt sich durch eine von der Trägerin nach Wunsch regulierbare Zugvorrichtung emporraffen. Dazu sind an insgesamt vier Knöpfen, die lose über kleinen Öffnungen in der vorderen und hinteren Taillennaht sitzen, jeweils mehrere lange Zugbänder – sogenannte „tirettes" oder „Pagen" – angebracht, die im Rockinnern einzeln an allen Längsnähten befestigt sind; ein Ziehen an den Knöpfen bewirkt das Heben des Rocksaums. Diese Art eines modischen „Rockhalters" wurde 1863 im „Pariser Damenkleider-Magazin" vorgestellt, wo es dazu abschließend hieß:

> „Geht man nun bei schlechtem Wetter aus, so zieht man an den Schnüren, bis das Kleid genügend in die Höhe genommen ist und knüpft dann die vereinigten Enden vornen [sic!] in eine Schleife. Es versteht sich von selbst, daß die Schnüre die Länge des Rocks haben müssen, damit man nichts von diesem Arrangement sieht, wenn man das Kleid bei gutem Wetter unverkürzt tragen will." (Pariser Damenkleider-Magazin 2/1863, 23)

Der mahnende Nachsatz verweist darauf, dass die vor allem aus praktischen beziehungsweise Bequemlichkeits-Erwägungen gerafften Röcke zunächst als unelegant, ja teilweise sogar – wegen der damit einhergehenden Verkürzung der Rocksäume – als anstößig galten. So erscheint es nicht verwunderlich, dass ihr modisches Potential vorerst nicht in Paris, sondern in der vergleichsweise inoffiziellen und legeren Atmosphäre der „villégiature", insbesondere in den normannischen Seebädern, ausgelotet wurde (vgl. z.B. Abb.5). Auf den eleganten Strandpromenaden von Dieppe, Trouville oder Biarritz präsentierten modische Avantgardistinnen wie die Fürstin von Metternich erstmals sogenannte „petits costumes" mit bewusst dekorativ gerafften Röcken über reich ausgestatteten, häufig kontrastfarbigen Unterröcken (Tétart-Vittu 2008, 104-108).

Was zunächst für Aufsehen sorgte, fand *peu à peu* seinen Weg nach Paris, wie etwa Renoirs Ansicht von des *Pont des Arts* aus dem Jahr 1867 deutlich macht, wo diverse „petits costumes" mit gerafften Röcken zu sehen sind.[4] Entsprechend berichtete aus zeitgenössischer Sicht beispielsweise Augustin Challamel, dass derartige Kostüme seit den ausgehenden 1860er Jahren nicht mehr nur in Badeorten oder auf dem Land getragen wurden, sondern zunehmend auch in der französischen Metropole; tadelnd fügte er hinzu:

> „Der Gedanke, in den Städten die gleiche Garderobe zu tragen wie reiche Städter in ihren Landhäusern, macht vor allem bei jenen Schule, die eher auf Bequemlichkeit als auf Eleganz achten."[5] (Challamel 1881, 239f)

---

4 Pierre-Auguste Renoir: *Le Pont des Arts*, 1867. Öl/Lw., 62 x 102 cm. Los Angeles, The Norton Simon Foundation. (Vgl. Abb. 9 in Herbert 1988.)

5 „.... ce qui avait obtenu du succès aux bains conserva quelques enthousiastes à Paris... Des plages, certains costumes vinrent aux villes"; und weiter: „L'idée de se servir, dans les villes de

43

Dies war die Sichtweise eines Mannes; etwas anders klingen die Erinnerungen einer Frau, und zwar jene der kaiserlichen Hofdame Madame Carette, die die Vorteile der neuen Promenadenkostüme folgendermaßen beschrieb:

> „Es war eine wirkliche Entlastung, am Tage auf die übertriebenen Moden, die unhandlichen und schweren Stoffmassen zu verzichten. Man gewöhnte sich rasch an dieses praktische Kleidungsstück, in dem man flink und leichtfüßig durch die Menge glitt, sich in den Geschäften und zwischen den Kutschen bewegte, ohne jene tausend Unfälle zu fürchten, die die maßlosen Roben heraufbeschworen hatten."[6] (Carette 1891, Bd.3, 141)

In der weiblichen Erinnerung an die neue Mode der „petits costumes" steht also der Gewinn an Zweckmäßigkeit und Tragekomfort im Vordergrund, der sich offenbar gerade im Getümmel der Großstadt als vorteilhaft erwies. Die Schreiberin schließt ihre Ausführungen mit einem besonderen Hinweis auf die den Kostümen eigene Eleganz.

Mit der zunehmenden gesellschaftlichen Durchsetzung der „petits costumes" ging eine sukzessive Veränderung der gesamten Modelinie einher: Gegen Ende der 1860er Jahre verringerte die bislang sehr raumgreifende Krinoline ihr Volumen, während sich die Stofffülle des Rockes zunehmend auf den rückwärtigen Bereich konzentrierte, um schließlich über dem Gesäß mittels stützender Unterlagen, sogenannten Tournuren, hochgebauscht zu werden. Die neue Mode zeichnete sich durch eine tendenziell schmalere, dabei in Schnitt und Ausstattung anspruchsvolle Silhouette aus.

Eine 1870 entstandene Ölstudie Monets von Camille am Strand von Trouville verdeutlicht den Wandel.[7] Trotz der skizzenhaften Malweise ist in der Seitenansicht die Silhouette des sandfarbenen Promenadenkostüms mit Schoßjäckchen und nach hinten gerafftem Doppelrock ebenso gut zu erkennen, wie die kleine Kopfbedeckung mit Kinnbändern und ein farblich abgestimmter Sonnenschirm.

---

vêtements pareils à ceux que les riches citadins mettaient dans leurs campagnes pénétra fort avant parmi les gens qui préfèrent la commodité à l'élégance." [Übersetzung: B.H.]

6 „Ce fut un véritable soulagement d'abandonner, pour la journée, ces modes exagérées, ces flots d'étoffe encombrants et pesants. On s'accoutuma vite à ce vêtement pratique, avec lequel, leste et légère, on se glisse au milieu de la foule, dans les magasins, parmi les voitures, sans craindre les mille accidents auxquels donnaient lieu les robes démesurées." Weiter heißt es: „Enfin, la main savante des plus habiles couturiers chiffonna le petit costume avec tant d'élégance et de goût, qu'il devint une parure tout à fait séduisante." [Übersetzung: B.H.] Einige Seiten zuvor verweist Madame Carette darauf, dass die Einführung der „petits costumes" mit ihren aus zeitgenössischer Sicht „kurzen" Röcken am französischen Kaiserhof um 1860 einer modischen Revolution gleichgekommen war (ebd., S.138; vgl. dazu Haase 2010, 191f).

7 Claude Monet: *Camille sur la plage*, um 1870. Öl/Lw., 30 x 15 cm. Paris, Musée Marmottan. (Vgl. Abb. in Simon 1995, 182.)

Entsprechende Toiletten konnte man inzwischen vermehrt auch in Paris sehen, dessen Stadtbild sich seit Beginn des Second Empire vollkommen verändert hatte. Grund dafür waren die von Kaiser Napoleon III. aus sozialen sowie strategischen Erwägungen angeordneten und vom Präfekten des Seine-Departements, Baron Haussmann, geleiteten umwälzenden städtebaulichen Maßnahmen. Neben der Anlage breiter, baumbestandener Boulevards und Plätze mit neuen, vereinheitlichten Häuserfronten, gehörte zur später sogenannten „Haussmannisation" auch die Anpflanzung beziehungsweise Neuordnung städtischer Parks und Grünanlagen. Diese trugen zur Schaffung von Licht, Luft und Raum bei und integrierten die „Natur" in den großstädtischen Alltag – in Form einer raffinierten, idealisierten und „gezähmten" urbanen Landschaft, die von der Pariser Bevölkerung rasch als Bühne des gesellschaftlichen Lebens im Freien genutzt und besonders als Modeschauplatz geschätzt wurde. Vor allem für die weibliche Promenade empfahlen sich die Parks und Gärten, da sie gewissermaßen einen „Übergangsraum" zwischen privater Abgeschlossenheit und geschützter Öffentlichkeit boten (vgl. Haase 2002, 93; Thomas 2008, 34).

Dem städtischen Naturverständnis gemäß wandelte sich der Park gleichsam zu einem „Salon en plein air", in dem das Sehen und Gesehenwerden von allergrößter Wichtigkeit war. Dies spiegelt sich nicht zuletzt in zahlreichen bildlichen Darstellungen modischer Spaziergängerinnen in kultivierter Naturkulisse, wobei häufig im Hintergrund erkennbare Balustraden, Sitzbänke, Villen und ähnliches einen repräsentativen Rahmen andeuten. So etwa in dem Figurenbild „La Promenade" aus dem Jahr 1871, zu dem sich Paul Cézanne bekanntermaßen durch eine aktuelle Modegraphik aus „La Mode Illustrée" inspirieren ließ.[8] Der Maler hat die Anordnung, die Posen und die Kleidung der beiden Figuren übernommen, dabei teilweise Farben verändert und Details ignoriert. In der Zusammenschau lassen sich Szenerie und modische Garderobe genau beschreiben: Zwei Frauen, in die Betrachtung von Blumen versunken, stehen in parkartiger Umgebung nebeneinander am Fuße einer Treppe mit dekorativ gestaltetem Geländer. Sie tragen Promenadenkostüme im Stil der frühen Tournurenmode, bestehend aus Schoßjacken und Doppelröcken mit schürzenartig – „en tablier" – gerafften Überwürfen. Als Accessoires dienen reich verzierte Hüte, kleine Sonnenschirme sowie Handschuhe.

Wie das Genre der Modeillustration nahe legt, sind die Frauen im Rahmen der gepflegten Natur vor allem dekorativ aufgefasst; sie erscheinen weniger als individuelle Persönlichkeiten denn als modisch ausgestattete „Objekte" beziehungsweise Verkörperungen des „Pariser Chic". Der zur

---

8 Seit längerem ist bekannt, dass Paul Cézanne um 1870 mindestens zwei seiner Figurenbilder unmittelbar nach der Vorlage von aktuellen Modegraphiken aus „La Mode illustrée" gemalt hat (vgl. zu diesem von John Rewald bereits in den 1930er Jahren entdeckten Beispiel u. a. Roskill 1970, 392, Anm.2; Simon 1995, 177; Steele 1998, 130f).

Abb.8a: Paul Cézanne: Abb.8b: Modegraphik aus
La Promenade, um 1871.   „*La Mode Illustrée*" 1871.

Schau gestellte Müßiggang verstärkt diesen Eindruck. Dennoch scheint die von Cézanne wiedergegebene Garderobe in ihrer gedämpften Farbigkeit und mit den nur mehr bodenlangen Röcken von schmalerer Fasson für einen Spaziergang im Freien besser geeignet, als die meisten der bisher betrachteten Toiletten.

Ähnlich gekleidet figuriert Camille in einem Gemälde von Claude Monet aus dem Jahr 1873: In „Le Banc" trägt sie ein in Schwarz und Grau gehaltenes „Promenaden- oder Stadtcostüm", und folgt damit dem von Mathilde Clasen-Schmid etwas später formulierten Motto, wonach

> „Jede Frau weiß, daß dunkelfarbige Stoffe im Freien eine hübschere Wirkung machen als im geschlossenen Raum [und dass insbesondere] eine schwarze Toilette in jeder Saison ihren aparten, distinguirten [sic!] Charakter [bewahrt]". (Clasen-Schmid 1888, 46f)

Camilles Kostüm besteht aus einer langärmeligen Schoßjacke und einem bodenlangen Rock mit schürzenartigem Überwurf und gebauschter Gesäßbetonung; zur Vervollständigung der Garderobe dienen ein blumengeschmückter Hut, weißer Aufputz und ebensolche Handschuhe.

Das Bild dürfte im Garten eines in der Nähe von Paris gemieteten Hauses entstanden sein; doch erinnert die Szenerie mit Bank, gepflegten Blumenrabatten, Kieswegen und im Hintergrund erkennbaren Gebäuden eher an den „halböffentlichen" Raum eines städtischen Parks. Dazu tragen auch die wie Passanten agierenden Figuren der Frau mit Sonnenschirm im Hinter-

46

Abb.9: Claude Monet: *Le Banc*, 1873.

grund und des über die Banklehne gebeugten Mannes in schwarzem Anzug und Zylinder bei.

Parks dienten Frauen im Rahmen einer geschlechtsspezifisch determinierten Raumaneignung als geeignete Bereiche zur ersten Erprobung einer gleichberechtigten Teilnahme am öffentlichen Leben im großstädtischen Umfeld (vgl. König 1996, 18 u. 257; Thomas 2008, 46). Die Pariser Boulevards hingegen waren weit stärker das Revier von Männern – hier war das Feld des notorischen Flaneurs –, und allenfalls das von Straßenmädchen. Der Schritt dorthin blieb für jede auf ihren guten Ruf bedachte Frau zunächst moralisch riskant und erschien in räumlicher wie modischer Hin-

Abb. 10 Gustave Caillebotte: *Rue de Paris, temps de pluie*, 1877 (siehe Farbtafel 3).

sicht als eine Art „Grenzüberschreitung" und damit gewissermaßen als emanzipatorischer Akt. Dies mag – unter anderem – eine Erklärung dafür sein, warum es in der dem „modernen Leben" gewidmeten „nouvelle peinture" der 1860/70er Jahre nur wenige Darstellungen von promenierenden Damen in dezidiert städtischer Umgebung gibt.

Eine berühmte Ausnahme ist das Gemälde von Gustave Caillebotte aus dem Jahr 1877, betitelt „Rue de Paris, temps de pluie".[9] Die – genau zu lokalisierende – Szenerie bildet eine der großzügigen Straßenkreuzungen mit hohen, einheitlichen Häuserfronten *à la Haussmann*. Die Kleidung der Passanten erscheint von ebenso moderner Urbanität wie die Umgebung und ist dieser vollkommen angemessen. Im Vordergrund rechts kommt dem Betrachter eine Frau am Arm ihres Begleiters unter einem schwarzen Regenschirm auf dem Trottoir entgegen; ihr Blick richtet sich über die regennasse Straße hinweg nach links auf einen Punkt außerhalb des Bildraums. Sie trägt ein schmal geschnittenes Promenadenkostüm aus schwarzem Wolltuch mit Pelzverbrämung, dessen Rock sie mit eleganter Geste gerafft hält. Unter der hochgeschlossenen Jacke blitzt ein weißer Kragen hervor, zwei dichte Knopfreihen im Vorderteil setzen einen dezenten Akzent. In reduzierter Farbigkeit, Linienführung und Ausstattung spiegelt sich eine Tendenz zur Orientierung an der zeitgenössischen Herrenkleidung, jene „Vermännlichung" der Frauenkleidung im öffentlichen Außenraum, die von Zeitgenossen vielfach als emanzipatorisches Signal und dementsprechend kritisch registriert wurde. Konterkariert wird dieser Eindruck hier lediglich durch den schwarzen Hut mit halbem Gesichtsschleier. Marni Kessler hat unlängst derartige Schleier als ein Mittel definiert, das der ehrbaren Frau den Zugang zur städtischen Öffentlichkeit ohne Imageverlust erlaubte, indem er ihr ein gewisses Maß an Anonymität gewährte, während zugleich ihr durch das Tüllgitter gefilterter Blick auf die moderne Stadt eine spezifische Distanz bewahrte (Kessler 2008).

Das gleiche modische Detail – der Schleier – findet sich in einem Gemälde des seinerzeit erfolgreich zwischen Impressionismus und Salonkunst vermittelnden Giuseppe De Nittis. Der Titel des 1878 entstandenen Bildes, „Rentrée de bois de Boulogne", benennt einen der damals wichtigsten öffentlichen Schauplätze der Mode in Paris. Im dunstigen Licht des Spätnachmittags ist am Horizont der täglich ablaufende mondäne Korso zu erkennen; im Vordergrund ist eine elegante Parisienne in Dreiviertelfigur angeschnitten. Während sich die Passantin in Caillebottes Gemälde im wahrsten Sinne des Wortes noch unter dem Schirm des Mannes befindet, genügt dieser als Begleitung ein großer Hund, den sie am Halsband hält. Die junge Frau erscheint im Halbprofil, ihr nach rechts gelenkter Blick impliziert eine entsprechend gerichtete Bewegung des Vorübergehens,

---

9   Das Gemälde ist auch unter folgenden Titeln bekannt: „Temps de pluie à Paris au carrefour des rues de Turin et de Moscou"; „La Place de l'Europe à Paris, temps de pluie".

Abb. 11 Giuseppe De Nittis: *Rentrée du bois de Boulogne*, 1878.

die den Betrachter ignoriert. Sie trägt einen knielangen schwarzen Mantel, der mit dreifachem Kutscherkragen und doppelreihig angeordneten großen Knöpfen deutliche Anleihen bei der zeitgenössischen Herrenkleidung macht. Ebenfalls schwarz sind der duftige Tüllschal und ein Hut mit dichtem halbem Gesichtsschleier.

Fraglos steht das Bild in einer langen Tradition schmeichelnder Darstellungen schöner Frauen und sicherlich ließe sich über seine Modernität unter ästhetischen Aspekten streiten. Doch wird hier ein fortschrittliches Frauenbild, nicht zuletzt durch die Mode, vermittelt. Darin spiegelt sich ein Heraustreten der Frau aus tradierten Bindungen und Konventionen, das auch von anderen Zeitgenossen wahrgenommen wurde. So hatte Charles Blanc bereits 1875 die Silhouette der neuen Tournurenmode mit flacher Front und betonter Rückpartie sowie die Vorliebe für Adaptionen männlicher Kleidungselemente in der Damengarderobe, mit folgenden Sätzen kommentiert:

> „Alles, was die Frauen am Sitzen hinderte, wurde zur Entfaltung gebracht, alles, was ihren Schritt hemmte, entfernt. Sie frisierten und kleideten sich, um im Profil gesehen zu werden. Nun gibt aber das Profil die Silhouette einer Person, die uns nicht ansieht, die vorübergeht, die uns entfliehen wird. Die Toilette wurde zu einem Sinnbild jener schnellen Bewegung, die die Welt mit sich fortreißt und sogar die Hüterinnen des heimischen Herdes ergriffen hat. Man sieht sie bis auf den heutigen Tag, bald wie Knaben gekleidet und zugeknöpft, bald wie Soldaten mit Soutachestickereien dekoriert;

sie gehen auf hohen Absätzen, die sie noch mehr vorantreiben; sie forcieren ihren Schritt, durchschneiden die Luft und beschleunigen das Leben, indem sie den Raum durcheilen, der sie verschlingt."[10] (Blanc 1875, 293f)

Entfernt erinnert das von Blanc entworfene Frauenbild an Baudelaires „Passante", doch ist an die Stelle der mysteriös-poetischen Flüchtigkeit des Augenblicks eine eher zielgerichtete, selbstbewusste Mobilität getreten, die dem Tempo der modernen Großstadt entspricht. Die Anonymität des Vorübergehens bleibt gewahrt, doch erscheint die Modernität nun greifbar materialisiert in Silhouette und Details der weiblichen Promenadenkleidung. Noch deutlicher wird 1877 Johanna von Sydow, indem sie die Vorliebe der Zeitgenossinnen für solche Kleidungsstücke, „die der Straße zuzuordnen sind" – Jacken, Mäntel, Stiefeletten – als Zeichen für „verständiges Aufsichselbstverlassen" und „sichere Selbständigkeit" interpretiert, und in diesem Zusammenhang fragt: „Liegt... in diesem offenkundigen Streben nach praktischer Zweckerfüllung... vielleicht nicht auch die große Frage der Frau in unserer Zeit, auf eigenen Füßen zu stehen?" (Sydow 1877, 60 u. 143)

Die weibliche Emanzipation erscheint nun greif- und denkbar. Zu ihrer „Uniform" sollte im letzten Jahrzehnt des 19. Jahrhunderts das Schneiderkostüm werden, jenes „tailor-made", das englische Herrenschneider in höchster Vollendung zu fertigen wussten... Die unverzichtbare Basis für diese aus modehistorischer Perspektive ebenso bedeutsame wie aus Sicht der Gender Studies symbolträchtige Neuerung wurde in den rund zwei Jahrzehnten geschaffen, in denen die von Baudelaire zum Sinnbild der Moderne stilisierte „Passante" auch realiter die Bühne des modernen, weitgehend anonymen Großstadtlebens betrat. Der Schritt in den öffentlichen städtischen Raum führte vom Innen- oder Schwellenraum in den Übergangsraum des halböffentlichen Parks, und von den Stränden der „villégiature" auf die Boulevards der „ville". In engem Zusammenspiel mit der Eroberung neuer Räume, dafür Vorbedingung und Ausdruck zugleich, veränderte sich die Damenmode: von den bewegungshemmenden, anspruchsvollen Krinolinenroben über die als revolutionär empfundene Neuerung der „petits costumes" in den 1860er Jahren bis zum männlich konnotierten Straßenkostüm der 1870er Jahre. Im

---

10 „On développa tout ce qui pouvait empêcher les femmes de rester assises, on écarta tout ce qui aurait pu gêner leur marche. Elles se coiffèrent et s'habillèrent comme pour être vues de profil. Or, le profil, c'est la silhouette d'une personne qui ne nous regarde pas, qui passe, qui va nous fuir. La toilette devint une image du mouvement rapide qui emporte le monde et qui allait entraîner jusqu'aux gardiennes du foyer domestique. On les voit encore aujourd'hui, tantôt vêtues et boutonnées comme des garçons, tantôt ornées de soutaches comme les militaires, marcher sur de hauts talons qui les poussent encore en avant, hâter leur pas, fendre l'air et accélérer la vie en dévorant l'espace, qui les dévore." [Übersetzung: B.H.]

wechselseitigen Verhältnis von Räumen, Kleidern und Menschen hatte die Frau als Passantin Kontur gewonnen und agierte nun gleichberechtigt an einem der wichtigsten Orte des modernen, urbanen Lebens: auf der Straße.

Literatur

Baudelaire, Charles (1975): Sämtliche Werke / Briefe. In acht Bänden herausgegeben von Friedhelm Kemp und Claude Pichois in Zusammenarbeit mit Wolfgang Drost. Bd.3: Les Fleurs du Mal / Die Blumen des Bösen. München, Wien: Carl Hanser

Blanc, Charles (1875): L'Art dans la parure et dans le vêtement. Paris: Librairie Renouard

Breward, Christopher (1995): The Culture of Fashion. A New History of Fashionable Dress. Manchester, New York: Manchester University Press

Challamel, Augustin (1875): Histoire de la mode en France. La toilette des femmes depuis l'époque gallo-romaine jusqu'à nos jours. Paris: A. Hennuyer

Clasen-Schmid, Mathilde (1888): Das Frauencostüm in practischer, conventioneller und ästhetischer Beziehung. Leipzig: Verlag von Hoffmann & Ohnstein

Dippel, Andrea (1996): Von Paris an den Ärmelkanal. Der Städter am Strand bei Manet, Monet, Morisot, Degas und Renoir. Diss., Köln: Hundt Druck

Flügel, John Carl (1966) [zuerst 1930]: The Psychology of Clothes. 4. Auflage, London

Haase, Birgit (2002): Fiktion und Realität. Untersuchungen zur Kleidung und ihrer Darstellung in der Malerei am Beispiel von Claude Monets Femmes au jardin. Weimar: VDG

Haase, Birgit (2005): „Une toilette vaut un tableau' – Impressionismus und Mode". In: Monet und *Camille*. Frauenportraits im Impressionismus, hg. von Dorothee Hansen und Wulf Herzogenrath. (Ausst.Kat., Kunsthalle Bremen) München: Hirmer, S. 228-237

Haase, Birgit (2010): „„Les toilettes politiques' – Mode und Staatsräson im Second Empire". In: Philipp Zitzlsperger (Hg.): Kleidung im Bild – Zur Ikonologie dargestellter Gewandung. (Tristan Weddigen (Hg.): Textile Studies, Vol.1.) Emsdetten, Berlin: Edition Imorde, S. 181-193

Haase, Birgit (2011): „Kleider kehren zurück – Mode-Geschichte in der Hamburger Armgartstraße». Hamburg: ConferencePoint Verlag

Hansen, Dorothee; Herzogenrath, Wulf (Hg.) (2005): Monet und *Camille*. Frauenportraits im Impressionismus. (Ausst.Kat., Kunsthalle Bremen.) München: Hirmer

Herbert, Robert L. (1988): Impressionism, Art, Leisure, and Parisian Society. New Haven, London: Yale University

Journal des Demoiselles, Bd. 35 (2. Dezember 1867)

Kessler, Marni (2008): „Dusting the surface, or the *bourgeoise*, the veil, and Haussmann's Paris". In: Aruna D'Souza; Tom MacDonough (Hg.): The invisible *flâneuse*? Gender, public space, and visual culture in nineteenth-century Paris. Manchester, New York: Manchester University Press, S. 49-64

König, Gudrun (1996): Eine Kulturgeschichte des Spazierganges. Spuren einer bürgerlichen Praktik 1780-1850. (Hubert Ch. Ehalt; Helmut Konrad (Hg.): Kulturstudien. Bibliothek der Kulturgeschichte, Sonderband 20.) Wien, Köln, Weimar: Böhlau

Krebber, Sabine (1990): Der Spaziergang in der Kunst. Eine Untersuchung des Motivs in der Kunst des 18. und 19. Jahrhunderts. (Europäische Hochschulschriften, Reihe XXVIII: Kunstgeschichte, Bd.108.) Frankfurt am Main: Lang

Kreuder, Petra (2008): Die bewegte Frau. Weibliche Ganzfigurenbildnisse in Bewegung vom 16. bis zum 19. Jahrhundert. Weimar: VDG

Lehmann, Ulrich (2000): Tigersprung. Fashion in Modernity. Cambridge (Mass.), London: MIT Press

Madame Carette, née Bouvet (1889-1891): Souvenirs intimes de la Cour des Tuileries. 3 Bde., Paris: Paul Ollendorff

Pariser Damenkleider-Magazin, Jg.16, No.2 (Februar 1863), S.22f: „Modebericht"

Pariser Damenkleider-Magazin, Jg.16, No.7 (Juli 1863), S.103ff: „Modebericht"

Petit Courrier des Dames, Jg.43, Bd.86 (18. November 1865)

Petit Courrier des Dames, Jg.43 (30. Dezember 1865)

Roskill, Mark (1970): „Early Impressionism and the Fashion Print". In: Burlington Magazine, Bd.112, No.807, S. 390-395

Schelle, Karl Gottlieb (1990) [zuerst 1802]: Die Spatziergänge oder die Kunst spatzierenzugehen. (Nachdr. d. Ausg. Leipzig, Martini, 1802; hrsg. u. m. e. Nachw. vers. von Markus Fauser.) Hildesheim u. a.: Olms-Weidmann

Simon, Marie (1995): Mode et Peinture. Le Second Empire et l'impressionisme. Paris: Hazan

Steele, Valerie (1998): Paris Fashion. A Cultural History. 2., durchgesehene und aktualisierte Auflage, New York, Oxford: Berg

Sydow, Johanna von (um 1877): Moden und Toiletten-Brevier. Unentbehrliches und Entbehrliches aus dem Gebiete von Trachten und Mode, Toilette und Putz, Zierrath und Schmuck. Leipzig: Verlag von Otto Spamer

Tétart-Vittu, Françoise (2008): „Petits costumes et robes courtes". In: Sous l'Empire des Crinolines. (Ausst.Kat., Musée Galliera) Paris: Paris Musées, S. 104-109

Thomas, Greg M. (2008): „Women in public: the display of femininity in the parks of Paris". In: Aruna D'Souza; Tom MacDonough (Hg.): The invisible *flâneuse*? Gender, public space, and visual culture in nineteenth-century Paris. Manchester, New York: Manchester University Press, S. 32-48

Abbildungen

Abb. 1: Alfred Stevens: Départ pour la promenade (Veux-tu sortir avec moi, Fido ?), 1859. Öl/Holz, 61,5 x 49 cm. Philadelphia Museum of Art. [Ausst.Kat. Camille 2005, S.121]

Abb. 2: Claude Monet: Camille (La Femme à la robe verte), 1866. Öl/Lw., 231 x 151 cm. Kunsthalle Bremen. [Ausst.Kat. Camille 2005, S.95]

Abb. 3: Claude Monet : Les Promeneurs (Bazille et Camille), 1865. Öl/Lw., 93,5 x 69,5 cm. Washington, National Gallery of Art. [Ausst.Kat. Camille, S.75]

Abb. 4: Sommerkostüm, Anfang 1860er Jahre. Baumwollpiqué mit Soutache-Stickerei. New York, The Metropolitan Museum of Art. [Jean L. Druesedow: In Style. Celebrating Fifty Years of the Costume Institute. (Ausst.Kat., The Metropolitan Museum of Art.) New York 1987, S.36.]

Abb. 5: Eugène Boudin: La Princesse de Metternich sur la plage, um 1865-67. Öl/Lw., 29,5 x 23,5 cm. New York, The Metropolitan Museum of Art. [Simon 1995, S.181.]

Abb. 6: Anaïs Toudouze: Modegraphik, 1864. In: „La Mode Illustrée", Jg.5 (10. Juli 1864). Paris, Musée de la Mode de la Ville de Paris. [Foto: Haase]

Abb. 7 (a/b): Promenadenkostüm mit Posamentenarbeit und Soutachestikkerei, um 1865-67. Paris, Musée Galliera. – Vorderansicht mit glattem Rock und Seitenansicht mit gerafftem Rock. [Ausst.Kat. Sous l'Empire des Crinolines 2008, S.145 u. 105]

Abb. 8a: Paul Cézanne: La Promenade, um 1871. Öl/Lw., 58 x 46 cm. New York, Privatbesitz. [Simon 1995, S.176]

Abb. 8b: Modegraphik aus „La Mode Illustrée", No.19, 1871. Berlin, Sammlung Modebild – Lipperheidesche Kostümbibliothek. [Exakte Bildunterschrift: Guilquin fils, imp. Paris / La Mode Illustrée / Bureaux du Journal 56 rue Jacob Paris / Toilettes de Mme Fladry 27 F9 Poissonière / Reproduction interdite / 1871, Mode Illustrée, No.19]

Abb. 9: Claude Monet: Le Banc, 1873. Öl/Lw., 60,6 x 80,3 cm. New York, The Metropolitan Museum of Art. [Simon 1995, S.218]

Abb. 10 : Gustave Caillebotte: Rue de Paris, temps de pluie, 1877. Öl/Lw., 212,2 x 276,2 cm. Chicago, The Art Institute of Chicago. [Peter H. Feist: Der Impressionismus in Frankreich. (Ingo F. Walther (Hg.): Malerei des Impressionismus 1860-1920, Bd.1.) Köln 1996, S.169.]

Abb. 11: Giuseppe De Nittis: Rentrée du bois de Boulogne, 1878. Öl/Lw, 150 x 90 cm. Triest, Museo Civico Reoltella, Galleria d'arte moderna. [Simon 1995, S.23]

Alicia Kühl

Wie Kleidung zu Mode wird
Prozesse der Verräumlichung in Modenschauen

Mode und Raum in der Modenschau

Die Modenschau steht erst seit kurzem im Blickfeld modetheoretischer Forschungen. Insbesondere die 2009 vom NRW- Forum ausgerichtete Ausstellung *Catwalks* in Düsseldorf beflügelte das Interesse an der Geschichte der Modenschau einerseits und an der Komplexität aktueller Aufführungen andererseits. Das Konzept der Ausstellung war, die Räume, die in Modenschauen erschaffen wurden, selber zu erfahren, indem man als „Model" auf einem imaginären Laufsteg defilieren konnte. Dadurch, dass weder Mode noch Publikum Teil dieser nachgestellten Erfahrung waren, konnte die Atmosphäre der damaligen Shows nicht dupliziert werden (so wie jedes performative Ereignis nicht auf die gleiche Weise wiederholt werden kann). Dennoch hat die Ausstellung bewirkt, daß das Publikum sich gezielt mit dem Aufbau, den Inszenierungsstrategien und den Wirkungsweisen von Modenschauen auseinandersetzte.

Der „Raum der Mode" kann Mode im Raum und Mode als Raum bedeuten. In der Mode-Präsentation in Ateliers, Showrooms, in Modeausstellungen und in Modenschauen treten beide Aspekte vereint zutage: Mode wird im Moment der Aufführung bzw. Ausstellung mit dem sie umgebenden Raum in ein bestimmtes Verhältnis gesetzt und nimmt gleichzeitig Raum ein, formt ihn durch ihre Positionierung, durch ihr Volumen, durch ihre Farbe, ihren Geruch und durch das, was die Mode im Zusammenhang mit dem Raum erfahrbar macht.

Das Erfahrbare, das von der Designerkleidung in Modenschauen ausgeht, ist ein durch Visualisierungs- und Inszenierungsstrategien Hervorgebrachtes. Zum einen werden durch sie Bedeutungspotentiale entfaltet, die in der Kleidung angelegt sind, zum anderen werden durch sie aber auch neue Bilder und Atmosphären produziert, die der Kleidung als „das Neue" zugeschrieben werden können.

Das Neue ist, so meine These, folglich nicht mehr der Kleidung verhaftet, sondern ein produzierbares Bild, das in der Modenschau auf die Kleidung projiziert wird (vgl. Abb. 15).

Wie einige Modeforscher annehmen, ist der Erfindergeist der Designer seit Christian Dior versiegt[1] – seitdem ist das Neue an der Mode ein geglücktes Kombinieren von Zitaten alter Moden. Die immer komplexer werdenden Inszenierungen geben Grund zur Annahme, dass nun auch nicht mehr das bloße Zitieren und Kombinieren reicht, sondern dass sich das Neue nun über die Produktion von Bildern und Atmosphären durch ausgeklügelte Inszenierungsstrategien neu konstituiert.

Das Neue als Produkt der Modenschau entfaltet sich erst durch die leibliche Anwesenheit und die Wahrnehmung des Betrachters. Er erkennt das in der Kleidung Angelegte und auf sie Projizierte erst als „das Neue", wenn es dem Alten entgegengesetzt wird, das dem Betrachter vertraut ist. Die Wirkung einer Modenschau beruht also auf der Wechselwirkung der Ekstase des Objektes mit dem Spüren des Subjektes, um mit Gernot Böhme zu argumentieren:

> „Die Atmosphären sind so konzipiert weder als etwas Objektives, nämlich Eigenschaften, die die Dinge haben, und doch sind sie etwas Dinghaftes, zum Ding Gehöriges, insofern nämlich die Dinge durch ihre Eigenschaften – als Ekstasen gedacht – die Sphären ihrer Anwesenheit artikulieren. Noch sind die Atmosphären etwas Subjektives, etwa Bestimmungen eines Seelenzustandes. Und doch sind sie subjekthaft, gehören zu den Subjekten, insofern sie in leiblicher Anwesenheit durch Menschen gespürt werden und dieses Spüren zugleich ein leibliches Sich-Befinden der Subjekte im Raum ist." (Böhme 1995, 33)

Die Produktion des Neuen erfolgt also insbesondere durch die (visuelle) Abgrenzung zum Alten. Als zentrale Inszenierungsstrategie ist hierfür die Schaffung von Räumen und dadurch die Markierung von Grenzen zu sehen.

Im Folgenden möchte ich – nach einigen Überlegungen, die der Charakterisierung der Modenschau und ihrer Positionierung im Modeprozess dienen sollen – die Beschaffenheit und Bedeutung von Räumlichkeit in Modenschauen diskutieren.

---

1   So vertritt Barbara Vinken die These, die „Mode nach der Mode", also die Mode nach dem Ende der etwa 100-jährigen Ära der großen Modeschöpfer zwischen Worth und Dior, sei postmodern in dem Sinne, dass Kleider nunmehr Kommentare über Kleider seien (vgl. Lehnert 2005, 255).

Modenschauen. Strategien der Inszenierung von Kleidern und Körpern im Raum

Die wissenschaftliche Aufarbeitung von Mode konzentrierte sich bisher größtenteils auf die Mode selbst, d.h. auf die Kleidung und ihre Träger und die wechselseitige Beziehung zueinander; erst seit Kurzem wird die Mode in größeren Zusammenhängen – z.B. als System (z.B. Kawamura 2006 und Entwistle 2009) – untersucht.

In meiner Forschung über Modenschauen – aus der ich hier einen Aspekt vorstelle - bestimme ich die Modenschau als Knotenpunkt des Modeprozesses und untersuche sie aus interdisziplinärer Perspektive dahingehend, wie in ihr das für Mode-Kleidung wesentliche Neue auf die Welt kommt und für das Publikum sichtbar (gemacht) wird.

Die Modenschau definiere ich als komplex inszeniertes, fiktionales, ephemeres und performatives Ereignis. Performativ sind alle Handlungen, die auf irgendeine Weise etwas hervorbringen, das wahrnehmbar (z.B. sichtbar) ist und eine gegebene Situation auf irgendeine Art transformiert. Performative Handlungen sind selbstreferenziell, d.h. sie bedeuten das, was in ihnen unmittelbar getan wird (vgl. Fischer-Lichte 2004). Dabei gibt es für das Getane oder Verhandelte keine vorgegebenen Interpretationsanweisungen, nur Interpretationsmöglichkeiten.

Die in der Modenschau präsentierte Kleidung ist als materielles Konglomerat eines vom Designer aufgegriffenen Zeitgeistes, kultureller Codes und Zitate alter Moden zu verstehen. Im Moment der Aufführung werden diese, bereits während des Schaffungsprozesses eingeschriebenen, Bedeutungen durch konkrete Inszenierungsstrategien (wie das Tragen der Kleidung an einem bestimmten Körper, die Choreographie von Bewegungen und Pausen, die Schaffung bestimmter Atmosphären und ephemerer Räume etc.) verstärkt, d.h. visualisiert.

Die verschiedenen Inszenierungs- und Visualisierungsstrategien fließen dabei in eine konkrete, einzigartige, zwar steuerbare, jedoch nicht vollends kalkulierbare Aufführung zusammen. Die Präsentation von Mode eröffnet also zusätzlich weitere Spiel- und Freiräume: es taucht in ihr Ungeplantes, Nicht-Vorhersagbares auf, das den Prozess der Transformation von Kleidung zu Mode wesentlich mitbestimmt, genauso wie der Wahrnehmungsprozess, der ebenfalls bei jedem Individuum variiert.

Als Ergebnis bleibt ein Konglomerat verschiedener Bedeutungsebenen, die auf die Mode und das Label projiziert werden (vgl. Lehnert 2006, 16) und durch ihre Repräsentation (Fotografien, Texte, Videos etc.) transmittiert werden können.

Alicia Kühl

Positionierung der Modenschau im Gesamtprozess des Modezyklus

Entgegen der verbreiteten Annahme, Kleidung werde erst zur Mode, sobald sie massenhaft verbreitet ist, verorte ich die Geburtsstunde der neuen Mode bereits in der Modenschau. So verstehe ich also die Modenschau als Miniaturmodell des eigentlichen Modezyklus, in dem die alte Mode von der neuen überlagert und in vielen Fällen von ihr abgelöst wird. In der Modenschau geschieht diese Überlagerung nur modellhaft – die Modenschau ist als experimentelle Anordnung ein Vor-Bild, eine Vor-Stellung des realen Modezyklus.

Die Moden von Haute-Couture-Schauen sind beispielsweise nicht weit verbreitet, sondern nur für ein exquisites Publikum zugänglich, fungieren aber dennoch als Trendsetter. Meine Herangehensweise kann solche Phänomene erklären, denn sie untersucht, *wie* Erinnerungen und Bilder von Modenschauen und von der Mode entstehen und was sie transmittieren können.

Wie in Abbildung 1 dargestellt wird, kann die Überlagerung von alter und neuer Mode in der „Wirklichkeit" auf drei verschiedene Weisen verlaufen. Im ersten Fall (linke Schleife) wird die alte Mode (A.M.) durch die Einführung neuer Kleidung (N.K.) überlagert. An einem konkreten Punkt kommt es zur Transformation und die neue Kleidung wird zur neuen Mode (N.M.) und löst somit die alte Mode ab. Im zweiten Fall (mittlere Schleife) wird die alte Mode von der neuen Kleidung überlagert, die alte Mode kann sich jedoch durchsetzen – die neue Kleidung wird nicht zur Mode. Im dritten Fall (rechte Schleifenreihe) wird die alte Mode durch mehrere neue Kleidungen (z.B. bei einer Fashion-Week, auf der die Kollektionen mehrerer Designer gleichzeitig präsentiert werden) überlagert. Dabei können mehrere Kleidungen sich gleichzeitig als neue Moden durchsetzen (N.M.1 und N.M.2) oder wegfallen (N.K.3), genauso wie die alte Mode weiter bestehen oder wegfallen kann.

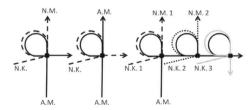

Abb. 1 Überlagerungsmöglichkeiten im Modeprozess

Die Modenschau (MS) ist wie ein Miniaturmodell der gerade aufgezeigten Wirklichkeitsschleifen (WK), wobei die Modenschau ihnen vorgeschaltet ist (vgl. Abb. 2). In ihr wird die Überlagerung von Alt und Neu modellhaft vorgeführt. Auf diese Weise kann man erklären, wie die Modenschau als performatives Ereignis wirklichkeitskonstituierend ist.

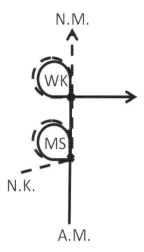

Abb. 2 Die Modenschau als Miniaturmodell des Modeprozesses

Der Aufbau von Modenschauen

Die neue Mode kann nur durch eine Abgrenzung zur alten Mode erkannt werden – dies geschieht u.a. durch die Schaffung von Räumen und Markierung von Grenzen (Schwellen). Erst durch die abgrenzende Umrahmung der neuen Mode wird sie als *das* Neue sichtbar. Es gibt verschiedene Arten, Grenzen und Markierungen zu schaffen. Es überlagern sich dabei immer Ort, Raum und Metaraum auf verschiedene Weisen.[2]

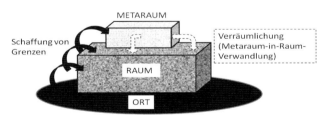

Abb. 3 Ort, Raum und Metaraum

---

2   Die verschiedenen Arten von Raumerschaffungen und -überlagerungen werden unten in „Die Schaffung und Nutzung von Räumen und Atmosphären als konkrete Inszenierungsstrategie in Modenschauen" beschrieben.

Ort, Raum und Metaraum sind Termini, die ich für die Analyse von Modenschauen vorschlagen möchte; sie rekurrieren nicht in ihrer dreiteiligen Gegenüberstellung auf eine bereits existierende Terminologie.

Orte und Räume sind hier real und lokalisierbar, zum Beispiel hat der Ort München verschiedene Räume, wie eine Schule, ein Theater, eine Promenade, ein Modeatelier usw. Im Gegensatz zum Ort sind Räume zwingend mit bestimmten sozialen Handlungen verbunden. So kann der Ort „Wald" keine sozialen Räume beinhalten, wenn er unberührt ist, beinhaltet aber in dem Moment, in dem er als Park deklariert und genutzt wird, einen Raum.

Metaräume sind in meiner Dreiteilung im Gegensatz zu Orten und Räumen nicht lokalisierbar, sondern abstrakt. Sie sind noch-nicht-realisierte, gedachte Räume, Vorformen eines Raums, die „Idee" eines Raums. Sie werden erst im Prozess der Verräumlichung während der Aufführung zum Raum, lösen sich jedoch nach 15 Minuten wieder auf, nämlich dann, wenn

Abb. 4 Chanel Prêt-à-porter H/W 2010

die Modenschau vorbei ist. Der Metaraum ist somit Inbegriff eines performativen Raumes: dadurch, dass er vergänglich und nur wenige Minuten greifbar ist, bedeutet er nur das (oder all das), was er in den Momenten seiner Existenz gewesen ist, was in ihm getan worden ist.

Nehmen wir beispielsweise die H/W Kollektion 2010 von Chanel, die in einer arktischen Eisberglandschaft präsentiert wurde. Hier wird also an einem bestimmten Ort (in Paris) in einem bestimmten Raum (im Grand Palais) ein ephemerer und fiktionaler Metaraum (die Eisberglandschaft) geschaffen. Bei der Modenschauinszenierung wird in einer Zeitspanne von 15 Minuten der Metaraum zum Raum, also lokalisier- und erfahrbar, die

Schwellen und Grenzen werden kurzzeitig überwunden. Im Moment des Modenschau-Endes verschwindet der Metaraum wieder und die zuvor gesetzten Grenzen werden wieder sichtbar. Der Metaraum und auch seine Atmosphäre existiert nun nur noch in reduzierter Form, nämlich als Essenz in der Erinnerung der Zuschauer. Diese Essenz ist eine der Bedeutungen, die der Mode zugeschrieben und durch Bilder übermittelt werden kann.

Dieses Spiel dient der Steigerung des Begehrens der Mode durch Abgrenzung und Ausschluss, so wie viele der anderen Parameter der Modenschau (z.B. Modelauswahl, Beleuchtung, Musik, Form und Höhe des Laufstegs, die Choreographie etc.). Der Zuschauer erfährt in dem Moment, in dem Metaraum zu Raum wird, die Mode als einen greifbaren, inszenierten, in sich und seiner Umgebung stimmigen Teil eines strategischen Ensembles. Sobald aber der Raum sich wieder in Metaraum auflöst und das Publikum aus dem „Traum" erwacht, stehen die Reminiszenzen des Metaraums, wie Bühne, Beleuchtung oder die abgeschminkten Models, dem zuvor erlebten und sichtbaren, harmonischen Ganzen gegenüber. Der dem Publikum entrissene Metaraum existiert nur noch in der Erinnerung an eine exklusive Erfahrung, in medialen Bildern und in der Kleidung, deren Neuheit in der Modenschau produziert wurde.

Der Zuschauer – sei er Käufer, Journalist oder Fashion Editor – wird erst wieder „versöhnt", wenn der Metaraum, der ihm nur in einer kurzen Spanne als Raum erfahrbar gemacht wurde, durch den Kauf der Mode, durch die journalistische Rezension über die Mode oder durch eine Fotoproduktion mit der Mode wieder greif- und erfahrbar gemacht wird. Das würde in diesem Fall bedeuten, dass die Modenschau als Miniaturmodell des Modeprozesses erfolgreich war und die Überlappung von alter und neuer Mode nun „in die Welt" getragen wird. Es kommt also zu einer Wiederholung der Modenschau in der Wirklichkeit, dadurch dass die Effekte (Erwartungen, Erinnerungen, Sehnsüchte usw.), die die Schau erzeugt hat und den Kleidern angeheftet hat, sich in der Wirklichkeit fortsetzen.

Die Wirkung von Modenschauen

Die Modenschau ist für die Zuschauer nicht nur ein visuelles Erlebnis, sondern sie bewirkt bei ihnen eine Schwellenerfahrung. Die oben beschriebenen Grenzen bestehen im Moment des Eintritts in den Modenschau-Raum. Zuschauerraum, Bühne und die „reale Welt" außerhalb der Venue stehen sich gegenüber. Während der Modenschau, wenn der gedachte Metaraum beginnt, Raum zu werden, übertreten die Zuschauer die Grenzen, werden Teil des Spektakels. Zuschauerraum und Laufstegraum werden eins. Der Zuschauer hat dadurch Zugang zur neuen Mode und zu den in ihr eingeschriebenen Ideen und Bedeutungen, seine Aufmerksamkeit wird durch die zahlreichen Inszenierungsstrategien geleitet, seine Emotionen, seine

Alicia Kühl

Erinnerungen und Assoziationen, seine Wahrnehmung der Körper der Models, der Kleidung, der Musik, des Rhythmus, anderer Zuschauer, alles verschmilzt zu einer einzigartigen Erfahrung. Dann geht die Musik aus, alle Lichter an, das Publikum erhebt sich. Und dem Zuschauer wird wieder bewusst, dass er außen steht. Ihm wird die Diskrepanz zwischen dem Jetzt (der alten Mode) und der exklusiven Erfahrung (der neuen Mode) bewusst.

Wenn die (Schwellen-)Erfahrung jedoch eine positive war, wenn die Bedeutungsüberlagerungen stimmig waren, dann hatte die Modenschau Erfolg, dann kann die gezeigte Kleidung Mode werden. Der Zuschauer trägt seine Erfahrung in die Welt hinaus, durch seine Erinnerungen und durch mediale Bilder, und will diese Schein-Transformation, die in der Modenschau beispielhaft vollführt wurde, wiederholen.

Modenschau-Akteure

In der Modenschau sind drei Akteursgruppen zu unterscheiden: Die Models, die auf die Bühne treten, das Publikum und der Backstage-Bereich, zu dem ich den Designer zähle. Das performative Ereignis entfaltet sich erst durch die Ko-Präsenz von Publikum, Bühnenperformern und Kleidern im Raum. Durch den Auftritt der Models wird der Metaraum, der gedachte Raum, zum erfahrbaren Raum: die Bühne und alle damit verbundenen Inszenierungsstrategien wie Musik, Licht, Projektionen, Bewegung der Körper etc. treten in einen Zusammenhang und machen unter anderem die Idee der Modenschau deutlich, z.B. in Form einer bestimmten Atmosphäre. Die Models sind dabei nicht nur Träger der Kleidung, sondern als Element der Aufführung Teil des Gesamtkonzepts. Durch ihren Körper, ihre Maskierung, durch ihre Bewegung und durch ihre Gesten wird die Mode erfahrbar, denn wir sehen sie nun bewegt, gefüllt, lebendig.

Die Models führen eine Schein-Transformation aus. Sie führen dem Publikum vor, wie es sein könnte, wenn man sich für diese neue Kleidung entscheidet. Diese Schein-Transformation wurde Backstage eingeleitet, durch den Designer, der den geeigneten Körper für das Kleidungsstück ausgesucht hat, durch die Stylisten und Hair- und Make-up-Artists, die Körper und Gesicht verändert, meist nivelliert haben.

Die Zuschauer machen durch das Erleben der Performance eine Schwellenerfahrung: sie sind hier und jetzt exklusiv in der Lage, in eine mögliche Zukunft zu sehen. Sobald die Modenschau vorbei ist, werden die Schwellen wieder sichtbar, und der Zuschauer wird in die Gegenwart zurückgeworfen. Als Resultat der Schwellenerfahrung folgt eine Krise, in der das Jetzt der möglichen Zukunft gegenübergestellt wird. Wie groß ist die Differenz? Kann die Differenz überbrückt werden, welche Veränderung impliziert die Überbrückung? Der Zuschauer hat nun die Macht, die kurzzeitig erfahrene Zukunftsvision in die Wirklichkeit zu führen (durch Berichterstattung, durch Bestellung, durch die Vermittlung von Bildern der Modenschau etc.). So ist es möglich, das Miniaturmodell der neuen Mode in die Wirklichkeit zu übersetzen.

Die Modenschau als Ritual

Rituale dienen der Aufrechterhaltung eines Systems, eines religiösen Glaubens oder einer Rangordnung in einer Gemeinschaft. In einem Ritual kommt es durch zeremoniell vorgeschriebene Schwellenübergänge der Akteure, die oft mit körperlichen Verletzungen einhergehen, zu Identitäts- oder Statusänderungen, die dazu führen, dass den Mitgliedern in der Gemeinschaft ihre Positionen zugewiesen werden. Turner unterscheidet in Berufung auf Arnold van Gennep zwischen drei verschiedenen Phasen des rituellen Zyklus (Turner 2005, 94): Trennungsriten (rites de separation), Übergangs- bzw. Schwellenriten (rites de marge) und Angliederungsriten (rites d'agrégation).

Laut Fischer-Lichte gibt es in künstlerischen Performances solch übergeordnete Kontexte nicht, auch wenn sich die Künstler absichtlich auf solche berufen. Die künstlerische Performance kann ihre spezifische Wirkung überhaupt nur entfalten, weil ein solcher Kontext fehlt (Fischer-Lichte 2004, 156 ff.). Hier wird auf nichts Bezug genommen, außer auf die eigentliche, vollzogene (Gewalt-)Handlung selbst. Der Körper des Künstlers verändert sich zwar, aber dieser Akt der Veränderung ist selbstreferentiell. Während in der künstlerischen Performance eine tatsächliche Transformation vorgeführt wird, haben wir es in der Modenschau mit einer Schein-Transformation zu tun. Dies ist eine neue Sichtweise auf die Ritualtheorie. Rituale sind dazu da, eine alte Situation in eine neue umzuwandeln, in der Modenschau passiert dies nur beispielhaft.

In der Modenschau werden die rituellen Akteure (= die Models) in einer von der „communitas" (= dem Publikum) getrennten Räumlichkeit (Backstage) auf das Ritual vorbereitet (= Trennungsritus). Sie erhalten die rituelle Kleidung und die rituelle Bemalung, die sie als die Ritualträger erkenntlich machen, dabei werden ihre Gesichter nivelliert, denn Riten erlauben keinen individuellen Ausdruck. Durch den Betritt der Bühne übergehen sie eine Schwelle und führen ihre Transformation vor: nach bestimmten Bewegungsvorgaben defilieren sie in Reih und Glied zu rhythmischer Musik. In diesem Übergangsritus befinden sie sich in einem Schwellenzustand, dem „betwixt and between" (Turner 2005, 95;[3] Fischer-Lichte 2004, 258), und binden die Zuschauer in dieses Erlebnis ein, dadurch dass sie sich ihnen zeigen, halt machen, posieren und mit ihnen kokettieren. Das Ende der Modenschau löst den Übergangszustand wieder auf – Schwellen sind

---

[3]   Leider wird der Ausdruck „betwixt and between" in der deutschen Übersetzung nicht übernommen und auch kein aussagekräftiges Äquivalent angeboten.

wieder sichtbar. Die Models begeben sich abgeschminkt und wieder als Individuen erkennbar in die Menge des Publikums – werden wieder eingegliedert. Was bleibt, sind die Kleider und die Bilder von Kleidern als ihre Repräsentation. Sie fungieren als Relikt, als Symbol für die Schein-Transformation. Die wahre Transformation kann durch die Einführung dieser Mode und ihrer Bilder in die Wirklichkeit bewerkstelligt werden.

Die Schaffung und Nutzung von Räumen und Atmosphären als konkrete Inszenierungsstrategie in Modenschauen

Die oben beschriebene Metaraum-in-Raum-Verwandlung kann auf verschiedene Weise realisiert werden, je nachdem, welchen Raum man zur Aufführung der Modenschau wählt. Im Folgenden möchte ich fünf Verwandlungsformen skizzieren und zum Schluss auf eine sechste Sonderform eingehen.

Modenschauen in Räumen, deren Atmosphären nicht genutzt werden

Diese Bezeichnung bedeutet, dass der Metaraum in keinem inhaltlichen oder symbolischen Zusammenhang steht mit dem Raum, in dem er erschaffen wird. Es entsteht also eine zusammenhangslose Überschachtelung verschiedener Räume, die Räume wirken in ihrer Addition. Alexander McQueen schuf für seine Frühjahr- Sommer- Kollektion 2001 *Voss* dafür ein sehr anschauliches Beispiel: Er setzte das Publikum um eine große Glasbox, in der sich der Zuschauer spiegelte, solange die Modenschau noch nicht angefangen hatte. Der Zuschauer sah also erst einmal nur sich an der Stelle, an der später dann die Models zu sehen waren. Als die Modenschau anfing, gingen in der Box Lichter an, sodass die Besucher auf die hineinlaufenden Models schauen konnten, die Models aber nicht nach außen (vgl. Abb. 6). Hier wird die oben erläuterte Schwellenerfahrung der Zuschauer auf die Spitze getrieben. Gegen Ende der Modenschau öffnet sich in der Glasbox eine weitere Box, in der ein molliges Model mit Gasmaske liegt. Alexander McQueen wollte, nach eigenen Angaben in einem Interview mit der BBC, den Zuschauer wie zu Beginn wiederspiegeln, eben als imperfekt.

Ein weiteres Beispiel dieser Verwandlungsform ist die Fashionshow von Marc Jacobs H/W 2010, in der innerhalb des Raums ein zweiter Raum durch die regelmäßig verteilte Aufstellung der Models in einem Rechteck geschaffen wurde, das sich während der Choreographie und dem Abtritt der Models vom Podest langsam auflöste: ein Sinnbild für den Metaraum, der sich in dem Raum auflöst. Des Weiteren möchte ich die Show

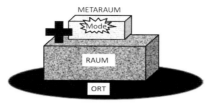

Abb 5: Modenschauen in Räumen, deren Atmosphären nicht genutzt werden

von John Galliano H/W 2010 anführen, in der im Aufführungsraum allein durch Licht- und Staubeffekte ein Schneetunnel projiziert wurde, in dem die Models defilierten (vgl. Abb. 7). Als letztes Beispiel für diese Kategorie ist die Alexander McQueen-Show F/S 2005 zu nennen. Durch die Positionierung der Models auf einem Schachbrett aus Licht verwandelten sie den Raum in ein Brettspiel, bzw. das Brettspiel als Metaraum ging in den Aufführungsraum auf.

Abb. 6 Alexander McQueen F/S 2001 *Voss*
Abb. 7 John Galliano Prêt-à-porter H/W 2009

Modenschauen in Räumen, deren Atmosphären genutzt werden

Bestimmte Orte und Räume sind bereits mit Atmosphären behaftet. Sie entstehen zum einen, um auf Martina Löws Definition zurückzugreifen, durch die Wirkung einer bestimmten Anordnung sozialer Güter im Raum durch den Menschen, zum anderen sind Atmosphären jedoch auch, wie Gernot Böhme es formuliert, in Dingen und Räumen angelegt und realisieren sich in der Interaktion mit einem Subjekt, das sie in leiblicher Anwesenheit spürt. Die Inszenierung einer Modenschau in einem Raum, der von vorne herein atmosphärisch ist, bewirkt, dass der Metaraum von dieser Atmosphäre erfasst wird. In den meisten Fällen suchen die Designer Räume, die historisch oder symbolisch aufgeladen sind.

Michael Michalsky beispielsweise führte seine Modenschau mit dem Titel *Saint & Sinners*, H/W 2009 in der Zionskirche in Berlin auf (vgl. Abb. 9). Dabei inszenierte der Designer sich gewissermaßen als Schöpfer und seine Kollektion als heilige Botschaft. Die Aufführung glich einer Prozession, und auch die Gegenüberstellung Geistliche versus Gemeinde wurde übernommen. Der gedachte Metaraum beinhaltet gänzlich die Atmosphäre des Aufführungsraums.

Auch Alexander McQueen nutzt die Atmosphäre der Conciergerie in Paris für seine Modenschau: die Models defilieren mit wilden Tieren und passen sich in Aussehen, Gang, Gestik und Mimik dem Bild von der eingesperrten und zum Tode verurteilten Marie Antoinette an.

Karl Lagerfeld bediente sich für die Fendi-Modenschau F/S 2008 einer ganz anderen Atmosphäre einer historischen Kulisse: er ließ die Models auf der Chinesischen Mauer laufen und reagierte so auf den Modeboom in China.

Modenschauen in Räumen, deren Atmosphären kontrastiv genutzt werden

In diesem Fall werden Metaräume in Räumen erschaffen, deren inhärenten Atmosphären auch wie in den obigen Beispielen genutzt werden, aber als Gegensatz zur Mode.

Alexander McQueen zeigte beispielsweise seine F/S Kollektion für Männer im Jahre 2008 in einem Schwimmbad. Inspiriert durch die Arbeit des amerikanischen Fotografen LeRoy Grannis nahm er in seiner Inszenierung

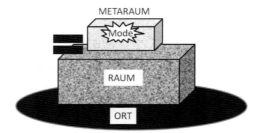

Abb. 8 Modenschauen in Räumen, deren Atmosphären genutzt werden

Abb. 9 Michael Michalsky H/W 2009 *Saints & Sinners*

Bezug auf das berühmte Foto eines surfenden Mannes im Anzug. Hier steht die Präsentation schicker Anzüge der in dieser Umgebung normalerweise ungezwungenen Bade-Anzug-Atmosphäre entgegen. Der Gegensatz von Raum und gezeigter Mode wird jedoch zum Ende der Modenschau wieder abgebaut, als nämlich die letzten Models in nassen Anzügen defilierten.

Modenschauen in Räumen, in denen bekannte Räume oder Orte zitiert werden

In meinem ersten Beispiel habe ich von einem nachgebauten, echten Eisberg für die Chanel-Show H/W 2010 gesprochen. Dabei wurde ein bereits existierender Ort, die Arktis oder Antarktis, zitiert. Es gibt aber noch weitere, sehr interessante Orts- Übertragungen, wie z.B. die große *Sonia Rykiel for H&M Fashionshow*, in der die Stadt Paris in Miniatur im Grand Palais nachgebaut wurde, und sowohl Models als auch Zuschauer Teile eines Straßenumzugs wurden (vgl. Abb. 12).
Aber nicht nur Orte, sondern auch Räume können zitiert werden. Das hat Karl Lagerfeld für die F/S Kollektion von Chanel 2009 – wiederum im Grand Palais- eindrucksvoll bewiesen, als er die berühmte Rue Cambon nachbildete, in der Coco Chanel ihr erstes Geschäft eröffnete.

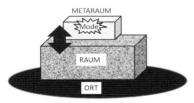

Abb. 10 Modenschauen in Räumen, deren Atmosphären kontrastiv genutzt werden

Alicia Kühl

Modenschauen in Räumen, in denen zitierte
Räume ad absurdum geführt werden

Dries van Noten stellte für seine Kollektion F/S 2005 in Paris eine meter-
lange gedeckte Tafel auf, an die sich die Zuschauer setzen konnten. Er schuf
also den Raum und die passende Atmosphäre eines opulenten Festmahls
und zitierte somit einen bereits existierenden Raum. Diese vorläufige
Raumschaffung wurde aber in dem Moment wieder ad absurdum geführt,
als die Models die Tafel als Laufsteg betraten und somit den direkten Zuschauerraum invadierten.

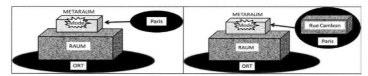

Abb. 11 Modenschauen in Räumen, in denen bekannte Räume oder Orte zitiert werden

Abb. 12 *Sonia Rykiel pour H&M* 2009

Sonderform: Modenschauen in Räumen,
die durch die Mode selbst erschaffen werden

Zum Schluss möchte ich noch auf eine Sonderform der Raumerschaffung
eingehen, nämlich die Raumerschaffungen durch die Mode selbst.

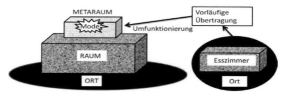

Abb. 13 Modenschauen in Räumen, in denen zitierte Räume ad absurdum geführt werden

Das Designerduo Viktor & Rolf ist in der Nutzung von Kleidervolumen zur Raumherstellung in Fashionshows neben einigen japanischen Designern (z.B. Rei Kawakubo) Vorreiter. Im ersten Beispiel haben sie in ihrer H/W Kollektion 1999, *Russian Doll* genannt, ein einziges Model mit ihren Kleidungsstücken behangen. Ganz nach der Idee einer schichtweise dicker werdenden Matroschka wird ihr Volumen vergrößert und nimmt immer mehr Raum ein. Durch diese schrittweise Vergrößerung nähert sich der Laufstegraum dem Zuschauerraum und wird im wahrsten Sinne des Wortes greifbarer. Hier wird die Eigenschaft des Kleides als dreidimensionale Erweiterung des menschlichen Körpers versinnbildlicht (vgl. Lehnert 2001, 532). Das letzte Beispiel zeigt eine Modenschau desselben Designerpaares für die Kollektion H/W 2002. Statt dass ihr Volumen erweitert würde, erstrecken sich die Kleidungsstücke nun in die Tiefe und in die Weite. Viktor & Rolf projizierten in dieser Show Stadt- und Naturlandschaften per Bluescreen-Methode auf die blauen Kleidungsstücke (vgl. Abb. 15).

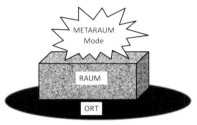

Abb. 14 Sonderform: Modenschauen in Räumen, die durch die Mode selbst erschaffen werden

Abb. 15 Viktor & Rolf H/W 2002 *Bluescreen*, Siehe auch Farbtafel

Alicia Kühl

Ausblick

Das Ziel dieses Beitrags war, herauszuarbeiten, welche Beziehung zwischen der Mode und dem (Modenschau-)Raum besteht.

Ich bin zu dem Ergebnis gekommen, dass durch Grenzziehungen, Überlappungen und Überschachtelungen von Räumen und ihrer Atmosphären und durch Raumverwandlungen und -auflösungen „das Neue" produziert werden kann, das durch die Kopplung mit der gezeigten Kleidung diese zu Mode transformieren kann.

Die Schaffung von Räumen und Atmosphären ist nur eine Strategie, um das Neue (in) der Mode in Szene zu setzen und so sichtbar zu machen. Bei der Modenschauanalyse sind auch noch andere Parameter zu berücksichtigen, wie beispielsweise die Beschaffenheit der Bühne, ihre Form, Höhe und Oberfläche, ihr Abstand zum Publikum sowie die Auf- und Abgänge für die Models, insbesondere in Hinblick auf die oben beschriebene Schaffung und Überwindung von Schwellen. Warum hat sich die traditionelle T- Form des Laufstegs bewährt? Des Weiteren ist zu ermitteln, wie der Publikumsbereich im Raum und im Verhältnis zur Bühne angeordnet sein kann: blicken die Zuschauer auf die Models herab oder hinauf? Kann durch die Positionierung der Sitze eine Vergemeinschaftung des Publikums als „communitas" unterstützt werden?

Welche Rolle spielen Video- oder Fotoprojektionen im Hintergrund, Projektionen des Labelschriftzug, Projektionen auf den Laufsteg oder direkt auf die Models, oder sogar – wie in der H/W 2006 Show von Alexander McQueen – Hologramme? Was bewirken bestimmte Lichteffekte, insbesondere bezüglich der Wahrnehmungsteuerung und Orientierung der Zuschauer? Wie bewegen sich die Models und sonstige Personen auf der Bühne (wie Musiker, Tänzer, Anziehhilfen etc.), welche Bedeutung haben Choreographie, Musik, Pause und Pose, rhythmisches Laufen, geregelte Abläufe und Reihenfolgen als Teil eines rituellen Aktes?

Die letzten Jahre haben gezeigt, dass es in der Komplexität von ineinandergreifenden Inszenierungsstrategien keine Grenzen mehr gibt – die Modenschau avanciert so als Gesamtwerk vieler zusammenarbeitender Künstler zu einer neuen Kunstform und bietet immer mehr Parameter an, die untersucht werden können.

Literatur

Böhme, Gernot (1995): Atmosphäre. Essays zur neuen Ästhetik. Frankfurt am Main: Suhrkamp

Entwistle, Joanne (2009): The aesthetic economy of fashion. Markets and value in clothing and modelling. English ed., 1. publ. Oxford: Berg

Evans, Caroline (2006) [zuerst 2000]: „Yesterday´s emblems and tomorrow`s commodities. The return of the repressed in fashion imagery today". In: Bruzzi, Stella (Hg.): Fashion cultures. Theories, explorations and analysis. London: Routledge, S. 93-113

Evans, Caroline (2009) [zuerst 2003]: Fashion at the edge. Spectacle, modernity and deathliness. 3. pr. New Haven: Yale Univ. Press

Fischer-Lichte, Erika (2004): Ästhetik des Performativen. Frankfurt am Main: Suhrkamp

Frey, Nadine (1998): „Mass media and the runway presentation". In: Malossi, Giannino / Lupi, Italo (Hg.): The style engine. Spectacle, identity, design, and business; how the fashion industry uses style to create wealth. 1st ed. New York: Monacelli, S. 30-39

Goffman, Erving (2008) [zuerst 1969]: Wir alle spielen Theater. Die Selbstdarstellung im Alltag. München, Zürich: Piper

Gründl, Harald (2007): The death of fashion. The passage rite of fashion in the show window. Wien, London: Springer

Kamitsis, Lydia (2009): „An impressionisstic history of fashion shows since the 1960s". In: Brand, Jan / Teunissen, José / Muijnck, Catellijne de (Hg.): Fashion and imagination. About clothes and art. Arnhem, Zwolle: ArtEZ Press; d'jonge Hond, S. 92-103

Kawamura, Yuniya (2006) [zuerst 2005]: Fashion-ology. An introduction to fashion studies. Oxford: Berg

Khan, Nathalie (2006) [zuerst 2000]: Catwalk Politics. In: Bruzzi, Stella (Hg.): Fashion cultures. Theories, explorations and analysis. London: Routledge, S. 114-127

Lehnert, Gertrud (1996): Mode. Models. Superstars. Köln: DuMont

Lehnert, Gertrud (2001): „Der modische Körper als Raumskulptur". In: Fischer-Lichte, Erika (Hg.): Theatralität und die Krisen der Repräsentation. Stuttgart: Metzler, S. 528-549

Lehnert, Gertrud (2005): „Mode und Moderne". In: Gabriele Mentges (Hg.): Kulturanthropologie des Textilen. Berlin: Ed. Ebersbach, S. 251-263

Lehnert, Gertrud (2006): „Die Kunst der Mode – Zur Einführung". In: Lehnert, Gertrud (Hg.): Die Kunst der Mode. 1. Aufl. Oldenburg: dbv (Mode und Ästhetik, 4), S. 10-25

Löw, Martina (2001): Raumsoziologie. Frankfurt am Main: Suhrkamp

Quick, Harriet (1997): Catwalking. A history of the fashion model. Edison, NJ: Wellfleet Press

Turner, Victor Witter (2005) [zuerst 1969]: Das Ritual. Struktur und Anti-Struktur. Neuaufl. Frankfurt/Main, New York: Campus-Verl.

van Mechelen, Marga (2009): „The tête-à-tête of performance in fashion and art". In: Brand, Jan / Teunissen, José / Muijnck, Catellijne de (Hg.): Fashion and imagination. About clothes and art. Arnhem, Zwolle: ArtEZ Press; d'jonge Hond, S. 105-115

Abbildungen

Abb. 1-3, 5, 8, 10, 11, 13, 14: Alicia Kühl

Abb. 6: Alexander McQueen F/S 2001 *Voss*, Getty Images

Abb. 7: John Galliano Prêt-à-porter H/W 2009, Getty Images

Abb. 9: Michael Michalsky H/W 2009, *Saints & Sinners*, Screenshots des Showvideos auf www.michalsky.com, mit freundlicher Genehmigung von Michael Michalsky

Abb. 12: *Sonia Rykiel pour H&M*, 2009, Getty Images

Abb. 15: Viktor & Rolf H/W 2002, *Bluescreen*, Getty Images

Charlotte Silbermann

Zur Räumlichkeit der Modenschau *Voss* von Alexander McQueen

Einleitung

Die Modenschau *Voss* von Alexander McQueen (Herbst/Winter 2001) reiht sich ohne Zweifel in jene Tradition von Défilés ein, wie sie seit den 90er Jahren des 20. Jahrhunderts Furore machten.[1] Sie ist ein ästhetisches Spektakel, eine Performance, die weit über die reine Präsentation der neuen Kleidermode hinausgeht und die die konzeptionelle Inszenierung von Mode verstärkt in den Vordergrund rückt. Die Modenschau wird hier zu einem komplexen Zeichensystem, das sich kultureller Codes und Subcodes bedient, sich dabei jedoch in einem übersteigerten Sinnesrausch entlädt, d.h. die Sinneslust als wesentliches Moment von Mode und ihrer Inszenierung betont. Die Kleider werden zu Requisiten eines theatralen Gesamtkunstwerkes oder zu fetischisierten Objekten in einer irrealen, fiktionalisierten, wenn nicht gar magischen Welt.

José Teunissen betont in ihrem Aufsatz *Fashion and Art* (Teunissen 2007, 12-13, 19), dass der wesentliche Punkt für die Gemeinsamkeit von Fashion Shows und Kunstperformances jener sei, dass in Modenschauen vor allem seit den 90er Jahren kulturelle, politische und gesellschaftliche Themen verhandelt bzw. kritische Fragen zum Verhältnis von Welt und Individuum gestellt würden.

Wenn Hussein Chalayan in seiner Show *Burka* (1966) Frauen mit verhüllten Gesichtern zeigt, deren Körper aber nackt zu sehen sind, dann ist dies ohne Zweifel eine politische Botschaft. Mit Sicherheit ist das Verhandeln substanzieller, kulturell relevanter Themen in Modenschauen ein essentieller Aspekt, um sie auf gleicher Ebene mit Kunstperformances zu be-

---

1   "The idea of fashion shows as artistic performances, in which the concept itself is prized above all else, developed still further in the 1990s with the northern schools (…)." (Kamitsis 2007, 98)

trachten. Das soll in der folgenden Analyse auch geschehen. Es sei jedoch angemerkt, dass dies nicht das einzige oder gar ausschlaggebende Kriterium sein sollte, Modenschauen ebenso wie Kunst als wichtige kulturelle Praxis wahrzunehmen. Die Komplexität der ästhetischen Erfahrung, die innovative Verschachtelung unterschiedlicher Wahrnehmungsmodi sowie das Spiel mit gewohnten und ungewohnten Sinneseindrücken sind ebenso relevante Faktoren. In meiner Analyse der Modenschau *Voss* (Herbst/Winter 2001) von Alexander McQueen möchte ich diese Aspekte verstärkt ins Auge fassen und dabei die räumliche Struktur der Inszenierung besonders hervorheben.

Voss lässt sich in drei verschiedene ästhetische Momente einteilen, die sich in unterschiedlichen räumlichen Beschaffenheiten und Wahrnehmungsstrategien entfalten. Ausgangspunkt bleibt dabei stets ein Raum im Raum – eine verspiegelte Glasbox, die auf dem Catwalk platziert ist. In den Variationen der Ausgangssituation, mit Hilfe von Lichteffekten, Öffnen und Schließen von Räumen, sowie der Veränderung der Konstellation von Menschen im Raum, kristallisieren sich drei Szenerien heraus.

Das Spiegelkabinett

Die erste Szenerie findet statt, noch bevor die eigentliche Show beginnt. Solange die Zuschauer ihre Plätze aufsuchen und auf den Auftritt der Models warten – dies ist bis zu einer Stunde der Fall – ist das Publikum gezwungen, sich selbst in den verspiegelten Wänden der Glasbox zu betrachten. Ein wahres Wahrnehmungsspektakel ist die Folge. Der kritische Blick der Besucher wird projiziert und zurückgeworfen. Der Catwalk als Spiegelkabinett konfrontiert die Zuschauer mit dem eigenen und fremden Blick, sei es im Betrachten des eigenen Spiegelbildes, sei es beim Beobachten von schaulustigen Anderen. Das selbstwahrnehmende Subjekt ist gleichzeitig beobachtetes Objekt und die Tatsache, dass das Sehen ein Gesehenwerden impliziert, wird visuell erfahrbar, wird zur sichtbaren Gewissheit. Hinzu kommt, dass die eigentlich private Geste des Sich-Selbst-im-Spiegel-Anschauens zu einem öffentlichen Event, zu einer Bühneninszenierung wird. Die Journalistin Sarah Mowering beschreibt das Szenario als „a gathering of the prime arbiters of vanity".[2]

In der räumlichen Struktur wird noch ein weiterer Aspekt deutlich: die Projektion des Selbst auf das Geschehen des Catwalks und damit auf das ästhetische Ideal, das vermittelt werden soll. Durch die Spiegelbox auf dem Laufsteg wird der Zuschauerraum nämlich tatsächlich auf den Bühnenraum projiziert. Der Raum der physischen Präsenz der Zuschauer verschmilzt in der Illusion des Spiegelbildes mit dem Raum der Bühne. Das

---

2   Sarah Mower: "Politics of Vanity" in: The Fashion no. 2, spring/ summer 2001:162. Zitiert nach: Evans 2007, S. 94.

wesentliche Moment des „Eintauchens" in die Welt der Mode durch die Inszenierungsstrategien der Modenschau wird in der Spiegelung auf den Punkt gebracht, und gleichzeitig wird der Zuschauerraum zum inszenierten Moderaum erklärt.

Der Goldene Käfig

Der Auftakt der zweiten Szene gibt das Licht und die Musik. Bei den Wänden der Box handelt es sich um verspiegeltes Sicherheitsglas, das je nach Lichtverhältnissen als Spiegel erscheint oder den Blick „auf die andere Seite" zulässt. So erklärt sich der magische Effekt, dass die verspiegelten Wände der Box, nun, da der äußere Saal heller erstrahlt als das Innere des Containers, die Zuschauer, statt sich selbst zu sehen, durch die Wände hindurch schauen können. Die verspiegelte Box wird zur Glasbox. Das gläserne Zimmer, das nun erscheint, ist die Spielwiese der Models und wird zum Jahrmarkt ihrer Eitelkeiten. In üppigen feder- und muschelbesetzten Roben durchschreiten sie den Raum, nehmen ihn ganz in Anspruch. Ihr Blick ist dabei stets auf das eigene Spiegelbild gerichtet, denn während die Wände von Außen durchlässig werden, werden sie von Innen zu Spiegeln. Das Publikum, das sich gerade noch selbst im Spiegel sah, schaut nun dabei zu, wie die Models in narzisstischen Posen mit ihrem eigenen Spiegelbild flirten, kokettieren, sich daran laben. Die Models selbst können nicht ins Publikum schauen. Für sie ist die Box von Innen ein hermetischer Spiegelsaal. Dennoch ist klar: ihr eigener Blick in den Spiegel ist gleichzeitig ein Blick in die Öffentlichkeit des Publikumsraumes. Das Selbst, das sich im Spiegel wahrnimmt, ist so auch das Bild, das dem Anderen, dem Gegenüber erscheint. In diesem Sinne wird inszeniert, wie Selbstbild und Fremdbild im Spiegelbild überblendet werden.

Das Videomaterial, das von der Show zur Verfügung steht, konzentriert sich vor allem auf das Innere der Box – das ist verständlich, denn hier wird die neue Kollektion vorgestellt, hier spielt sich das Hauptgeschehen ab. Das Verhältnis von Außerhalb der Box und Innerhalb der Box wird dabei allerdings nicht erkennbar und vermittelt, sodass die eigentliche Abgeschlossenheit der Models in der Box erst durch die zusätzlichen schriftlichen Quellen oder Interviews reflektiert werden können.

Die Abgeschlossenheit der Models und gleichzeitig der eindringende Blick der Zuschauer inszeniert in radikaler Offensichtlichkeit einen Voyeurismus, wie er letztendlich für jede Modenschau konstitutiv ist. Ihre mit weißem Stoff abgebundenen Köpfe – nur noch die Gesichter sind zu sehen –, sowie die aufgeplusterten Federkleider lassen die Models wie exotische Vögel in einem goldenen Käfig erscheinen, deren kuriose bis obskure Gebärden von Schaulustigen beäugt werden. Auch wenn nicht explizit auf die Ästhetik von Jahrmarkt und Zirkus referiert wird, wie in McQueens folgender Show *What a Merry-go-Round* im Herbst-Winter 2001/02, ist das Thema implizit präsent und deutlich spürbar. Die Modenschau ist gleichzeitig ein Kuriositätenkabinett, eine Freakshow, die auf die Lust des Zuschauers am Ungewöhnlichen und Unbekannten setzt.

Abb. 1

In der Abgeschlossenheit des goldenen Käfigs zeigt sich schließlich aber nicht nur das Ausgeliefertsein der Models an den voyeuristischen Blick, sondern gleichzeitig auch das Begehren, das diesem Blick implizit ist – das Ausgeschlossensein des Betrachters von dem bunten Spektakel in der Glasbox. Das Publikum partizipiert während der Show nur passiv an der verführerischen Welt des Vogelparadieses. Es bleibt eine Kluft zwischen Betrachten und Partizipieren, das ein Begehren nach ganzheitlicher Erfahrung weckt. Dieses Begehren ist Ziel jeder Fashionshow, nicht zuletzt aus marktstrategischen Gründen. Der Besucher der Fashionshow soll, verführt von der präsentierten Welt auf dem Catwalk, zum Kauf der Kleidung animiert werden, im Glauben, so dieser Welt näherzukommen.[3] Das Kleid wird Substitut für die Erfahrung. In *Voss* wird diese Idee räumlich fixiert. Das Paradies existiert nur innerhalb der Glasbox. In die verführerische Traumwelt der Mode ist nicht einzudringen – die gläsernen Mauern sind unüberwindlich, es gibt keine Tür, durch die man eindringen könnte, und allein diese Tatsache stimuliert das Begehren, erregt die Fantasie und regt eben auch zum Kauf der Kleider an. So lässt sich zusammenfassend konstatieren, dass die räumliche Struktur der zweiten Szenerie von *Voss* nicht zuletzt ein Bild für die Begehrensstrategien der Fashionshow im Allgemeinen darstellt.

Ästhetische Referenzen für die Kollektion sind für McQueen eindeutig Eindrücke aus der Natur- und Tierwelt. Dies ist aber nicht nur an den Materialien der Kleider, wie Muscheln, Federn, Tintenfischhaut, pflanzenberankten Kimonostoffen oder gar einer Kragenkonstruktion mit ausgestopften Greifvögeln, sichtbar, sondern klingt auch in der Benennung der

---

3   Vgl. den ausführlichen Beitrag von Alicia Kühl in diesem Band.

Show an. *Voss* ist ein Landstrich in Norwegen, der besonders für seine unzähligen exotischen Vogelarten bekannt ist. Den Namen eines entlegenen
Ortes, der als Vogelparadies gilt, als Titel für die Show zu wählen, spielt
mit der Idee, die Schönheit der Natur in den reflexiven Kosmos von Kunst
und Mode zu transformieren. Die „Natürlichkeit", die immer wieder als
ein Idealzustand von Schönheit inszeniert wird und bereits als konstantes Modephänomen bezeichnet werden kann, wird so auch in dieser Show
aufgerufen - und damit wird auch die Frage nach einer universellen Schönheit, die außerhalb jeder modischen Erscheinung und Zeitlichkeit existiert,
gestellt. Dass sich diese „Natürlichkeit" in einem hoch artifiziellen Raum
darstellt, zeigt dabei die Widersprüchlichkeit des Konzepts von „Natürlichkeit". Ebenso, wie Federn, Muscheln und andere „natürliche" Materialien
in einem aufwändigen Prozess zu Kleidern umgewandelt werden, ist die
scheinbar ursprüngliche Schönheit der Natur immer eine kulturell geprägte ästhetische Kategorie.

Abb. 2

Die Truhe der Vergangenheit

Die dritte Szene wird ebenso wie der Auftakt der Show durch einen Über-
raschungseffekt eingeleitet. Alle Sinne der Zuschauer werden noch einmal
neu in Anspruch genommen. Wiederum wird dieser Effekt durch eine Umstrukturierung der Räumlichkeit erzielt. Schon während des Auftritts der
Models ist in der Mitte ihres verspiegelten Zimmers ein Kasten sichtbar.
Eine Box in der Box, die in einer Eisenkonstruktion milchig-schmutzige,
blickdichte Glasscheiben fasst. Während die Models noch ihr gläsernes
Zimmer besetzen, lenkt ihre Präsenz jedoch beinahe vollkommen von diesem vagen Objekt ab. Die Aufmerksamkeit ist ganz und gar auf die Bewegung und Kleider im Raum konzentriert. Der dunkle Kasten in der Mitte, obgleich er einen beträchtlichen Teil des Raumes in Anspruch nimmt,

bleibt Hintergrundkulisse, bloßer Mittelpunkt, um den die Vogelfrauen flattern.

Erst nach Verlassen des letzten Models, wenn der Raum in einer Leere erscheint, die das zuvor stattgefundene Durcheinander von Körpern, Kleidern und Gesten umso deutlicher spürbar macht, entfaltet sich die Präsenz der mit Patina besetzten Box. Der Fokus ruht nun ganz auf ihr, die Spannung konzentriert sich auf die Frage nach dem Dahinter der schmutzigen Glasscheiben, und auch die Musik – oder eher das Klanggewaber – läuft auf einen Höhepunkt zu.

Schließlich öffnet sich die Box, die gläsernen Wände zerschlagen auf dem Boden und zum Vorschein kommt eine üppige, nackte Frau, die auf einem mit Stofffetzen überdeckten Canapé wie Tizians *Venus von Urbino* posiert. Unzählige Motten flattern um das regungslose Model, bei dem es sich um die Journalistin und Sängerin Michelle Olley, die vor allem auch als It-Girl bekannt ist, handelt. Die aufgescheuchten Falter sind die einzige Bewegung in der sonst wie ein Gemälde fixierten Szenerie. Anachronistisch gebrochen wird die pittoreske, an vergangene Schönheitsideale erinnernde Darstellung der nackten Frau durch die groteske Maskierung des Models. Olleys Gesicht ist hinter einer Kombination aus Alienkostüm und Atemmaske versteckt. Die Maske, die mit langen Schläuchen versehen ist, kann als eindeutiger Verweis auf die Fotografie *Sanitarium* von Joel Peter Witkin gelesen werden.

Abb. 3 Joel Peter Witkin, *Sanitarium*, 1983

„Based on Joel Peter Witkin's photograph 'Sanitarium' of a twenty-stone middle-aged woman, connecting via a breathing tube to a stuffle monkey, Olley's bandaged head was covered in a pig-mask in ghostly grey, a breathing pipe apperently protruding from her mouth, while the body was covered in large fragile moths. (...) In the staging of this show McQueen oscillated beween beauty and horror, turning conventional ideas of beauty upside down." (Evans 2007, 98)

Mit der Referenz auf Witkin, einem Fotografen, dessen Arbeiten oft mit Bildkompositionen klassischer Malerei spielen und sie auf groteske Weise brechen, wird in dieser letzten Szene atmosphärisch die Vergänglichkeit aufgerufen. Wie eine alte verstaubte Truhe auf dem Dachboden verbirgt die patinierte Box ein antiquiertes Schönheitsideal, das von Motten halb zerfressen, nur noch den Abglanz seiner verflossenen Pracht aufweist. Dieses Bild der Vergangenheit muss mit einer Atemmaske am Leben erhalten werden, über lange Schläuche mit „Sauerstoff" aus der Gegenwart versorgt werden. Ebenso zeigt sich die Vergangenheit immer nur im Spiegel aktueller Interpretation.

Abb. 4 *Voss*

Konnte in der zweiten Szene von *Voss* noch nach einer zeitlosen „natürlichen" Ästhetik gefragt werden, so gibt die dritte Szene mit ihrem Bezug auf die Vergänglichkeitstopoi eine eindeutige Antwort. Schönheit ist vergänglich und muss immer wieder neu erfunden werden, selbst wenn Bezug auf vorangegangene ästhetische Ideale, Konzepte oder Strömungen genommen wird, sei es durch Abgrenzung oder Wiederaufnahme und Umgestaltung. So tänzeln die aktuellen Federkleider nicht ohne Grund um die Box, hinter der sich die verstaubte Renaissanceschönheit versteckt. Der Raum der neuen Mode trägt die Truhe der Vergangenheit in sich.

Gleichzeitig macht das Bild der vergänglichen, nur noch künstlich am Leben gehaltenen Schönheit bewusst, dass auch das derzeitige Schönheitsideal, die aktuelle Saison der Mode mehr oder weniger schnell der Vergangenheit angehören wird. So flattern die Motten bereits im gläsernen Zimmer des goldenen Käfigs, jenem Raum der aktuell präsentierten Mode. Das Vogelparadies ist nur ein flüchtiger Moment.

Auch in dieser Szene fungieren die Spiegel wieder als wichtige Elemente. Einerseits sind sie als Topos der Eitelkeit immer auch Vanitas-Symbol, gleichzeitig wird der Raum durch die reflektierenden Spiegelungen der Spiegelung zu einem Raum mit einer unendlichen Tiefe, in der immer wieder das Bild der „Venus" auftaucht. Die Vergangenheit öffnet sich so zu einem undurchdringlichen, unüberschaubaren Raum, einem Labyrinth.

> „The metaphor of history as a labyrinth allows the juxtaposition of historical images with contemporary ones; as the labyrinth doubles back on itself what is most modern, revealed as also a relation to what is most old." (Evans 2007, 9)

Zusammenfassung

Offensichtlich dürfte geworden sein, dass die Fragen, die in *Voss* umkreist werden, zwar stets selbstreferentiell die Welt der Mode betreffen, diese aber in weitere Kontexte von Wahrnehmung, Ästhetik und Vergänglichkeit einbindet. In der Omnipräsenz der Spiegel wird neben der Symbolik der Eitelkeit auch immer wieder das Bewusstsein der Selbst- und Fremdwahrnehmung aufgerufen, was das eigene Bild in Frage stellt, genießt oder zur narzisstischen Isolierung führen kann. Die Box, als räumliche Metapher für den Mikrokosmos der „Fashionworld", ist gleichzeitig Projektionsfläche eigener Selbstentwürfe und wird zu einem Raum schillernder Fantasie. Das große Thema der Vergänglichkeit in der immer schneller werdenden Modeindustrie wird in einem Bild inszeniert, das über kunsthistorische Referenzen die Verschachtelung des Alten und Neuen im ästhetischen Prozeß umschließt.

Bedenkt man, dass die gesamte Show, klammert man die Wartezeit im Spiegelkabinett aus, nur eine Dauer von ca. fünfzehn Minuten umfasst und dabei eine solche Fülle an Eindrücken, von unterschiedlichen sinnlichen Reizen erlebbar macht, wird deutlich, dass es sich hier um eine extrem verdichtete Ausdrucksform handelt. In einem kurzen Moment werden Stimmungen und Bilder wie unter einem Brennglas konzentriert. Im Mittelpunkt kann so nur die unmittelbare Wahrnehmung, die gegenwärtige Erfahrung stehen, bei welcher intellektuelle Zusammenhänge eventuell erahnt, aber keineswegs sofort durchdacht werden können. Die Show setzt auf das intrinsisch verankerte kulturelle Wissen, auf bekannte körperliche Raumerfahrungen und Wahrnehmungsmuster seiner Zuschauer. Es geht vor allem um eine Überwältung durch die Bildkraft und erst in zweiter Linie um die Dechiffrierung kultureller Codes, die ohnehin nur bis zu einem gewissen Grad möglich ist, da die Performance gerade von ihrer zeitlich begrenzten Aufführung lebt, während der, wie oben erklärt, jedoch auf Grund der Verdichtung, die Komplexität sofort gar nicht erfasst werden kann. So bleibt der Show letztendlich immer ein enormer ästhetischer Überschuss, der allein der sinnlichen Erfahrung vorbehalten ist, worüber auch eine Analyse wie diese nicht hinwegtäuschen sollte.

Literatur

Evans, Caroline (2007): Fashion the Edge. Newhaven: Yale University Press

Kamitsis, Lydia (2007): An Impressionistic history of fashion shows since the 1960. In: Fashion and Imagination. Arnhem: ArtEZ Press, S. 92-104

Teunissen, José (2007) : Fashion and Art. In: Fashion and Imagination. Arnhem: ArtEZ Press, S. 10-26

Abbildungen

http://rodeo.net/agnes-b/2009/11/den-foersta-i-mcqueen/ (13.02.2011)

Videonachweis

http://www.youtube.com/watch?v=st1672MujmU (25.02.2011)

http://www.youtube.com/watch?v=mLoEJmwPlA&playnext=1&List=PLC 43933BB6FD44D29 (14.02.2011)

Uwe Lindemann

Mode als Massenware. Die Räume der Konfektion in der frühen Konsumkultur

Die Konfektion von Kleidung gehört zu den wichtigsten Innovationen einer am Massenbedarf orientierten Industrie, die an der Wende vom 19. zum 20. Jahrhundert auf die Herausforderungen der sich zu dieser Zeit ereignenden Modernisierungsprozesse, insbesondere auf die Urbanisierung, reagiert. Wenn man nach den Gründen der Entstehung der Konfektion fragt, werden in der einschlägigen Literatur in der Regel eine Reihe von Namen aufgezählt, für Deutschland etwa Valentin Manheimer, Herrmann Gerson, Rudolph Hertzog und Nathan Israel. Die bahnbrechenden Leistungen dieser Begründer der Konfektion werden dann meist anekdotisch ausgeschmückt erzählt. Zuweilen werden in diese Narrationen technikgeschichtliche Exkurse eingeflochten, etwa zur Nähmaschine, oder kulturhistorische Rückblicke auf die Zeit vor der Konfektion gegeben, etwa hinsichtlich der Rolle des Altkleiderhandels, der Uniformherstellung usw. (vgl. Loeb 1905, 7ff.; Dähn 1968, 21ff.; Westphal 1986, 11ff.; vgl. Waidenschlager 1993).

Die Modernisierungsprozesse selbst im Verhältnis zu den Innovationen der Konfektionsindustrie rücken selten in den Blick. Eine der wenigen Ausnahmen bildet bereits in der zeitgenössischen Fachliteratur der Text *Wirthschaft und Mode* (1902) von Werner Sombart.[1] Sombart interessiert sich aus wirtschaftswissenschaftlicher Perspektive für die Veränderungen, welche den Weg zur modernen Massenwarenindustrie im Allgemeinen und zur modernen Konfektionsindustrie im Besonderen geebnet haben. Das Stichwort, das für seine Ausführungen leitend ist, lautet „Vereinheitlichung des Bedarfs" (Sombart 1902a, 2). Diese Vereinheitlichung des Bedarfs führt Sombart zum einen auf die Zunahme der Bevölkerung und des

---

[1] Der Text *Wirthschaft und Mode* war ursprünglich ein Teilkapitel in *Der moderne Kapitalismus* (1902), wurde aber ebenfalls schon 1902 in der Reihe *Grenzfragen des Nerven- und Seelenlebens* (Heft 12) veröffentlicht. Vgl. Sombart 1902b, 319-345 (Erster Teil des 16. Kapitels „Die Vereinheitlichung des Bedarfs und seine Urbanisierung").

Reichtums zurück. Zum anderen bilden sich größere Industrien aus, die den gestiegenen Bedarf vor allem in den großen Städten befriedigen können. Dass mehr von derselben Ware hergestellt wird, hat zur Folge, dass die Produktion vereinheitlicht und auf maschinelle Massenproduktion umgestellt wird. Darüber hinaus führt es zu einer Normierung der Distribution und des Konsums, die im Fall von Konfektionsmode bekanntlich bei der Festlegung von Kleidergrößen beginnt.

Ebenso wie die moderne Konfektion auf die sich wandelnden Lebensumstände in der zweiten Hälfte des 19. Jahrhunderts reagiert, verändert sich, folgt man Sombart, die Funktion der modernen Mode, wenn sie als Konfektion hergestellt wird. Mit Hilfe der modernen Konfektion wird versucht, die Bedarfsvereinheitlichung in Bezug auf Kleidung zu regulieren. Dabei kommt es zu einer Gegenläufigkeit von Synchronie und Diachronie der Mode als Konfektion. Synchron wirkt die Konfektionsmode vereinheitlichend. Dadurch kann sie zum Massenprodukt werden. Diachron wirkt sie diversifizierend, weil sie permanent die letzte Kollektion veralten lassen muss, damit die neue verkauft werden kann. Das letztere ermöglicht den *fortgesetzten* Massenabsatz, wobei sich beide Prozesse, der synchrone und der diachrone, systematisch bedingen und überschneiden. Voraussetzung für dieses System des jährlich mehrmals stattfindenden Konfektionsmodewechsels als *ökonomisches Prinzip* ist, dass neben den genannten Faktoren Kleidung nicht mehr nach ihrem Gebrauchswert beurteilt und genutzt wird, sondern dass andere Werte, seien sie ästhetischer oder sozialer Natur, in den Vordergrund treten (vgl. auch Simmel 1995).

Dass diese Werte in den Vordergrund treten können, ist zum einen der Umstrukturierung des öffentlichen Raumes in der zweiten Hälfte des 19. Jahrhunderts geschuldet, zum anderen einem neuen Persönlichkeitskonzept, das sich in der westlichen Hemisphäre zu dieser Zeit durchzusetzen beginnt. Dies bewegt sich, wie Sombart es ausdrückt, zwischen einer „Uniformität des Geschmacks"[2] (Sombart 1902a, 5) auf der einen Seite und einer „Rastlosigkeit und Unstetigkeit" auf der anderen Seite, welche die modernen Menschen nicht zuletzt „in der äusseren Gestaltung ihres Daseins zum Ausdruck zu bringen trachten." (Sombart 1902a, 9)[3] Das Spannungsfeld, das sich hier andeutet, ist eines zwischen Individualität und Masse, Privatheit und Öffentlichkeit, Abweichung und Anpassung.

Konfektionsmode ist mitten in diesem Spannungsfeld angesiedelt. Sie nutzt und fördert die genannten Umstrukturierungsprozesse im Sinne des

---

2 Vgl. „[V]on den grossen Centren des socialen Lebens, den Städten, aus werden jetzt Kleidung und Wohnungseinrichtung, wie jeder andere Güterbedarf in ihrer Eigenart für das ganze Land geregelt" (Sombart 1902a, 6). Wie diese „Uniformität des Geschmacks" aktiv von der Industrie, aber auch von der intellektuellen Elite um die Jahrhundertwende „hergestellt" wurde, beschreibt ausführlich Gudrun M. König in *Konsumkultur. Inszenierte Warenwelt um 1900* (2009).

3 Wenig später heißt es zudem, dass der „Wechsel" daher nicht mehr nur eine „individuelle", sondern „eine sociale Tatsache" (Sombart 1902a, 10) sei.

skizzierten ökonomischen Primats. Besonders gut lassen sich die Ambivalenzen, die durch dieses Spannungsfeld erzeugt werden, an zwei Räumen der Konfektion beobachten: zum einen an der Präsentation von Konfektionsware in den Räumen einer Konfektionsfirma während der „Durchreise", zum anderen am Schaufenster als zentralem Raum der Werbung für Konfektionsware in der frühen Moderne.

Im Vorführraum

Um die Jahrhundertwende findet die sogenannte „Durchreise" zweimal im Jahr statt: im Frühjahr und im Spätsommer. Während der „Durchreise" kommen auswärtige Einkäufer (später auch Einkäuferinnen)[4] von bedeutenden Detailhandelsgeschäften und -ketten, Warenhäusern und Zwischenhändlern zu den Konfektionsfirmen, um die aktuelle Sommer- bzw. Winterkollektion in Augenschein zu nehmen und ggf. zu bestellen.[5] Einen ersten Eindruck von der neuen Kollektion haben die Einkäufer bereits einige Wochen früher während der „Tour" der reisenden Vertreter der Konfektionsfirmen gewonnen, die mit Musterkollektionen zu den Kunden vor Ort gereist waren.[6] Bei den auswärtigen Einkäufern und Einkäuferinnen handelt es sich in der Regel um Großabnehmer. Die „Durchreise" ist der Moment, an dem sich der ökonomische Erfolg oder Misserfolg der neuen Kollektion entscheidet (vgl. Dähn 1968, 146ff. sowie Grandke 1899, 145f.). Für die Konfektionsfirmen ist es eine Zeit hektischer Betriebsamkeit:

> „An das Geschäftspersonal werden während der Durchreise gewaltige Anforderungen gestellt. Bisweilen sind so viele Einkäufer im Lokal, dass sämtliche Angestellte, soweit sie überhaupt eine Tuchjacke von einem Pelzmantel unterscheiden können, bei der Bedienung behilflich sein müssen." (Loeb 1906, 37; vgl. Hochstetter 1932, 59)

4   1913 „bereist" die erste weibliche Einkäuferin die Berliner Konfektionsfirmen (vgl. Dähn 1968, 116).
5   Zu den Gründen, warum das Reisegeschäft zunehmend von der „Durchreise" oder, wie es bei Grandke heißt, vom „Lagergeschäft" verdrängt wird, vgl. Grandke 1899, 143f.
6   In einer zeitgenössischen Beschreibung der Geschäftsformen der Berliner Kleiderkonfektion (1899) von Hans Grandke heißt es: „Für die Art des Geschäftsverkehrs zwischen dem Berliner Konfektionshause und seinen Abnehmern sind zwei bzw. drei Formen zu unterscheiden: der Verkauf geschieht entweder durch Reisende, die mit Mustern den Käufer aufsuchen oder den Käufer am Platze selbst. Hier unterscheiden wir wieder die Aufgabe von Bestellungen nach vorhandenen Mustern und den Ankauf von fertiger Ware aus den vorhandenen Lägern [sic]. Im ersteren Falle hat also die Anwesenheit des Käufers in Berlin eben nur den Zweck, durch seine Gegenwart an Ort und Stelle einen möglichst weiten Überblick über alle vorhandenen Muster und Modelle zu bekommen, um nicht auf das angewiesen zu sein, was der Reisende mitbringt. Im anderen Falle, und das ist namentlich in neuerer Zeit der häufigere, weil der Käufer hier gleich die ganze Ware, die er braucht, zu Hunderten und Aberhunderten aufkauft, verlangt also ein möglichst großes Lager nicht von Mustern, sondern von ganzen Stapeln." (Grandke 1899, 139)

Dabei sollen, wie Moritz Loeb in *Berliner Konfektion* (1906) weiter ausführt, die Einkäuferinnen und Einkäufer möglichst „gleichzeitig" und „ungestört" (Loeb 1906, 32) bedient werden. Dafür werden im großen Lager der Konfektionsfirma, das normalerweise nur „ein sehr großer heller Raum, mit hohen Fenstern und weißgestrichenen Wänden" (Loeb 1906, 31) ist, „die Mäntelständer in Carrés zusammengerückt, wodurch eine Reihe einzelner, nach vorn offener Kojen entsteht" (Loeb 1906, 32): „in einzelnen Kojen, in denen die elegantesten Neuheiten hängen, liegen sogar Teppiche" (Loeb 1906, 34).[7] Gehobene Konfektionsfirmen mit angegliedertem Detailhandel besitzen „eigene, exklusiv eingerichtete Modesalons", wo sie „der Kundschaft oder den Einkäufern ihre neuen Schöpfungen" (Westphal 1986, 70)[8] durch Mannequins oder, wie es zeitgenössisch heißt, Vorführ- bzw. Probierdamen präsentieren.

In dem gut recherchierten, an manchen Stellen fast dokumentarischen Roman *Konfektion* (1932) von Werner Türk wird die brisante Verkaufssituation während der „Durchreise" detailliert geschildert. Die folgende Szene spielt in einem jüdischen Konfektionshaus, wo ein Neukunde eingetroffen ist, den man für einen „strammen national gesinnten Goj" (Türk 1932, 65) hält:

> „Als er [Leo Bohrmann, einer der beiden Prinzipale des Konfektionshauses] sich vor dem Verkaufsraum befand, verlangsamte er seine Schritte. Würdevoll und aufgereckt schritt er auf den Kunden zu. Der erhob sich aus seinem Klubsessel. (...) Leo sagte steif: „Ich danke Ihnen verbindlichst, dass Sie die Freundlichkeit hatten, sich zu uns heraufzubemühen." Leo war sehr stolz auf diesen Satz. (...) Sonst pflegte er wie Mendel seine Kunden (...) zu begrüßen: (...) „Grüß Gott, Herr Seligmann, was tutt sich?!" (...)

> Mit ihnen [den Mannequins] zog eine Duftwolke herein, die ein Gemisch aus Puder und Parfümgerüchen war. Die jungen Vorführdamen hatten alle rotgeschminkte Lippen. Ihre Augenbrauen hatten sie mit einem Rasiermesser geschmälert und mit einem schwarzen Schminkstift ohne Rücksicht auf die Haarfarbe nachgezogen. Alle fünf Mannequins trugen schwarze ärmellose Satinkittel. Durch sie prägte sich das Spiel ihrer Schenkel durch. Grell stachen die hellen Seidenbeine gegen den schwarzen Satinkittel ab. Alle Mannequins waren blond. Das war kein Zufall (...)

> Bohrmann wandte sich nach den Vorführdamen um: er durchbohrte sie mit seinem Cäsarenblick. Sie kamen ihm nicht schnell genug

---

7   Vgl. auch die detaillierte Beschreibung eines Konfektionslagers in Gustav Hochstetters Roman *Leute machen Kleider* (Hochstetter 1932, 59ff.).

8   Diese „Modesalons" der Konfektionshäuser nähern sich in Ausstattung und Aussehen stark den Verkaufsräumen exklusiver Modehäuser (vgl. Westphal 1986, 31, siehe dort das Foto des Vorführ- und Verkaufsraums der Firma Gerson).

herein. Er wandte sich wieder an den Kunden: „Bitte höflichst Platz zu nehmen" (...). Bald jedoch spürte er, dass es ihm nicht gelang, den Kunden zu erwärmen. Brettschneider taute nicht auf. Leos Stirn bedeckte sich mit Schweiß. Die Mannequins tänzelten vor dem Kunden hin und her. Fräulein Lange dirigierte sie. (...) Sonst vermochte Leo alle seine Kunden in eine begeisterte Kaufstimmung zu versetzen. Bei Brettschneider versagte er. Bei ihm trennte ihn das Gefühl, durch aufdringliche Anpreisungen jüdisch zu wirken. Deshalb sprach er nur wenig. Und wenn er einmal etwas sagte, dann drückte er sich trostlos geschwollen aus. (...) Plötzlich fuhr der Kunde Leo an. „Nun reden Se tachlis, Herr!" (...) Was hatte der Kunde gesagt?! (...) Hatte der Goj nicht gejüdelt?! Der blonde Goj, der aussah wie ein Offizier und der stramm national war?! Also tachlis sollte man reden. Na, dann war doch alles in Ordnung." (Türk 1932, 67ff.)

Es ist klar, dass ein literarischer Text eine Reihe von Dramatisierungen vornehmen muss, um eine Situation narrativ gewinnbringend schildern zu können, die zwar ökonomisch hochbrisant ist, aber vermutlich häufig eher in einem professionell ritualisierten Rahmen stattfand und, nimmt man die zitierten Beschreibungen von Loeb zum Maßstab, wohl nur selten so ungestört verlief, wie es die Szenerie des Romans nahe legt. Trotz dieser Dramatisierungen und Simplifikationen, die insbesondere die stereotype Polarisierung von jüdischem Konfektionär und deutschem Einkäufer betrifft, wird meines Erachtens jedoch deutlich dargestellt, dass das Vorführen und Verkaufen von Konfektion von zahlreichen sozialen, ideologischen und ökonomischen Asymmetrien geprägt ist. Diese Asymmetrien strukturieren nicht nur die Sphäre der Interaktion der einzelnen Protagonisten innerhalb der Vorführ- und Verkaufssituation vor, sondern sie lassen auch ein spezifisches Raumensemble erkennen, in dem diese Asymmetrien nicht zuletzt in der Anordnung von Gegenständen und Menschen gespiegelt werden. Der Einkäufer bildet, in einem bequemen „Klubsessel" (Türk 1932, 65, 67) sitzend, den Mittelpunkt der Anordnung; um ihn herum stehen der Prinzipal, der das Wort führt, und eine Direktrice, welche die Mannequins lenkt. Der Verkaufsraum selbst hat, wie es an anderer Stelle heißt, breite, hohe Fenster (Türk 1932, 65) und garantiert somit eine optimale Beleuchtung.[9]

In der Situation der Vorführung werden einerseits typische geschlechterspezifische Asymmetrien und Klischees der bürgerlichen Kultur der Jahrhundertwende reproduziert. Diese sind bereits in der räumlichen Platzierung von Einkäufer (männlich, sitzend, schauend, bewertend) und Mannequins (weiblich, stehend, zeigend, gelenkt) vorgeprägt. Andererseits jedoch werden diese geschlechterspezifischen Stereotypen ökonomisch überkodiert und auf diese Weise zugleich entpersonalisiert und entinti-

---

9   Man vgl. das Foto der Firma Block & Simon in Westphal 1986, 70.

Uwe Lindemann

misiert. Die Folge ist eine ambivalente Situation, die permanent zwischen Personalisierung und Entpersonalisierung, Intimität und Öffentlichkeit hin- und herpendelt.

Diese ökonomisch bedingte Ambivalenz soll in der Situation jedoch gerade nicht zum Vorschein kommen, da das wirtschaftliche Kalkül und der damit einhergehende inszenatorische Charakter im Hintergrund bleiben soll. Die Atmosphäre, die im Vorführraum erzeugt werden soll, ist vielmehr eine der Vertrautheit und Familiarität, eine Atmosphäre der Wärme, wie sie sich schon in der die Szene dominierenden Metaphorik andeutet, welche die kalte Ökonomie vergessen machen soll.[10]

Im Gegensatz zur geschilderten Szenerie dürfte der bereits erwähnte, eher karge und funktionale Lager- oder Produktionsraum, der lediglich für die „Durchreise" umgebaut wird, ebenfalls für große Teile des damaligen Konfektionshandels repräsentativ gewesen sein, zumal wenn man bedenkt, dass die Form, in der die Konfektionsware vorgeführt und verkauft wurde, nicht zuletzt vom Typ und von der Machart der konfektionierten Kleidung abhängig war. In dem Roman *Leute machen Kleider* (1932) von Gustav Hochstetter findet sich eine in mehrfacher Hinsicht signifikante und dem Szenario aus Türks Roman in vielen Aspekten entgegengesetzte Beschreibung. Hier besucht der Kaufhausbesitzer Wildt aus Köln kurz vor Ende der Saison die Berliner Konfektionsfirma Gebrüder Schilte, die sich, was die Dramatik der Szene sehr erhöht, wegen eines Bankenkrachs in finanziellen Schwierigkeiten befindet:

> „Gleich beim ersten Kleiderständer, der herangerollt wurde, nahm Schilte eine Bluse herunter, zeigte sie dem Kunden und rühmte ihre besonderen Vorteile. Ein jüngerer, übereifriger Verkäufer rief eines der (...) Fräulein heran, die bei Schilte als Mannequins arbeiteten. Der freundliche Herr aus Köln lächelte, (...) sagte jedoch mit energischem Kopfschütteln (...): „Nee, Fräulein Zippke. Vorführen is bei mir nich. Ihr Hausvogteiplatzmädels seid alle hübsch. Und wenn ihr es vorführt, ist jedes Stück hübsch. (...) Ich muß meine Ware so aussuchen, daß sie nachher in Köln meiner Kundschaft gefällt und nicht darnach, ob mir die Bluse an Fräulein Zippke gefällt." (Hochstetter 1932,153f.)

---

10 Vgl. hierzu die Szene aus Türks Roman, wo eine Einkäuferin bedient und hofiert wird. Hier kommen andere geschlechterpolitische Strategien einer Personalisierung und Intimisierung ins Spiel: „Komplimente", „Konfekt" usw. (vgl. Türk 1932, 70ff.).
Noch stärker narrativ ausgestaltet als in Türks Roman wird in Gustav Hochstetters Roman Leute machen Kleider (1932) die erotische Komponente, die dort für den Verkauf der Konfektionsmode selbst entscheidend ist. Hier kauft der amerikanische Einkäufer Birdswell bei einem Berliner Konfektionär nur deshalb üppig ein, weil er sich davon ein erotisches Abenteuer mit einem Mannequin verspricht (vgl. Hochstetter 1932, 48ff.). Der gesamte Komplex Vorführdame – Erotik – (vermeintliche) Käuflichkeit gehört spätestens seit Émile Zolas Roman Au Bonheur des Dames (1883) zum festen Motivinventar der Vorführsituation von weiblicher Kleidung.

90

Im Gegensatz zu Türk Roman beharrt Wildt auf einer „kalten" Atmosphäre und lehnt alles ab, was bei ihm zu einer nicht-ökonomisch bedingten „Erhitzung" führen könnte. Diese „kalte" Atmosphäre lässt sich auch an der knappen Sprache und der eher technischen Darstellung des Rundgangs durch die Lager ablesen:

> „Die jüngeren Gehilfen rollten immer einen leeren, sich aber allmählich füllenden, Kleiderständer neben dem wandernden kleinen Zuge her. Wildt durchschritt die Lagersäle, wie etwa Hausfrauen den gemüsereichen Marktplatz abschreiten, wenn sie Einkäufe machen wollen. (…) Schließlich hatte der Kölner Kunde, ohne daß viel geredet worden war, vier Ständer voll Kleider, drei Ständer Damenröcke und zwei Ständer voll Blusen ausgesucht." (Hochstetter 1932, 155f.)

Die Metaphorik, die in den anschließenden Beschreibungen des Ringens um den Preis benutzt wird, ist dem entsprechend auch keine der Wärme, sondern eine des Kampfes:

> „Alfred von Wildt war Sieger in dem Kampfe geblieben. (…) So musste man arbeiten, wenn man ein großes, blühendes Geschäft führen und seiner Detailkundschaft etwas Besonderes bieten wollte. Billig einkaufen, billig verkaufen, wer das nicht kann, soll die Hände davon lassen." (Hochstetter 1932, 160f.)

Während in Türks Roman auf eine emotional begründete Harmonisierung der Interessen bei Verkauf und Einkauf gesetzt wird, führt Hochstetters Roman, ganz im Sinne der dominanten Selbstbeschreibungsmuster der Modernisierungsprozesse in der ersten Hälfte des 20. Jahrhunderts (vgl. Grävenitz 1999, 11), die kalte Logik der Massenproduktion vor. Hier kodiert der Konkurrenz- und Preiskampf alles andere über; das Persönliche, Intime und Private bleiben außen vor.[11] Was bei Türk verschleiert werden soll, ist bei Hochstetter an der Oberfläche, auch räumlich: nichts ist dekoriert, drapiert oder inszeniert, nichts wird vorgeführt und dadurch verführerisch. In den Räumen der Konfektion in Hochstetters Roman geht es ausschließlich darum, den Massenabsatz von konfektionierter Kleidung in Gang zu bringen und auf Dauer zu perpetuieren. Dem wird alles untergeordnet. Hier, aber auch schon in Türks Roman wird daher bezeichnenderweise *kein* Wort über die Ästhetik der vorgeführten Konfektionskleidung verloren. Was gefällt oder was nicht gefällt, hängt im Sinne des sich wandelnden Konsumverhaltens in der Moderne ganz von dem ab, was der potentiellen Kundschaft gefallen *könnte*. Dies versucht der Einkäufer zu antizipieren. Und genau das ist es, was man später nach Außen zu kommunizieren sucht. Eines der zentralen Medien hierfür (neben Modezeitschriften

---

11   Dass dies in Hochstetters Roman zwar wenig später relativiert wird, wenn Wildt und Schilte auch über Privates sprechen, schmälert in keiner Weise den analytischen Befund.

und Modekatalogen natürlich) ist in der ersten Hälfte des 20. Jahrhunderts das Schaufenster.

Im Schaufenster

In Schaufenstern wird Konfektionskleidung im *öffentlichen Raum* vor einem *anonymen Publikum* präsentiert. Damit ist die Adressierung eine völlig andere im Vergleich zu den Lager- und Vorführräumen der Konfektionsfirmen. Während dort einzelne Einkäufer zu einem Großeinkauf motiviert werden sollen, geht es hier darum, Einzelstücke abzusetzen, die trotz ihrer Massenanfertigung eins nicht sein dürfen: beliebig und austauschbar.

Während Schaufenster noch Mitte des 19. Jahrhunderts vornehmlich dazu dienen, das Geschäft, zu dem sie gehören, als Ganzes zu bewerben, wird es gegen Ende des 19. Jahrhunderts üblich, Ausstellungstücke und Dekorationen regelmäßig zu wechseln (vgl. Spiekermann 1999, 574). Dass sich dieses neue Prinzip der Warenwerbung in Schaufenstern durchsetzt, hängt unmittelbar mit der angesprochenen Problematik der Massenproduktion und der zunehmenden Orientierung am Konsum und nicht mehr an den Produktionsmitteln zusammen. Vor dem Hintergrund eines steigenden Bedarfs an Gütern in der Moderne besteht das Hauptproblem auf Seiten der Geschäfte und Warenhäuser darin, die „Unpersönlichkeit" und „Uniformität" der Massenwaren zu verschleiern. Dafür werden um 1900 verschiedene Strategien der Schaufensterwerbung entwickelt. Vor allem zwei Strategien sind es, welche die „Unpersönlichkeit" und „Uniformität" der Massenwaren, auch und gerade von Konfektionsware, umkodieren sollen: zum einen die Suggestion von Knappheit und Flüchtigkeit des Angebots (Stichwort: „solange der Vorrat reicht"), zum anderen die Suggestion von Neuheit und zeitlichem Vorsprung (Stichwort: „der letzte Schrei"). Zwar lassen auch diese Strategien Massenwaren nicht als einmalig, originell oder selten erscheinen. Aber immerhin wird damit eine gewisse Besonderheit bzw. „Spezialität", wie man zeitgenössisch sagen würde, suggeriert. Massenwaren und insbesondere konfektionierte Kleidung sollen mit Hilfe dieser Werbestrategien in das zurückverwandelt werden, was sie in der Moderne gerade nicht mehr sind: einmalig, individuell und originell.

Dass eine Ware diese Werte suggeriert, löst allerdings keineswegs das zweite Problem: das der Adressierung. Dass dieses Problem entsteht, hängt damit zusammen, dass die Werbung in Schaufenstern zu einer grundlegenden Veränderung des Verhältnisses von Verkäufer und Käufer führt. Im Gegensatz zum alten Handel, der auf einer persönlichen Beziehung zwischen Verkäufer und Käufer beruhte, wird durch das Schaufenster eine neue Form der Kommunikation etabliert. Diese ist geprägt durch eine starke Tendenz zur Anonymisierung, da das Schaufenster nicht mehr einzelne Individuen, sondern größere Gruppen ansprechen soll. Während das alte geschäftszentrierte Schaufenster Mitte des 19. Jahrhunderts eine repräsentative und informative Funktion besaß, tritt mit dem warenzentrierten Schaufenster eine symbolische Funktion hinzu, welche die Ware mit abstrakten Ideen, Vorstellungen und Werten verknüpft. Diese abstrakten Ideen, Vorstellungen und Werte sollen neben dem Gebrauchswert den emotionalen Erlebniswert einer Ware vermitteln. Hinzu kommen ästhetische Momente, die helfen sollen, Waren als geschmackvoll und schön einzustufen. Ergebnis dieser symbolischen, emotionalen und ästhetischen Kodierung von Waren ist nicht nur die Ästhetisierung der Warenwelt, sondern ebenfalls eine Ästhetisierung der Alltagswelt durch „Atmosphären, Gefühle und inszenierte Erlebnisse" (Szymanska 2004, 34). Dabei soll einerseits durch die emotional und ästhetisch ansprechende Inszenierung der Ware eine Personalisierung, Identifikation und Intimisierung im Sinne der Verkaufsanbahnung erzielt werden, sprich der Kunde soll das Geschäft betreten, für dessen Waren im Schaufenster geworben wird. Andererseits kann diese Personalisierung, Identifikation und Intimisierung nur dadurch erreicht werden, dass man sich bei der Werbung im Schaufenster am Common Sense orientiert. Beides soll dazu beitragen, die Kundin bzw. den Kunden atmosphärisch zu „erwärmen".

Während im Schaufenster bestimmte Wünsche und Begehrlichkeiten geweckt werden sollen, sind diese Aspekte beim Einkauf in der Konfektionsfirma zwar ebenfalls präsent, aber anders kontextualisiert. Im Gegensatz zur einzelnen Kundin bzw. zum einzelnen Kunden *vor* dem Schaufenster versucht hier der Einkäufer, die angesprochenen Wünsche und Begehrlichkeiten seiner Kunden zu antizipieren. Der Einkäufer muss auf den ökonomischen Erfolg der neuen Modekollektion gewissermaßen „wetten". Das Problem der Adressierung wird dabei nochmals zugespitzt, denn bei Mode und insbesondere bei Konfektionsmode kann im Vergleich etwa zu Kühlschränken oder Waschmaschinen der Gebrauchswert *gänzlich* durch den kulturell-symbolischen Wert *substituiert* sein. Dies macht den Einkauf von Konfektionsmode zu einem dauerhaften wirtschaftlichen Risiko, weil nicht garantiert werden kann, dass der Geschmack des Publikums auch tatsächlich getroffen wird.[12] Auf der anderen Seite führt es dazu, dass Konfektionskleidung in Schaufenstern in der Regel effektvoll inszeniert wird, da der Gebrauchswert vielfach sekundär ist und mit der Kleidung also stets bestimmte kulturelle, soziale und geschlechtsspezifische Leitbilder beworben und „verkauft" werden.[13]

---

12   Darüber berichten schon zahlreiche damalige Fachpublikationen (Loeb 1906, 12, 39, 46; Sombart 1902a, 14).

13   In einem zeitgenössischen Text von Johannes Gaulke heißt es hierzu: „Ein Rock oder ein Hut, der viele Jahre seinen Zweck als Kleidungsstück erfüllen könnte, wird [heute] meistens schon nach Ablauf der Saison ohne Berücksichtigung des Gebrauchswertes außer Kurs gesetzt, weil er unzeitgemäß - unmodern geworden ist. In früheren Zeiten trat ein Wechsel der Bedarfsgestaltung gewöhnlich erst dann ein, wenn der in Betracht kommende Gegenstand gründlich verbraucht war. Ich erinnere an den zu einer komischen Berühmtheit gewordenen ‚Bratenrock',

Ohne auf die verschiedenen Ausstellungsformen und -techniken in Schaufenstern und deren theoretische Reflexion detailliert eingehen zu

Abb. 1

wollen (vgl. Lindemann 2011), haben die angesprochenen Problematiken enorme Auswirkungen darauf, wie das Schaufenster als Raum der Konfektion in der ersten Hälfte des 20. Jahrhunderts gestaltet wird. Ein in hohem Maße signifikantes Beispiel wäre z. B. das Schaufenster, in dem für Damenunterwäsche geworben wird, wie es in Elisabeth von Stephanie-Hahns Buch „Schaufenster Kunst" abgebildet ist (s. Abb. 1)

Intimität und Öffentlichkeit, Enthüllung und Verhüllung werden in diesem „Eckchen eines Frauenboudoirs", wie es in der Bildunterschrift heißt, in all ihren Ambivalenzen und Doppeldeutigkeiten, aber auch in ihrer Einbettung in die damaligen sozialen und kulturellen Kodes gezeigt. Derjenige, der dieses Schaufenster betrachtet, sieht nicht nur das, was er haben will, sondern auch das, was er sein will (vgl. Bowlby 1985, 32). Zugleich bekommt der Betrachter das räumliche Ensemble demonstriert, in dem sich Haben und Sein verbinden sollen. Nur scheinbar trennt dabei die Schaufensterscheibe Innen und Außen. Tatsächlich kommt es, indem das Glas

der sich von dem Vater auf den Sohn vererbte, in dem mehrere Generationen die feierlichsten Augenblicke des Lebens, freudvolle und leidvolle Stunden durchlebt hatten! Heute ist man nicht mehr sentimental genug, ein Kleidungsstück seines Alters wegen zu respektieren. Selbst das Mobiliar erlebt in bürgerlichen Häusern kaum die Verbrauchsperiode eines halben Menschenalters." (Gaulke 1907, 1364).

zwischen Betrachter und Ware tritt, zu einer Dopplung von gleichzeitiger Nähe und Distanz, die für Schaufensterwerbung typisch ist.

Durch diesen Modus der Warenpräsentation wird mit der Ware im Schaufenster zudem eine Versprechenssemantik verknüpft. Das Vor-dem-Schaufenster-Stehen ist daher nicht nur ein „entscheidender Initiationsritus der Moderne, der ein spezifisches Trennungserlebnis vermittelt und habitualisiert", indem „das Schaufenster Verführung und Erfüllung [trennt]" (Wegmann 2008, 55). Es fördert im selben Maße einen „Warenfetischismus"[14], bei dem, wie es Hartmut Böhme ausgedrückt hat, „die Bereitschaft zu zahlen nicht von der Rationalität begrenzt wird, *nicht zahlen zu können*, sondern vom Wunsch und Begehren, mit der Versprechenssemantik der Ware zu verschmelzen – und dafür *zahlen zu wollen*." (Böhme 2006, 287; Hervorheb. im Original) Im Schaufenster tritt der Dop-

Abb. 2

14 Vgl.: „[I]m ,Einschluss' des ästhetischen Objekts wird dieses unausweichlich zum Fetisch: (1) Objekt einer Devotion, die seiner überalltäglichen, herausgehobenen Attraktion gilt, (2) Objekt einer Ambivalenz, die zwischen dem sistierten Begehren nach Aneignung und der Angst vor seiner überlegenen, ergreifenden, faszinierenden Qualität oszilliert, (3) Objekt einer Lust, die durch das Vitrinenglas vor dem Objekt, wie umgekehrt das Objekt vor uns geschützt ist." (Böhme 2006, 355)

Abb. 3   Abb. 4

pelstatus der Ware, nämlich „Ding und Symbol, Immanenz und Transzendenz *uno loco* zu vereinen" (Böhme 2006, 287), in Reinform zutage. Vor allem wird durch die dekorative Kodierung der ausgestellten Ware und der damit verkoppelten Versprechenssemantik ein spezifisch utopisches Element etabliert, denn „[d]er Warenfetisch winkt mit der Partizipation am Schlaraffenland (in allen Varianten)." (Böhme 2006, 334) Haben-Wollen und Sein-Wollen verstärken sich im Schaufenster gegenseitig.

Ein zweites, meines Erachtens hochsignifikantes Beispiel über die Wirkung von Schaufenstern sind die Fotos von Schaufensterpuppen, die sich ebenfalls in Stephanie-Hahns Buch finden. Es sind Schaufensterpuppen, die für den Einsatz im Schaufenster hergestellt wurden (s. Abb. 2-4)

Körperhaltung, Gesichtsausdruck und – natürlich – Kleidung der weiblichen Figuren präfigurieren nicht nur das räumliche Ensemble, in dem man sie aufstellen kann bzw. schon aufgestellt hat, sondern sie zeigen in kaum verhüllter Deutlichkeit geschlechtsspezifische Kodes samt der mit ihnen verbundenen kulturellen Leitbilder.[15] Konfektionsmode – dies wird spätestens an diesem Punkt klar – impliziert, wenn sie in Schaufenstern ausgestellt wird, immer schon ein räumliches Ensemble, in dem sie getra-

15   Vgl. hierzu das Foto 113 in Stürzebecher 1979, 138.

gen und – nicht zuletzt – auch angeschaut werden soll. Gerade Schaufensterpuppen, wenn sie „realistisch" gestaltet sind, zeigen sehr deutlich jene Mixtur von Erwartbarem und Neuem, die der beworbenen Ware ein identifikatorisches Potenzial verleihen soll.

Dagegen ist in der Konfektionsfirma die Konfektionsmode gewissermaßen noch „nackt", nur sie selbst, ganz dem ökonomischen Kalkül in seiner kalten Logik unterworfen: Massenwaren, die zum Massenabsatz bestimmt sind, deren Erfolg antizipiert werden muss. Gleichgültig, wie sehr sich der Verkäufer der Konfektionsfirma bemüht, dies zu verschleiern, der wirtschaftliche Primat bleibt stets dominant und präsent. Vor dem Schaufenster kann und darf das ökonomische Kalkül, das dem Massenabsatz zugrunde liegt, nicht in den Vordergrund treten, auch wenn es möglicherweise – eine weitere Ambivalenz – gerade ökonomische Zwänge sind, die dazu führen, dass jemand Konfektionsware kauft und *nicht* zum Maßschneider geht.

Die geschilderten Entwicklungen der Konfektionsmode werden begleitet und unterstützt von weiteren gesellschaftlichen Umstrukturierungsprozessen in der frühen Moderne. Im Zuge der Veränderungen des öffentlichen Raums im 19. Jahrhundert etabliert sich ein neues Konzept von Persönlichkeit, welches Persönlichkeit „als Produkt der äußeren Erscheinung" (Sennett 1986, 274) zu begreifen beginnt. Schaufensterwerbung, die Konfektionskleidung mit symbolischen und nicht zuletzt auch „räumlichen" Bedeutungen versieht, kommt diesem Persönlichkeitskonzept in hohem Maße entgegen. Mehr noch: manche Theoretiker der frühen Konsumkultur, etwa Michael Miller, gehen sogar soweit zu behaupten, dass die modernen Konsumwelten und ihr Ausstellungswesen überhaupt erst so etwas geschaffen haben wie einen einheitlichen „bürgerlichen" Lebensstil samt der Persönlichkeiten, die ihn leben, der Kleidung, die diese Persönlichkeiten tragen, und der Räume, in denen die Kleidung getragen wird (Miller 1981, 178ff.; vgl. ausführlich dazu auch König 2009). Der Konsum von Konfektionsmode, obwohl und auch gerade weil sie Massenware ist, gewinnt auf diese Weise eine große identifikatorische Dimension. Dabei dient Konfektionsmode einerseits als Mittel sozialer Distinktion. Andererseits aber wirkt sie vereinheitlichend. Beides, Distinktion und Uniformierung, darf jedoch entsprechend des ökonomischen Prinzips der Konfektionsmode immer nur für eine bestimmte Zeit gelten. Norm und Durchbrechen der Norm, Anpassung und Abweichung sind stets gleichzeitig präsent, auch in den Räumen der Konfektion. Konfektionsmode ist durch diese Ambivalenz, man ist fast geneigt zu sagen, Paradoxie geprägt. Und gerade in dieser Paradoxie liegt das ökonomische Potenzial der Konfektionsmode in der Moderne!

Literatur

Böhme, Hartmut (2006): Der Warenfetischismus. In: ders.: Fetischismus und Kultur. Eine andere Theorie der Moderne. Reinbek: Rowohlt, S. 285-372

Bowlby, Rachel (1985): Just Looking. Consumer Culture in Dreiser, Gissing und Zola. New York, London: Methuen & Co.

Dähn, Brunhilde (1968): Berlin Hausvogteiplatz. Bei den Kleidermachern an der Spree. Göttingen, Zürich, Frankfurt am Main: Musterschmidt

Ganeva, Mila (2005): The Beautyful Body of the Mannequin: Display Practices in Weimar Germany. In: Cowan, Michael J. (Hg.): Leibhaftige Moderne. Körper in Kunst und Massenmedien 1918 bis 1933. Bielefeld: Transcript, S. 152-167

Gaulke, Johannes (1907): Die Mode in sexueller und wirtschaftlicher Beleuchtung. In: Blaubuch 2, H. 45, S. 1361-1366

Graevenitz, Gerhart von (1999): Einleitung. In: ders. (Hg.): Konzepte der Moderne. Stuttgart, Weimar: Metzler, S. 1-16.

Grandke, Hans (1899): Berliner Kleiderkonfektion. In: ders.: Hausindustrie und Heimarbeit in Deutschland und Österreich. Zweiter Band. Die Hausindustrie der Frauen in Berlin. Leipzig: Duncker & Humblot, S. 129-389. (= Schriften des Vereins für Socialpolitik; 85)

Hochstetter, Gustav (1932): Leute machen Kleider. Roman vom Hausvogteiplatz. Berlin: Berlin W35, Potsdamer Str. 113, 3. Villa: Bibliothek-Gesellschaft

König, Gudrun M. (2009): Konsumkultur. Inszenierte Warenwelt um 1900. Wien, Köln, Weimar: Böhlau

Lindemann, Uwe (2011): Schaufenster, Warenhäuser und die Ordnung der „Dinge" um 1900. Überlegungen zum Zusammenhang von Ausstellungsprinzip, Konsumkritik und Geschlechterpolitik in der Moderne. In: Lehnert, Gertrud (Hg.): Raum und Gefühl. Der Spatial Turn und die neue Emotionsforschung. Bielefeld: Transcript, S. 173-199.

Loeb, Moritz (1906): Berliner Konfektion. Berlin: Hermann Seemann (= Großstadt-Dokumente; 15)

Löw, Martina (2001): Raumsoziologie. Frankfurt am Main: Suhrkamp

Miller, Michael B. (1981): The Bon Marché. Bourgeois Culture and the Department Store, 1869-1920. Princeton, New Jersey: Princeton University Press

Sennett, Richard (1986) [zuerst 1974]: Verfall und Ende des öffentlichen Lebens. Tyrannei der Intimität. Aus d. Amerik. v. Reinhard Kaiser. Frankfurt am Main: S. Fischer

Simmel, Georg (1995) [zuerst 1905]: Philosophie der Mode. In: ders.: Gesammelte Werke, Bd. 10. Hg. v. Otthein Rammstedt. Frankfurt am Main: Suhrkamp, S. 9-37.

Sombart, Werner (1902a): Wirthschaft und Mode. Ein Beitrag zur Theorie der modernen Bedarfsgestaltung Grenzfragen des Nerven- und Seelenlebens. Einzel-Darstellungen für Gebildete aller Stände. Zwölftes Heft, Wiesbaden: Bergmann

Sombart, Werner (1902b): Der moderne Kapitalismus. Leipzig: Duncker & Humblot, Bd. 2

Spiekermann, Uwe (1999): Basis der Konsumgesellschaft. Entstehung und Entwicklung des modernen Kleinhandels in Deutschland 1850 bis 1914. München: Beck

Stephani-Hahn, Elisabeth von (1919): Schaufenster Kunst. Berlin: Schottländer

Stephani-Hahn, Elisabeth von (1926): Schaufenster Kunst. Lehrsätze und Erläuterungen. 3. verb. Aufl. Berlin: Schottländer

Stürzebecher, Peter (1979): Das Berliner Warenhaus. Bautypus, Element der Stadtorganisation, Raumsphäre der Warenwelt. Berlin: Archibook

Szymanska, Guido (2004): Welten hinter Glas. Zur kulturellen Logik von Schaufenstern. Tübingen: Tübinger Vereinigung für Volkskunde

Türk, Werner (1932): Konfektion. Berlin, Wien: Agis

Waidenschlager, Christine (1993): Berliner Mode der zwanziger Jahre zwischen Couture und Konfektion. In: Waidenschlager, Christine / Gustavus, Christa (Hg.): Mode der 20er Jahre. 2., erw. Aufl. des Bestandskatalogs. Tübingen, Berlin: Wasmuth, S. 20-31.

Wegmann, Thomas (2008): Erzählen vor dem Schaufenster. Zu einem literarischen Topos in Thomas Manns „Gladius Dei" und anderer Prosa um 1900. In: IASL 2008(1), S. 48-71.

Westphal, Uwe (1986): Berliner Konfektion und Mode 1836-1939. Die Zerstörung einer Tradition. Berlin: Hentrich

Abbildungen

Alle Abbildungen stammen aus: Stephani-Hahn, Elisabeth von (1926): Schaufenster Kunst. Lehrsätze und Erläuterungen. 3. verb. Aufl. Berlin.

Mediale Räume

Susanne Beckmann

Erlebniswelten in virtuellen und realen Räumen der Mode

Die Nutzung neuer Medien beeinflusst das Wirken und Erleben des Konsumenten grundlegend. Schnelligkeit und Aktualität spielen eine maßgebliche Rolle in Bezug auf Lifestyle und dem Gefühl, am Puls der Zeit zu sein. Was hat sich seit Einführung des World Wide Web (WWW) für die Mode, Modekonsumenten und Designer verändert?

Abb. 1 © Susanne Beckmann-www.modesearch.de

Susanne Beckmann

Die Wandlung des Einkaufens durch Verlagerung vom Shop zum Onlineshop

Schnelligkeit, Vielseitigkeit, Beweglichkeit bestimmen unser Leben heute auf allen Ebenen, speziell auf der der Kommunikation, der auch die Mode als Kommunikationsmittel zuzuordnen ist. Wer schnell, vielseitig und beweglich ist, ist jung, dynamisch, modern, up to date, hipp oder auch it. (Die Begrifflichkeiten sind chronologisch gewählt und zeigen auf, wie sich die Sprache parallel zu technischen Innovationen ändert).

Bewegung wird heute anders definiert als noch vor 50 Jahren. Da nämlich bewegte sich der Mensch zum Einkaufen noch im wahrsten Sinne des Wortes physisch. Erst mit Erfindung des Computers wagte man den gedanklichen Schritt in die Zukunft, nicht reale, jedoch vorstellbare Welten zu visualisieren und schuf damit neue Erlebniswelten. Der Bewegungsradius reduzierte sich (hier: Austausch von Informationen) vom physischen in den virtuellen Raum. Was vor Erfindung des WWW nur zeitlich begrenzt und physisch erfahrbar war, ist von nun an unabhängig von Zeit und fassbarem, erfahrbarem Raum. Kommunikation verlagerte sich von nun an in eine andere Dimension.

Schnell entwickelte sich im WWW ein Markt, der über den reinen Informationsaustausch hinausging. Noch bis Anfang der 1990er Jahre ging man, wollte man neue Kleider kaufen, ganz physisch in die „Stadt", oder bezog aus Versandkatalogen seine Kleider, welche ja als Vorgänger der Onlineshops betrachtet werden können.

In der Regel wurde Mode real ausgesucht, real gefühlt, real gekauft und schließlich real getragen. Die Informationen über neueste Trends funktionierten über Modezeitschriften, Kataloge, Fernseher, Boutiquen, Kaufhäuser, Modenschauen in den Modemetropolen und schließlich über Pear-Groups und Träger/innen selbst. Das modische Straßenbild war in der Regel ein Abbild von dem, was territorial in Geschäften -heute Shops, Stores, Showrooms etc. verfügbar war. Natürlich konnten weit Gereiste sich mit ausländischen Modetrends von der Masse abheben. Mode war und ist ein Spiegel, typisch für Kultur und Gesellschaft. Die territorialen Unterschiede lösen sich jedoch durch den virtuellen Markt zunehmend auf und führen zu globalen Community-Trends.

Auswirkungen auf Mode und Designer durch die schnelle Verbreitung der Information

Bis zur Einführung des World Wide Web in der Modebranche war die Mode in dafür bestimmten Räumen sinnlich auf allen Ebenen erfahrbar. Trends wurden auf den Modenschauen gezeigt und benötigten die Medien (hauptsächlich Print und Fernsehen) um weltweit verbreitet zu werden. Die Information über neueste Trends verbreitete sich sehr langsam – manchmal über Monate. Modetrends werden nun durch das WWW global in einer Schnelligkeit gestreut, der man real kaum nachkommen kann. Alles was im Netz steht, ist ab dem Einstellungsdatum weltweit verfügbar – nicht nur als Information, sondern meist auch als Produkt zu kaufen, nachahmbar, von vielen gleichzeitig virtuell konsumierbar. Nicht zuletzt hat das für Designer die Konsequenz, Kollektionen schneller neu zu kreieren. Was heute noch modern ist, ist morgen schon wieder out of time.

Zudem werden Kollektionen nicht nur von Fachleuten öffentlich diskutiert, Blogger urteilen schonungslos, da unabhängig, stellen eigene Sichtweisen, von dem was in ist, in die Öffentlichkeit. Die öffentliche Diskussion beeinflusst somit, was Trend ist und wohin ein Trend geht. Das obliegt nun nicht mehr allein dem Designer. Suzy Menkes (Modejournalistin, *Herald Tribune*) meint, Mode sei kein Monolog mehr, der einzig von Designern geführt wird, sondern sei zu einem Dialog bzw. zur Konversation geworden.

Virtuelles und reales Kauferlebnis im Vergleich

Stellen wir nun den virtuellen Raum der Mode dem realen gegenüber, wird deutlich, dass die unterschiedlichen Räume der Mode auch unterschiedlich wirken. Ein Beispiel: Was hat sich nun durch die globale Verfügbarkeit für Jedermann, zu jeder Zeit, gegenüber herkömmlichen realen Räumen der Mode verändert? Beispielsweise war der Kauf eines Converse Sneakers in den 1980er Jahren in Deutschland nicht möglich. Wie kam man also an das Objekt der Begierde aus den USA? Man musste sich dort hin begeben, um den Schuh zu kaufen. Wurde der Schuh in Deutschland getragen, schmückte sich der/die Träger/in mit etwas Besonderem. Gleichzeitig versinnbildlichte der Schuh Weltoffenheit. Der Bewegungsradius des Trägers beschränkte sich also nicht nur auf Schuhgeschäfte in Deutschland. Der Schuh war mehr als nur ein Sneaker, er verwies vielmehr auf eine erlebte Reise in die USA.

Damit verbunden ist ein Erlebnis, die Reise selbst, der reale, physische Kauf des Schuhs, der Geruch, das haptische Erleben durch die Berührung des Materials, die Atmosphäre der Umgebung, der Zahlvorgang in Dollarnoten usw. Da der Schuh nicht für jeden verfügbar und somit auch nicht weltweit getragen wurde, steigerte dies auch seinen ideellen Wert.

Bedenkt man heute, wie viel Zeit-, Bewegungs-, und Geldaufwand notwendig sind, um an ein territorial nicht verfügbares Objekt der Begierde zu gelangen, so muss man sich höchstens noch vom Schreibtischstuhl bis zur Haustür bewegen, um das im Netz bestellte Produkt entgegenzunehmen. Man sucht es online aus, bezahlt es online, empfängt es physisch an der

Abb. 2 Online-Magazin *Modesearch*

Haustür und zieht es an. Die physischen Bewegungen beschränken sich auf die Betätigung der Maus am Computer. Die Geschichte um das Ding ist nun eine ganz andere, beschränkt sich nur noch auf die Recherche im Netz und die virtuelle Kaufhandlung. Die individuelle Geschichte beginnt also erst in dem Moment, wenn das Produkt angezogen wird.

Jedoch führt das globale, für alle verfügbare Online Shoppen auch dazu, dass sich aus etwas Einzigartigem eine Uniformität entwickelt hat.

Die Veränderung vom realen Kauferlebnis zum virtuellen zieht Konsequenzen auf mehreren Ebenen nach sich. Wir begeben uns beim virtuellen Kauf in andere Dimensionen des Erlebens – von der Mehrdimensionalität in die Zweidimensionalität des Bildschirms.

Welche Faktoren spielen nun beim Kauf eines Kleides eine Rolle?

Es stellt sich nun die Frage nach Wichtigkeit und Funktion der Wahrnehmung und Geschichte, rund um den Kauf eines Kleides.

Abb. 3

Wie entstehen Geschichten in den unterschiedlichen Räumen der Mode und wozu dienen sie?

Hier werden nur einige Modeorte im Hinblick auf die Entstehung, Verbreitung und Nutzung von Mode aufgeführt.

Atelier

Das Atelier ist ein privater, realer Raum, in dem Mode erdacht, entworfen und kreiert wird. Der Kreation geht eine Vision voraus, mit dem Ziel, ein Kleid für einen bestimmten Personentyp zu schaffen. Schon hier entsteht eine Geschichte um das textile Objekt. Der Schaffungsprozess unterliegt einer physischen und psychischen Erfahrung. Es ist ein Zusammenspiel von Idee, Stoff, Schnitt, Zeit, Raum und Designer für den zukünftigen Träger.

Das Kleid wird zum Zweck des Entstehungsprozesses und auf Grundlage der Vision erstmalig inszeniert (Schneiderpuppe). Es nimmt Gestalt an, ist visuell, haptisch und atmosphärisch erfahrbar. Das Ziel des Schaffungsprozesses im Atelier ist es, die Vision vom Kleid in die Realität umzusetzen.

Susanne Beckmann

Fotoatelier

Abb, 4 © Susanne Beckmann-www.modesearch.de

Auch hier befinden wir uns in einem realen Raum, in dem Mode inszeniert wird. Er dient jedoch allein dem Zweck, für kurze Zeit eine nicht existente Realität zu suggerieren, eine virtuelle Welt zu erschaffen. Hierzu gehen Fotograf, Model, Kleid und inszenierter Raum eine Symbiose ein. Um das Kleid wird eine neue Geschichte erfunden, die nur für den Moment des Ablichtens existent ist. Der inszenierte Raum löst sich nach Erstellung des Fotos wieder auf und ist nicht reproduzierbar. Der virtuelle Raum wurde zum Zweck einer zielgerichteten Geschichte geschaffen, das Kleid für eine bestimmte Klientel zu begeistern. Im Fotostudio wird das Kleid einzig inszeniert, um ein Foto zu erstellen.

Das Foto hingegen ist nur noch virtuell erfahrbar. Die zuvor entstandenen Geschichten um das bis hierhin inszenierte Kleid lösen Assoziationsketten bei dem Betrachter des Fotos aus. Der Raum des Modefotos ist zweidimensional. Es ist ein unveränderlicher Raum der Mode, der immer wieder abgerufen werden kann. Zeit spielt hier keine Rolle. Es dient ausschließlich dazu, Phantasien, Empfindungen, Sehnsüchte und Wünsche auszulösen. Ein Foto hat das Ziel, durch Scheinwelten Wünsche zu wecken, Aufmerksamkeit zu schaffen und schließlich zum Kauf des Kleides zu animieren.

Laufsteg – Modenschau

Der Raum der Mode auf dem Laufsteg ist ebenfalls inszeniert. Er ist zeitlich begrenzt und nur für ein ausgewähltes Publikum bestimmt. Auch hier wird eine Geschichte um das Kleid bzw. die Kollektion durch die Art der Inszenierung gesponnen. Das Erlebnis ist real und lässt neben dem visuellen und akustischen Erleben eine weitere Ebene der Assoziation des Betrachters zu. Das Ziel einer Modenschau ist es, Käufer für die Kollektion zu finden und Trends zu bestimmen.

Abb. 5 Scherer Gonzales, Mercedes Benz Fashion Week Berlin, Januar 2010
© Susanne Beckmann, www.modesearch.de (siehe Farbtafel 5)

Susanne Beckmann

Shop/Showroom

Ein realer, konstanter Raum der Mode ist der Shop. Der Raum wird gezielt im Dienste der Mode inszeniert und unmittelbar erlebbar. Der Raum ist zeitlich beschränkt, jedoch öffentlich für jeden zugänglich. Mode wird hier mit allen Sinnen wahrgenommen (haptisch, visuell, akustisch). Der Vorgang der Beratung, des Stöberns, des Aussuchens, des Anprobierens und Kaufens ist ein Erlebnis und bildet eine Geschichte um das Kleid. Die Ent-

Abb. 6 © Susanne Beckmann, www.modesearch.de

scheidung zum Einkauf ist ein zeitintensives Event. Über die reinen Sachinformationen hinaus, können weitere, persönliche Informationen bezüglich des Kleides in Erfahrung gebracht werden.

Das Ziel des Shops/Showrooms ist es, durch Atmosphäre den Verkauf zu steigern.

110

Aber auch Shops/Showrooms moderner Labels bieten ihre Kollektionen zusätzlich durch Onlineshops an. Ausnahmen im realen Verkauf von Kleidern bestimmen aber auch hier die Regel. Hierzu zählen Läden mit historischen Kleidern, die konsequent das Vertreiben ihres Angebots über das Internet meiden. Mimi, ein Laden mit historischen Kleidern und Accessoires in Berlin, lehnt den Onlineverkauf rigoros ab. Wer etwas sucht, muss sich in den Laden begeben, stöbern, fühlen und gegebenenfalls kaufen. Es ist ein Erlebnis, das durch die Betreiberin gewissermaßen erzwungen wird, auch um den Wert des Kleides spürbar zu machen. Es sind Einzelstücke, aus einer Zeit, in der globale Vermarktung noch keinen Stellenwert hatte und somit eine Onlinevermarktung der Philosophie des Ladens nicht entspricht.

Abb. 7 Atmosphärisch: Nostalgie bei Mimi. Antike Modeartikel
ohne Internet-Präsenz, Foto: Beckmann

Susanne Beckmann

Onlineshops

Das Onlineshoppen erfolgt ausschließlich am Rechner im WWW. Er ist öffentlich weltweit verfügbar, zeitlich nicht limitiert und konstant erreichbar. Der Einkäufer sucht gezielt und stöbert seltener. Die Suche nach einem Produkt erfolgt über Suchmaschinen. Räumlich und physisch ist dieser Raum nicht fassbar, erzeugt jedoch eine Vision von Raum und Zeit. Gute Onlineshops versuchen dem Besucher ihrer Internetpräsenz eine scheinbar wirkliche Welt zu suggerieren, in der die Sinne durch Farben, Bilder und Musik angesprochen werden. Ein Shoppingerlebnis wird virtuell inszeniert und gesteuert. Viele Designer verzichten ganz auf den realen Verkaufsraum und bewegen sich nur im WWW., wie z.B. *vonrosen.com*. Hier entsteht gar kein direkter Kontakt vom Verkäufer zum Kunden. Alles wird höchst exklusiv, online und per Post gehandelt. Die persönliche Note wird dadurch erzeugt, dass man sich online mit einer persönlichen Geschichte (ob wahr oder nicht, steht dabei nicht zur Debatte) als Käufer bewerben muss. Die Betreiber des Labels entscheiden dann darüber, ob man zum exklusiven Kreis der Auserwählten zählt oder nicht. Hier funktioniert die Auslese nicht allein über den Preis, sondern darüber, ob man zu der Philosophie des Labels passt oder nicht. Je sinnenorientierter die Onlineshops inszeniert sind, desto größer ist das Shoppingerlebnis. Zudem ist der virtuelle Einkauf effizienter, meist günstiger als der Einkauf im Shop. Mit minimalem Kostenaufwand erreicht der Anbieter einen maximalen Kundenstamm. Das Ziel ist es, durch Scheinwelten das Kaufverhalten, den Verkauf zu beeinflussen.

Modeblogs

Modeblogs sind Räume der Mode, die vom Designer wenig beeinflusst werden können. Die Gestalter und Redakteure inszenieren ihre eigene Welt der Mode, in der sie urteilen und ausgesuchte Informationen weltweit verbreiten. Dies führt zu einer Demokratisierung der Mode, durch Vorschläge, was *en vogue* ist und was nicht. Es ist eine rein virtuelle Welt, in der ebenso Visionen und Wünsche verbreitet werden wie auf Fotos, in Magazinen und in Filmen. Auch sind die meisten Informationen auf Modeblogs nicht aus erster Hand. Designer beauftragen PR-Agenturen, ihre Look Books über Modeblogs zu verbreiten. Blogs dienen dann als Multiplikatoren von meist mehrfach gefilterten und veränderten Informationen. Das Ziel ist, zunächst ein persönliches Meinungsbild in der Modeszene zu verbreiten. Dieses hat allerdings massiven Einfluss auf des Etablieren von Trends.

Straße

Die Straße ist der Ort, in der auf authentischste Art Verbreitung von Trends und Stilen stattfindet. Es entsteht eine weitere Geschichte um ein Kleid durch die Art und Weise, wie es getragen und kombiniert wird. Diese Geschichten werden durch Streetstyle-Fotografie in Modeblogs veröffentlicht. Sie sind ein Abbild/eine Interpretation von Mode in einer realen Welt. Den Akteuren geht es darum, mit Hilfe der Mode sich selbst in der Öffentlichkeit zu inszenieren. Mode ist hier ein Kommunikationsmittel, das auf allen Ebenen erfahrbar und erlebbar ist. Das Ziel ist reine Selbstinszenierung, das Schaffen von Identität oder die Selbstpositionierung durch Andersartigkeit.

Schließlich stellt sich die Frage: Wie sehr benötigen wir die realen Räume der Mode noch, wenn online alles schneller, günstiger und mit weniger Zeitaufwand geordert werden kann? Die damit verbundenen Verluste des Erlebens und der Kommunikation spielen offenbar keine Rolle. Prioritäten werden heute durch das WWW anders gesetzt. Liegt die Zukunft in einer Art Second Life, in der selbst das Tragen von Mode hinfällig wird? Dort, wo wir alles nur noch online erleben und erledigen? Schließlich gibt es nicht nur die Möglichkeit auf Internetseiten *www.stylr.de* und *slinside.com* in Second-Life-Manier sein eigenes Outfit auf zu hypen, auch Maßanfertigungen können heute per Internet geordert werden, ohne dass man auch nur einmal dem Schneider begegnet wäre.

Adelheid Rasche

Von Sprach- und Bildräumen:
Mode in Text- und Bildquellen[1]

Der Beitrag widmet sich einigen Sprach- und Bildräumen, in denen sich
Mode manifestieren kann. Ausgewählt wurden Beispiele mit schriftlich fi-
xierter Sprache aus Fachbüchern und -zeitschriften, die Bildquellen kon-
zentrierten sich auf Zeichnungen, Druckgrafik und Fotografie. Bilder der
Mode könnten darüber hinaus Gemälde, Skulpturen, Filme und anderes
mehr sein. Neben den Texten der Fachliteratur und der unmittelbar der
Modevermittlung dienenden Medien wären zahlreiche andere Textquellen
zu bedenken, etwa belletristische Texte, die der modischen Kleidung Raum
und Bedeutung geben.

Der Begriff Mode wird in diesem Beitrag für die wandelbaren und aus
einer gestalterischen Leistung heraus entstandenen Kleidungsmodelle verwendet, die in festen Zyklen erdacht, produziert, verkauft und getragen
wurden und werden. Seit es Mode gibt, gibt es Texte und Bilder zur Mode.
Zu den frühesten Modequellen zählen die Aufwandsgesetze sowie die
Trachtenbücher, beide erlebten ihren Höhepunkt im 16. und 17. Jahrhundert: Die erste Gattung ist bilderfrei, die zweite nahezu textfrei. Aufwandsgesetze und insbesondere die Kleiderordnungen regelten in detaillierter
Beschreibung die erlaubte modische Kleidung und Auszier für alle Anlässe
sowie für alle Stände des jeweiligen Herrschaftsgebietes. Allein durch die
exakte und wortreiche Nennung der Modedetails wurden sie selbst zum
Quellentext für Mode und erzielten damit manchmal die gegenteilige anstatt der erwünschten Wirkung, nämlich Imitation an Stelle von Distinktion.

Trachtenbücher, eine Buchgattung des 16. Jahrhundert, sind dagegen
jeweils unterschiedlich komponierte Ansammlungen von Bildseiten mit

---

1 Dieser Beitrag bildet eine gestraffte Form des mündlichen Vortrages, der weitgehend auf Ein-
   zelbeispielen beruhte, die hier aus Platzgründen nicht übernommen werden konnten. Bewusst
   wurde der Vortragsstil beibehalten.

Abb. 1 Kleiderordnung, Jena 1716

ganzfigurigen Personendarstellungen aller bekannten Länder und Stände. Ganz offensichtlich diente der Darstellungsmodus des Trachtenbuches den ersten Modezeitschriften als Vorlage, denn hier wie dort spielte Schrift in der Modedarstellung eine untergeordnete Rolle. Die Zeitschrift wurde im letzten Drittel des 18. Jahrhunderts zu einem der wichtigsten Partner der Mode. Sie teilt mit der Mode die zyklische Erscheinungsform und die Zeitgebundenheit, denn beide veralten schnell. Ihr Schicksal ist ähnlich: Das Kleid wurde an die Dienstboten weitergegeben oder kam zur Altkleidersammlung, die Zeitschrift wurde im besten Fall in der hinteren Reihe einer Bibliothek abgestellt oder schlicht aussortiert.

Weiterhin manifestierte sich Mode in den seit dem 19. Jahrhundert populär gewordenen „Manuels", den Anleitungsbüchern, die den richtigen Umgang mit den immer schneller wechselnden Moden lehrten und die Augen für die wichtigen Nuancen der Zusammenstellungen öffneten. Mit dem etwa zeitgleichen Beginn der Haute Couture sowie der Modeindustrie entstanden um 1870 dann die ersten Firmenschriften und Werbekataloge, die die neuesten Modelle in verführerischen Bildschöpfungen anpriesen und die Käuferin schon gewinnen wollten, bevor sie das tatsächliche Klei-

Abb. 2 Venezianische Braut aus einem Trachtenbuch, vermutl. Augsburg um 1580

dungsstück in Händen hielt oder anprobieren konnte. Die konsequente Fortführung der Gattung „Firmenschrift" sind die Versandkataloge und die Lookbooks, die bis heute einen festen Platz als Bildraum der Mode innehaben.

Der im 20. Jahrhundert massiv gewachsene Personenkult im Modebusiness führte schließlich zu einer stattlichen Anzahl von monographischer Literatur: Bücher von und zu Designern, zu Firmen, zu Mannequins, Modefotografen und Modejournalisten; sie alle geben der Mode Raum in einer ihr selbst nicht immanenten Form, in Worten und vor allem in Bildern. Heute kann man davon ausgehen, dass jedes einmal produzierte modische Kleidungsstück zugleich in mehreren Bildern vorliegt und in diesen Bildern in Zukunft weiterleben wird: im Lookbook der Kollektion, im Laufstegbild während der Modenschau, in der inszenierten Modefotografie für ein Fach- oder Publikumsmagazin, im Schnappschuss eines Modebloggers, vielleicht noch als Teil eines fotografierten Star-Outfits, später als sachliche Museumsfotografie, wenn das Kleidungsstück selbst den Schritt in die „Ewigkeit" einer musealen Sammlung geschafft hat.

117

Was verliert und was gewinnt nun die Kleidermode bei ihrem Weg in den Sprach- und Bildraum? In jedem Fall muss sie einige Eigenschaften aufgeben, die mit ihrer Materialität zu tun haben: Sie verliert ihre dritte Dimension, sie gibt Haptik und Geruch auf, oft bleibt zudem die Farbigkeit auf der Strecke.

Sie gewinnt dafür auch eine Reihe von wichtigen Elementen, die den Verlust der erstgenannten aufwiegen können. Allem voran gewinnt die flüchtige Mode in den Sprach- und Bildräumen die Aspekte der Dauer und Ewigkeit. Selbst wenn etwa die Schlitzmode der Landsknechte längst vergangen ist, zeugen die Bildquellen und Beschreibungen lebendig von deren Bedeutung. Dies gilt nicht allein für weit zurückliegende Epochen, selbst zeitgenössische Modekollektionen hat man in den entsprechenden Bildern meist deutlicher vor Augen als die konkreten Kleidermodelle, die selten direkt gesehen oder getragen wurden.

Ein anderer Aspekt, den die Mode in Bild- und Texträumen dazu gewinnt, ist die räumliche Verbreitung. Ein Buch, eine Zeitschrift oder gar eine Internetseite überschreiten wesentlich schneller die geographischen

Abb. 3 Illustrierte Frauen-Zeitung, Berlin 1880

Grenzen als die Mode selbst. Schon die frühen Modejournale wurden im Durchschnitt von mindestens einem Dutzend Personen konsumiert, sei es durch private Weitergabe oder in den öffentlichen Lesezirkeln und Leihbibliotheken. Der Konsum des tatsächlichen Warenangebotes ist dagegen erst seit etwa 150 Jahren, seit der Einführung der Warenhäuser mit fertig angebotener Konfektion, dem Vorläufer des modischen Prêt-à-Porter, in breitem Ausmaß möglich geworden.

Text und Bild ermöglichen dem Konsumenten außerdem das Verständnis der Trageanlässe eines bestimmten Kleidungsstücks, sie können Details erläutern, mit deren Hilfe der Betrachter quasi in die Mode eindringen und sie in ihre Bestandteile zerlegen kann. Somit können Text und Bild Verstecktes der Kleidermode verständlich und sichtbar machen.

Einer der wichtigsten Aspekte, den die Mode – als eine vergängliche, extrem zeitgebundene Gattung der angewandten Kunst – dazu gewinnt, ist ihre Kontextualisierung. Interessant wäre eine breit angelegte Studie über das Verhältnis von Text und Bild der Modeberichte, beginnend mit den Trachtenbüchern, den großen Stichfolgen des 17. und 18. Jahrhunderts, bis hin zu den zahllosen Modejournalen von 1785 bis zur unmittelbaren Gegenwart. Eine erste Analyse könnte zum einen ergeben, dass die Textanteile vor etwa 450 Jahren ähnlich spärlich waren wie heute, zum anderen würde deutlich werden, dass die Textkultur im späten 18. Jahrhundert am ausgeprägtesten war und von dort an stetig an Bedeutung verlor – zu Gunsten der immer üppiger aufblühenden Bildproduktion.

Ein anderer Zugewinn, den die Kleidermode in Schrift- und Bildräumen macht, sind deren Interpretation bzw. der Kommentar. Es ist unbestritten, dass das Verständnis für Innovationen und Besonderheiten der Mode entscheidend erleichtert wird, wenn die entsprechende Beschreibung in Bild und Wort diese hervorhebt. Bilder können nicht nur neue Interpretationen liefern, Bilder können selbst zur Aussage über die Mode eingesetzt werden. Als einer der ersten verstand dies der Pariser Couturier Paul Poiret, der ganz auffällig auf die Macht der Bilder setzte, um seine Mode mit dem von ihm gewünschten Image zu vermitteln. Die beiden Alben, die er 1908 bzw. 1911 von den Künstlern Paul Iribe und Georges Lepape gestalten ließ, zeigen auf ihren Bildtafeln in Pochoirdruck für die damalige Zeit höchst ungewöhnliche, freie und atmosphärische Interpretationen seiner Modelle. Es kann kein Zufall sein, dass der Berliner Verlag der *Lustigen Blätter* 1911 ebenfalls ein Album mit dem Titel „Die Dame von Poiret" herausbrachte, gerade in dem Jahr, als der Pariser Modeschöpfer im Berliner Modellhaus Herrmann Gerson seine erste umjubelte Modenschau zeigte und man die Besonderheiten seiner Entwürfe an lebenden Mannequins sehen konnte. In diesem Berliner Album ist im Ton des Modejournalismus, jedoch mit süffisanten Beiton, zu lesen: „Der Mann aus Paris wirft über die Schlankheit der Ballrobe in plötzlichem Übermut einen farbenprangenden Mantel aus Seide und Pelz, der alle Linien verwirrt...und alle Sinne. Einen Mantel,

Abb. 4 *Les choses de Paul Poiret*, vues par Georges Lepape, Paris 1911 (siehe Farbtafel 4)

der uns zweifeln läßt, ob wir bei seinem Fallen die Schönheit der Fülle zu erwarten haben oder den Reiz der Schlankheit. Einen Mantel, unter dem unsere Phantasie sich erträumen mag, was immer sie sich wünscht (...) in der sicheren Hoffnung, daß – wenigstens die Robe, die der Mantel verhüllt, niemals enttäuschen wird..." Die Illustrationen des Albums zeigten in karikaturhaften Darstellung einige Besonderheiten aus Poirets Kollektionen.

Zur wichtigsten Funktion der Sprach- und Bildräume zählt jedoch deren Imaginationsgehalt: Sie kommunizieren die Wunschbilder, die in der Mode impliziert sind, auf mehr oder weniger konkrete und direkte Weise. Prinzessin oder Diva, Dandy oder Macho, Jugend oder Eleganz, Purismus oder Romantik, Verführung und Erotik, Lokal oder Global – kein Wunsch bleibt offen im Land der Sprach- und Bildräume. Modebilder und -beschreibungen wecken manchmal mehr Sehnsüchte und Begierden, als beim Besuch eines Modegeschäfts erfüllt werden können.

Abschließend sei noch eine Frage aufgeworfen, die für den gesamten Zyklus der Modeproduktion und -konsumption nicht zu vernachlässigen ist: Wie kommt die Mode aus dem Text, aus dem Bild wieder heraus? Denn sie ist grundsätzlich nicht für Text und Bild geschaffen worden, sondern will getragen und gezeigt werden, sie führt ihr eigenes Leben. Aus einer historischen Perspektive betrachtet, braucht es deshalb einen Leser, einen Betrachter, der sich nach einer gewissen Zeit wieder mit dem Modetext, dem Modebild beschäftigt, es neu befragt und neu zu sehen versteht. Wenn es

Abb. 5 B. Gestwicki und R.L. Leonard: *Die Dame von Poiret*, Berlin 1911

ein kreativer Leser und Betrachter ist, wird ihm das Gesehene, das Gelesene möglicherweise zur gern genutzten Inspirationsquelle für eigene Ideen und Entwürfe werden. Damit erweisen sich die Texte und die Bilder dann erneut als dauerhafte „Räume der Mode".

Adelheid Rasche

Abbildungen

Abb. 1 Kleiderordnung, Jena 1716 © Staatliche Museen zu Berlin, Kunstbibliothek

Abb. 2 Venezianische Braut aus einem Trachtenbuch, vermutl. Augsburg
um 1580 © Staatliche Museen zu Berlin, Kunstbibliothek

Abb. 3 Illustrierte Frauen-Zeitung, Berlin 1880 © Staatliche Museen zu
Berlin, Kunstbibliothek

Abb. 4 Les choses de Paul Poiret, vues par Georges Lepape, Paris 1911
© Staatliche Museen zu Berlin, Kunstbibliothek

Abb. 5 B. Gestwicki und R.L. Leonard: Die Dame von Poiret, Berlin 1911
© Staatliche Museen zu Berlin, Kunstbibliothek

Klaus Honnef

Im Spiegelbild der Bilderwelt[1]

Abb. 1

Am Anfang steht die groteske Aufnahme eines pompösen weiblichen Modells aus Pappmaché. Auf einem Pritschenwagen rollt die ungeschlachte
Figur über das Kopfsteinpflaster einer von bröckelnden Gründerzeitfassa-
den gesäumten Straße. So unsicher offenbar, dass sie mit Seilen befestigt
werden musste. Auch die Häuser neigen sich samt flankierenden Laternen
leicht nach innen, als würden sie demnächst zusammenfallen. Aus Unter-

1   Wiederabdruck mit freundlicher Genehmigung von: Klaus Honnef: „Im Spiegelbild der Bilder-
     welt", in: *Träume – Welten – Hintergründe. Olaf Martens. Fotografie 1984-2004*, Ausst.-Buch,
     Museum für Kunsthandwerk / Grassimuseum Leipzig (8. Juli bis 26. September 2004), Hrsg.
     von Olaf Thormann, Faber & Faber, Leipzig 2004, S. 6-8. Die Fotos gehörten – außer dem ersten
     – nicht in den Originalbeitrag, sondern wurden für dieses Buch neu zusammengestellt.

sicht hat der Fotograf das schwarz-weiße, faktisch grau in grau getauchte Bild aufgenommen, die nackte Gestalt, die deshalb um so größer wirkt, als sie ohnehin ist, links in die Ecke platziert, und um dem Ganzen gleichsam die Krone aufzusetzen, hält sie noch einen Siegerkranz aus falschem Lorbeer über ihrem plumpen antikisierenden Haupt.

An dem Bild scheint alles falsch zu sein, die Kulisse, die Atmosphäre, die Zeitstruktur, falsch wie die Siegesgöttin aus vergänglichem schäbigem Abfallmaterial statt haltbarem, kostbarem Marmor, falsch wie das Selbstbild, das eine Ideologie von den Verhältnissen entwirft, die sie verdeckt. Der Schauplatz des Bildes könnte Halle an der Saale sein, der Titel des Bildes in früheren Publikationen seines Autors suggeriert es jedenfalls. Alles könnte echt sein, wahr im Sinne des „Es ist gewesen"! Echt die abblätternden Häuserfassaden, der Pritschenwagen, vor den einmal Pferde gespannt wurden, die Tristesse und die ungeschickte Projektionsfigur mit Hoffnungs-Horizont. Der Fotograf hätte eine Spur vergangener Realität fixiert und in der grotesken Zuspitzung des Motivs ihre ungeschminkte Verfassung zur Erscheinung gebracht. Nicht die Aufnahme ist grotesk, sondern die Realität, die sie vergegenwärtigt. Scharfe Beobachtungsgabe, Wissen um die Eindrucksmacht von Bildern, ein Schuss Subversionsfreude und die Versiertheit im Umgang mit der Technik haben im Einfrieren des Augenblicks die grotesken Züge des Realen verstärkt und ein signifikantes Bild hervorgebracht. In dem Bild sind bereits alle Merkmale versammelt, die sich kurz darauf in einem bemerkenswerten fotografischen Werk zur bizarren Blüte entfalten werden.

Anno 1987 war es, als Olaf Martens, damals Student (seit 1985) im renommierten Fachbereich Fotografie der Hochschule für Grafik und Buchkunst in Leipzig, dieses einzigartige Bild aufnahm. Zwei Jahre vor dem Fall der Mauer, Fakt und Symbol einer Demarkationslinie, die Deutschland und Europa zerschnitten hatte. Was das Bild so prägnant macht, ist das untrügliche Gespür seines Urhebers für die subkutanen Widersprüche einer Realität, die daran wenig später relativ laut – wenn auch für viele keineswegs schmerzlos – kollabieren sollte, ohne dass die meisten die Widersprüche, die durch falsche Bilder und Sprüche verkleistert wurden, erkannt hätten – oder erkennen wollten. Es bedarf einer sprühenden Phantasie, um komplexe Zusammenhänge des Sichtbaren derart schlagend auf den Punkt zu bringen, wie das dem jungen (1963 geborenen) Fotografen gelang.

Obwohl die Aufnahme mit dem lapidaren Titel *Halle/S. | 1987* unbestreitbar dokumentarischen Charakter besitzt, zielt Martens ästhetisches Interesse nicht auf eine wie immer beschaffene Wiedergabe realer Ereignisse, Konstellationen oder Zustände. Möglich, dass er die Meinung Bertolt Brechts teilt, die Fotografie sei aufgrund ihres spezifischen Wesens unaufhebbar der Oberfläche der Erscheinungswelt verhaftet. Mit dem Unterschied, dass der Fotograf einen Blick für die Untiefen der Oberfläche hat und in deren trügerischen Spiegelungen manche Zusammenhänge zu sehen vermag, die sich gemeinhin erst dank umständlicher und erschöpfender Analyse erschließen.

Gleichwohl ist die fotografische Aufnahme eines vermeintlichen, in der verblichenen DDR von Staats wegen beliebten Umzugswagens nicht das, was sie vorgibt zu sein. Zwar war Halle der mutmaßliche Ort, wo sie entstand. Doch wahrscheinlich spiegelt sie nur die Kulisse eines Films, der in den dreißiger Jahren des vergangenen Jahrhunderts spielte. Die bombastische Siegesgöttin wäre kein Ausdruck kleinbürgerlich-sozialistischer Ästhetik, sondern kleinbürgerlich-nationalsozialistischer. Der Konjunktiv ist notwendig. Denn die Requisite spiegelt den Blick der ästhetischen Sicht des DDR-Films auf die Nazi-Zeit. In der Wahrnehmung nachfolgender, zumal westlich geprägter Generationen hat sich die Aufnahme indes in ein Sinnbild der späten DDR-Wirklichkeit verwandelt, kurz bevor das Regime implodierte. Die Realität als Filmkulisse – und umgekehrt, die Fotografie als Medium einer perfekten Rück-Projektion.

Das vielschichtige Bild von Olaf Martens ist nicht das erste Ergebnis seiner fotografischen Praxis. Bereits als Heranwachsender hatte er begonnen, sich mit dem technischen Medium zu beschäftigen. Voraus ging eine reproduktive Tätigkeit. Durch Zufall hatte er eine illegale Marktlücke entdeckt. Er kopierte die westdeutsche Teenager-Zeitschrift *Bravo*, die seine Großeltern heimlich von ihren Reisen über die Grenze geschmuggelt hatten. In Halle und Leipzig bestand rege Nachfrage nach den Postern der populären westlichen Musik- und Filmstars. Das vergleichsweise sterile Jugendbild der Zeitschrift, die ganze Scharen pubertierender Westdeutscher in das Reich der Sexualität einführte, weckte seine schlummernde Kreativität und provozierte das Bedürfnis, seinerseits Bilder anzufertigen statt welche zu reproduzieren.

Verhältnismäßig rasch und auf intuitivem Wege entdeckte er seine ureigene Domäne im schier unübersichtlichen Universum der Bilder des so genannten Medienzeitalters: Es ist jene Schnittstelle, wo sich Realität und Vision, Objektives und Subjektives, Äußeres und Inneres, die Realität der Fakten und die Wirklichkeit der Bilder begegnen, überlappen, vermischen und verschmelzen. Vielleicht sekundierte bei der unbewussten Suche nach der subjektiven ästhetischen Haltung neben der künstlichen Wirklichkeit des betont jugendlichen Bilderblattes die eigentümliche Realität des Teils Deutschlands, in dem er zu leben lernte und in dem man von Beginn an die Trostlosigkeit des Seins mit dem Vorschein dessen, was sein könnte, nach Kräften übertünchte. Bald fand er heraus, dass der fotografische Apparat zwar eine Maschine ist, die in einem Zug, aber akkurat aufzeichnet, was im Zugriff ihrer Optik existiert, zugleich aber das Projektionsgerät latenter Sehnsüchte, Wünsche und Lüste, die manchmal sozusagen unter der Hand in seine Bilder einsickern. Verantwortlich ist nicht allein die Inszenierung vor der Kamera, wie häufig behauptet wird, sondern aufgrund seiner besonderen Technik das Medium selbst, das auch noch dem Unglaubwürdig-

Abb. 2 Hinterhof am Kanal Fontanka, Sankt Petersburg 1996

Abb. 3 Palastbrücke

sten Glaubwürdigkeit verleiht. „Die Objektivität der Fotografie [kraft ihrer ‚Entwicklung zur Automatik' – K.H.] verleiht ihr eine Stärke und Glaubhaftigkeit, die jedem anderen Werk der bildenden Künste fehlt. Welche kritischen Einwände wir auch immer haben mögen, wir sind gezwungen, an die Existenz des repräsentierten Objektes zu glauben, des tatsächlich repräsentierten, das heißt, des in Zeit und Raum präsent gewordenen." (Bazin 1975, 24) Im Lichte der Feststellung des französischen Filmtheoretikers

André Bazin schrumpfen die Unterschiede von Dokumentar- und Nicht-Dokumentarfotografie zur *quantité négligeable*.

Abb. 4 Tschaikovskistraße (siehe Farbtafel 10)

Abb. 5-9 Moskauserie

Analog zu seiner Sensibilität für die unterschwelligen Widersprüche der Realität entwickelte sich die Vorliebe des Fotografen für Masken und Verkleidungen. Im alltäglichen Leben erfüllen die vielfältigen Larven zweierlei Zwecke, einen offensichtlichen und einen verborgenen. Dabei dient der offensichtliche dem Wunsch, etwas zu verbergen. Das Potemkinsche Dorf ist das Paradebeispiel dafür. Im verborgenen Zweck spiegelt sich hingegen ein komplizierterer Sachverhalt. Er speist sich oft aus den Bezirken des Unbewussten. Im Karneval gelangt er regelmäßig zur Geltung. Wer sich verklei-

det, will (bisweilen) ein anderer sein, will darüber hinaus einem Verlangen
Ausdruck geben, das die meisten unmaskiert zu äußern sich schämen, oder
will eine Person im Momentum des Als-ob verkörpern, unerreichbar im
realen Dasein. In den post-industriellen Mediengesellschaften hat der ge-

Abb. 10 Sobinovs Wohnung   Abb. 11 Theater im Yussupowpalast (siehe Farbtafel 6)

heime Zweck längst das alltägliche Dasein erfasst. Seine Befolgung gehört
zum Rüstzeug der gewöhnlichen Lebensbewältigung. Bekenne dich zu dir,
verkünden zwar die Gurus der Lebenshilfe, doch Empirie beweist, sich ver-
stellen heißt die Losung im gesellschaftlichen Verkehr.

Abb. 12 Musikalische Komödie, Sankt Petersburg 2006 (siehe Farbtafel 7)

Kaum ein Fotograf der Gegenwart versteht sich ähnlich mimetisch auf das Spiel der Masken und Larven im sozialen Netzwerk wie Olaf Martens. Was in seinen Bildern authentisch erscheint, ist häufig Produkt überschießender Phantasie, was absurd und unvorstellbar, nicht minder häufig unbestreitbar echt. Perversion im wortwörtlichen Sinne heißt die Maxime seines ästhetischen Handelns, bis der Schein bricht und die Konturen des Wahren im Falschen, des Realen im Fiktiven sichtbar werden.

Nicht von ungefähr widmet der Fotograf den Hintergründen seiner Bilder gesteigerte Aufmerksamkeit. Er misst den Hinterhöfen, Treppen, Verkaufsstätten, aufgelassenen Industriezonen und Wohnzimmern ebenso wie den überladenen Palasträumen seiner Aufnahmen eine entscheidende Rolle zu. Sie sind mehr als dekorative Kulissen und so wichtig wie die Modelle, ihre Körpersprache, die Kleidung und die übrigen Accessoires der Szene. Der Begriff der Hintergrundinformation erhält eine überraschende Wendung. Halle und Leipzig, Berlin und Prag oder St. Petersburg vermitteln seinen Bildern den Stempel des Authentischen. Das Spiel, das sich hier verwirklicht, bezieht das Ambiente der Spielbühne in seine Dramaturgie ein. Gelegentlich treten die eigentlichen Produzenten der Garderobe und der glitzernden Schauseite des Spiels leibhaftig auf, die Näherinnen und die Crew des Fotografen.

Olaf Martens ist nicht zufällig Pionier auf einem Gelände, das die westliche Mode- und Lifestyle-Fotografie weitgehend ausspart: Mittel- und Osteuropa. Er hat es zum bevorzugten Schauplatz seiner Kunst erkoren. In seinen Aufnahmen teilt sich nicht nur jene ungestüme Kraft des Aufbruchs mit, die ganz Europa verändern wird. Simultan demonstriert er, wie zerbrechlich der Boden ist, auf dem er sich vollzieht.

Im chronologischen Ablauf seiner Bilder kristallisiert sich angesichts der Darstellung des menschlichen, nicht unbedingt immer weiblichen Körpers eine auffällige Tendenz aus: von der völligen Nacktheit zu einer bisweilen aufwändigen, freilich mehr ent- als verhüllenden Drapierung. Darin allerdings den Ausdruck einer zum Auftakt des 21. Jahrhunderts wachsenden Prüderie zu sehen, ist nicht weniger verfehlt, als einen Wandel der emotionalen Perspektive des Fotografen zu unterstellen. Antrieb ist eine tiefer liegende soziale Strömung. Sie findet ihren Ausdruck in der wachsenden Veräußerlichung des Privaten, befördert und beschleunigt nicht zuletzt von den Massenmedien. Namentlich den weiblichen Modellen der Fotografie ist ihre bloße Haut während der letzten zwanzig Jahre des vergangenen Jahrhunderts, der Zeit, die das Werk von Martens umfasst, zu einer flexiblen Rüstung geworden, die augenscheinlich mehr ver- als enthüllt. Die kühlen fotografischen Bilder von Helmut Newton und seinen Epigonen haben die glatten und weitgehend un-erotischen Körper der Frauen emphatisch gefeiert. Kosmetikindustrie und Schönheitschirurgie sind ihre Schmieden in der Realität. Das Erotische ist aus den öffentlichen Körperbildern bis auf klägliche Restposten verschwunden. Die Verkleidung belebt das beunruhigende Geheimnis von neuem.

Im Vergleich zu Newtons Modellen wirken die vitalen Frauen in Martens' frühen Bildern denn auch eher nackt als entkleidet, sogar ausgezogen. Entsprechend direkt ist ihre erotische Ausstrahlung. Von Glamour keine Spur. Ihre Ausstrahlung scheint den schillernden „Firnis" der fotografischen Oberfläche zu zerstören. Kein Zweifel, es sind Frauen, die nicht nur wissen, was sie wollen, sondern Menschen, die sich auch ganz selbstverständlich ihre Partner fürs sexuelle Vergnügen aussuchen. Die Bilder von Bianca und Simone, von Ute und Ilka e *tutte quante*, allesamt Freundinnen oder Freundinnen von Freunden des Fotografen und keine Berufsmodelle, reißen eine tiefe Kluft zur Aufnahme der stämmigen, unsicheren und künstlichen Siegesgöttin aus Halle auf. Zwei gegensätzlichere Frauenbilder sind nicht denkbar. Symbolisierte das eine die prüde Einstellung und die verdruckste, kleinbürgerliche Moral totalitärer Herrschaft, zeugt das andere von souveränen, ihre Lust voll ausspielenden, ihrer Körper selbstgewissen Individuen. Diese lebenssprühenden Frauen sind von der sterilen Pappgöttin jedoch gleichermaßen weltenweit entfernt wie von den properen *Bravo*-Mädchen oder den coolen Lichtgestalten der Modefotografie. Wenn der Fotograf sie als Puppen inszeniert, parodiert er nur den typischen Männerblick sowie die konventionelle „Beauty-Fotografie". Martens hat frische Luft in die Genres der Körper-Fotografie geblasen.

Genauso emanzipiert wie seine Hallenser und Leipziger Modelle geben sich die deutschen, tschechischen und vor allem russischen Nachfolgerinnen vor der Kamera des inzwischen arrivierten „Life-Style"-Fotografen: Anna, Katya, Sveta und Ulyana aus St. Petersburg oder Nicole, Lola, Lilli aus Halle und die übrigen. Einige haben das Kameraspiel zu ihrem Beruf erwählt, andere sind Tänzerinnen, Sportlerinnen von Herkunft oder Mitglieder der „besseren Gesellschaft". Aus Prinzip nennt der Fotograf ihre Namen in den Bildtiteln. Sie sind nicht die obskuren Objekte seiner ästhetischen Begierden, sondern gleichberechtigte Partner im Spiel der Verkleidungen und partiellen Enthüllungen mit grotesken Spitzen. Sinn-fällig wird dies an dem unverhohlenen Spaß, den sie bei der Arbeit vor der Kamera verraten. Er überträgt sich unwillkürlich auf die Betrachter der Bilder.

Weil Olaf Martens ein Grenzgänger im Reich der Konventionen zeitgenössischer Fotografie ist, plant er seine fotografischen Schritte äußerst sorgfältig. Dass er eine Lehre als Bauzeichner vollendete und als Konstrukteur (1982-1985) in einem Ingenieurbüro tätig war, trägt zur Disziplinierung seines sprudelnden Temperaments bei. Demgemäß schwierig ist es, seine fotografische Haltung mit einem Wort zu charakterisieren. Seine Bilder verweigern sich den einschlägigen Kategorien des Kunst- oder Medienmarktes. Ihn als Life-Style- oder Modefotografen zu bezeichnen, ist unzulänglich, wenn nicht abwegig. Es trifft die Sache nicht. Gerade die kursierenden Darstellungsmuster zu unterlaufen, die sich mit solchen Kategorien verbinden, ist sein Ziel. Außerdem ironisiert er geläufige Vorstellungsbilder. Etwa den „Dreier"-Traum eines jeden machohaften Mannes. In der Aufnahme *Ute, Ilka, Thomas | Halle-Trotha | 1988*[2] versagt der Mann vor der Herausforderung. Er ist auf den entblößten Beinen der halbentkleideten Schönen eingeschlafen. Die beiden im Stich gelassenen Frauen müssen das Begonnene alleine zu Ende führen. Der Mann – das überschätzte Wesen. Martens ist ein durch und durch konzeptioneller Fotograf. Auf dem Hintergrund seiner Bilder siedeln weitere Bilder, Bilder der Kunst, der Fotografie oder der kollektiven Traumwelten.

Abb. 13-16 Serie Museum Antarktika/Antarktika Sankt Petersburg 2004
(15 und 16 siehe Farbtafeln 8 und 9)

2   Honnef 1994, Abb. S. 57

Klaus Honnef

Literatur

Ausst.-Buch Museum für Kunsthandwerk / Grassimuseum Leipzig (8. Juli -
    26. Sept. 2004). Hg. v. Olaf Thormann. Leipzig: Faber & Faber

Bazin, André (1975): „Ontologie des fotografischen Bildes." In: Ders.: Was
    ist Kino? Bausteine zur Theorie des Films. Köln: Dumont

Honnef, Klaus (2004): „Im Spiegelbild der Bilderwelt". In: Träume – Welten
    – Hintergründe. Olaf Mertens. Fotografie 1984-2004

Martens, Olaf (1994): Fotografien. Kilchberg / Zürich

Abbildungen

Alle Fotos von Olaf Martens

Gabriele Mentges

Urbane Landschaften im Modebild

Das berühmte Modefoto von Erwin Blumenfeld mit Lisa Fonssagrives auf dem Eiffelturm, fotografiert für die Ausgabe der Modezeitschrift Vogue im Mai 1939, gilt bis heute als Ikone der Modefotografie. Blumenfelds damaliges Lieblingsmodell posierte dem Fotografen tatsächlich in dieser gewagten Szene in schwindelerregender Höhe.

Bis heute beeindruckt die akrobatische tänzerische Haltung von Lisa Fonssagrives auf dem Eiffelturm als angedeutetem Podest, mit einem atemberaubenden Blick auf die Stadt Paris in der Tiefe bzw., auf dem Foto, im Hintergrund. Die Größe des Modells mit seinem weiten schwingenden Rock kontrastiert mit der unendlichen Weite der Stadt, deren Häusermeer sich bis in den fernen Horizont ergießt. Unmittelbar unterhalb wird die mächtige Architektur der Häuser erkennbar, über die Lisa Fonssagrives mühelos zu schweben scheint. Der Eiffelturm wird identifizierbar anhand seiner eisernen Verstrebungen, die ins Bild hinein ragen und das Karomuster des hellen, fröhlich anmutenden Sommerkleides, einem Modell des Modeschöpfers Lelong, wieder aufzunehmen scheinen. Der in die Tiefe gerichtete Blick des Mannequins führt den Betrachter unweigerlich hinunter zur Seine, die sich dort entlang schlängelt.

Blumenfeld hat mit diesem Foto der Dimension Bewegung in der Modefotografie zu einer bisher unbekannten ästhetischen Steigerung verholfen. Durch den Kontrast zwischen der Dynamik des Körpers und der Statik der Architektur erreicht er eine besondere Qualität des Ausdrucks. Bereits aus diesem Grund genießt das Bild den Status einer Ikone, aber auch, weil mit dem Eiffelturm bestehende Motivtraditionen und Bildkonventionen aufgerufen werden (Topçu 2006, 71), die bei Blumenfeld durch die Kontextualisierung durch die Mode eine ästhetische Deutung erfahren und den nationalen Symbolcharakter mit der Mode verknüpfen.[1] Mit der Mode verbunden wird auch Paris, dessen Silhouette teilweise durch den weiten schwingenden Rock verdeckt wird, ganz so, als ob die Mode damit ihre Herrschaft über Paris anzeigen wollte.

Für meine Frage nach der Bedeutung von städtischen Landschaften im Bild der Mode bietet dieses Bild von Blumenfeld einen einmaligen strategischen Ausgangspunkt. Nur selten wurde die Stadt als visuelle Entität auf diese eindeutige Weise mit der Mode zusammengebracht.

Ich gehe in meiner Untersuchung von der These einer strukturellen Nähe von Mode und Urbanität aus. Damit setze ich mich jedoch ausschließlich auf der Ebene der Repräsentation auseinander, anders formuliert, ich befasse mich mit der Repräsentation der Repräsentation. Mein Erkenntnisinteresse zielt darauf, welche Bedeutung und Aufgabe der Stadt im Modebild zukommen, wie und warum sie auf diese Weise ins Bild gesetzt und welche Art von Beziehung zwischen Stadt und Mode geschaffen wird. Da es sich in den meisten Fällen um weibliche Modekörper handelt, drängt sich die Frage auf, inwiefern städtischer Raum und Weiblichkeit Teil eines nach den Kriterien der Mode angeordneten Beziehungsnetzes werden?

Es ist zunächst wichtig, sich über den Status von Modefotografien Rechenschaft abzulegen. Sie sind Teil einer propagandistischen Strategie des Markes und dienen einem unmittelbaren wirtschaftlichen Zweck. Eingefügt in den Kontext des Journals und meistens eingerahmt von Schrift haben sie einen ambivalenten Bildstatus. Er oszilliert zwischen dem Wunsch nach Autonomie und dem funktionalen Status entweder als Kommentar oder als atmosphärische Ergänzung.

Modefotografien liefern nicht nur Modeinformationen in ästhetischer Inszenierung, sondern sie stellen symbolisch verdichtete Bilder dar, die als

---

1   Ermine Topçu erwähnt die verschiedenen zeithistorischen Deutungen des Eiffelturms. Guy de Maupassant beispielsweise sah darin ein Symbol für Demokratie, R. Delaunay ein Symbol der Moderne, Pissarro ein Symbol für Anarchie, Huysmans ein Zeichen der bürgerlichen Gesellschaft (Topçu 2006, 66- 67).

Signaturen ihrer Zeit über Modegeschichte, Blickregime, Geschlechter- sowie Körpergeschichte, Geschmackskompetenzen, Stil, Ästhetik, Strategien sozialer und kultureller Differenzierung und Homogenisierung und – für diesen Fall entscheidend – die Vorstellung von städtischem Raum vermitteln (Kaufhold 1993, 13-46). Wie die Mode selbst reagieren sie seismographisch auf gesellschaftlich-politische Entwicklungen und Ereignisse, die, einmal eingeschrieben in die Bilder, ihnen den Status von Zeitdokumenten verleihen. Für Modefotografien kennzeichnend sind die kontextuellen Räume der Modezeitschriften, in denen sie platziert sind und deren stilistischen Bildkonventionen sie folgen oder die sie transformieren. Modefotografien unterhalten dabei eine dynamische Beziehung zum Text (Mentges 2009, 318-323), der nicht nur eine gezielte Mode-Information beisteuert, sondern der den formalen wie inhaltlichen Rahmen der Fotografie als werbendes Medium organisiert. Wegen der Zweckgebundenheit – z.B. durch die engen Stilvorgaben des Artdirectors einer Zeitschrift – wird ihr oft eine eigene künstlerische Bildqualität ab- oder nur eingeschränkt zugesprochen. Ich sehe darin jedoch eine künstlerische Herausforderung: Modefotografen müssen sehr präzise eine Aufgabenstellung lösen. Dafür deuten sie Rahmenbedingungen auf ihre Weise, entdecken dadurch neue Spannungsfelder und kommentieren durch Ironisierungen und Persiflagen. Die Stadt bietet dafür ein besonders geeignetes Spielfeld, weil sie einen Raum anbietet, der beladen ist mit Deutungen, Geschichten, Praktiken und der vor allem eine dichten Materialität besitzt.

Meine Bildquellen durchqueren die Zeit seit den 1950er Jahren. Sie gewichten bewusst nicht nach ästhetischen Hierarchien, noch orientieren sie sich an bestimmten Stilen . Quellen waren Modejournale, angefangen von *Vogue*, *Brigitte*, *Elégance* bis *Burda*, *Face* und *ID*. Diese wurden auf dem methodischen Wege einer visuellen Feldforschung auf die Erwähnung und Darstellung von Urbanität im Blickwinkel der visuellen Kultur der Mode untersucht. Anknüpfend an George Kublers Konzept in *Form der Zeit* (Kubler 1982, 71ff.)[2] möchte ich anhand diachroner und synchroner Schnitte die visuellen Formen des Motivs Mode in urbanen Räumen freilegen und verfolgen, welche Sequenzen sie herausbilden. Nicht das einzelne Foto als Artefakt steht im Fokus, sondern die durch die Modefotografien erzeugte eigene visuelle Kultur der Mode mit ihren intermedialen Verweisen, Bezügen, Zitaten und verschiedenen Kontexten.[3] Die Arbeit mit Sequenzen soll es ermöglich, die Wahrnehmung der Stadt im Bild der Mode

---

2   Kublers ausdrücklich an der materiellen Kultur orientiertes Konzept möchte damit den kunsthistorischen Stilbegriff, dem ein lineares Geschichtsverständnis zugrunde liegt, sowie das zugrunde liegende Kunstverständnis überwinden. Den Begriff der Sequenz habe ich von ihm übernommen.

3   Das Vorgehen und Bildverständnis orientiert sich an Mirzoeffs Konzept von „Visual Culture" (Mirzoeff 1999).

Gabriele Mentges

als kodierte Zeitbilder und kontextabhängige Sichtweisen urbaner Räume zu deuten.

Es steht dabei auf dem Prüfstand, ob sich mit dem veränderten Blick auf die gewandelte Stadt auch die Konzeption und Organisation von Mode im städtischem Raum im Laufe der Zeit gewandelt, verlagert oder verschoben haben.[4]

Urbane Geographie der Mode

Paris gehört unzweifelhaft zu den Städten, die das Etikett Modestadt tragen dürfen und können. Auch London, New York, Mailand, Antwerpen, Tokio, mittlerweile auch Shanghai und weitere zählen dazu. Stadt und Mode sind seit der Renaissance eine enge Verbindung eingegangen, eine Liaison allerdings mit wechselhaften und unterschiedlichen formalen und inhaltlichen Ausprägungen.

Die Beziehung zwischen Stadt und Mode beruht auf verschiedenen Grundlagen.

Verbindendes Merkmal durch die Zeiten hindurch ist der Umstand, dass die Stadt Repräsentationsflächen für das visuelle System der Mode anbietet. Auf dem engen und klar definierten städtischen Raum kann sich das Ansehen der Mode überhaupt erst entfalten – Ansehen verstanden als tatsächliches Sehen und sinnliches Wahrnehmen der Kleidungskulturen sowie als Ausdruck sozialen Prestiges, wie es Hans Medick in seiner Studie über die Kleidungskultur der Laichinger Weber konsequent verwendet hat (Medick 1997).

Die vestimentäre Darstellung erfüllt hier ihren Zweck der Repräsentation von Status, Geschlechterbildern und sozialer wie kultureller Differenz. Bereits die Frühe Neuzeit liefert ein prominentes Beispiel dafür mit dem kleinen Kostümbüchlein des Augsburger Bürgers und Buchhalters der Fugger Matthäus Schwarz (1496-1564), das ihn auf seinen Wegen durch die Stadt zeigt. Das Büchlein in Miniaturformat, entstanden zwischen ca. 1514 und 1560[5], zeigt den Autor in seiner kostbaren Garderobe, deren ständiger und kultivierter Wechsel dem Gang seiner Biographie folgt. Auf vielen, ja auf den meisten Bildern, sieht man ihn entweder auf dem Weg in der Stadt, entlang der Häuserreihen oder auf der Schwelle seines Hauses mit dem Blick auf die Straße, und vor den Stadtmauern. Die Stadt wird Teil seines biographischen Weges durch die Mode seiner Zeit. In seinem Bildrepertoire weist er in rudimentärer und direkter Form auf ein zentrales Verbindungsglied zwischen Stadt und Mode hin, nämlich die visuelle Beziehung

4 Blick wird verstanden als eine „Handlungsform, die visuelle und räumliche Kommunikation sowie Verfügen und Verfügbarkeit definiert" (Nierhaus 2002, 18).
5 Die Originalhandschrift befindet sich heute im Bestand des Herzog-Anton-Ulrich Museums in Braunschweig.

zwischen menschlichem Körper, Mode und Architektur. Auf vielen Bildern dient eine durch Rundbögen angedeutete Architektur als Rahmen für das vestimentäre Körperbild.

Die Symbiose zwischen Stadt und Mode beschränkt sich nicht auf die Repräsentation. Vielmehr ist sie Ergebnis eines komplexen Gewebes, an dem vielfältige Faktoren mitwirken. Der Geograph David Gilbert (Gilbert 2006, 8) spricht von hybriden Beziehungen und der Verbindung der Modestadt mit anderen Orten und dem notwendigen Anteil historischer Entwicklungen, die erst in ihrer Bündelung zu einem tragfähigen Etikett Modestadt geführt haben. Auch Augsburg war im 16. Jhd. als Produktions- und internationaler Umschlagplatz für Textilien vernetzt mit den oberitalienischen Städten und integriert in das europaweite Handelsnetz des damaligen Handelsimperiums der Fugger. Für Paris hat Daniel Roches Studie (Roche 1989) eindrucksvoll nachweisen können, wie die Verflechtungen der urbanen Strukturen mit der Modeindustrie bis tief ins 18. und 17. Jahrhundert zurückreichen. Mehr als Orte der repräsentativen Darbietung umfassen sie Orte des Konsums, der Produktion und des Handels, durchsetzt von sozialen Milieus und Modestilen.

Im Zeitalter der globalisierten Vernetzungen von Handel, Industrie und Konsumption ist mittlerweile ein neues Potential an internationalen Städten entstanden, die sich um das Etikett Modestadt bemühen. Das Label wird als strategischer Vorteil im Wettbewerb der internationalen Megastädte eingesetzt. Damit einher geht die kaum empirisch nachweisbare Behauptung eines städtischen oder nationalen Stils, der sich im städtischen Umfeld optimal ausbilden könne.[6]

Freilich stärken viele Modefotografien diese Vermutung, wie Blumenfelds berühmtes Modefoto, das auch den Beginn des definitiven Siegeszugs der Modefotografie markiert, die sich als das entscheidende Medium des Modemarketings seit Ende der zwanziger Jahre durchgesetzt hat. In den zwanziger Jahren begann die Modefotografie, die Fotostudios zu verlassen, um mit dem Auszug in die Außenwelt sich auch deren Semiotik einzuverleiben. Dazu gehörte der städtische Raum.

---

6 Gilbert sieht in dieser Annahme ein an westlichen Maßstäben orientiertes kulturelles Bewertungsschema (Gilbert 2006, 3). Die moderne Stadtforschung jedoch erkennt sehr wohl das Spezifische einer Stadt in Wahrnehmungs- und Handlungsmustern an, das mit dem Begriff des Habitus (Lindner 2003) belegt oder wie jüngst durch Löw mit der urbanen Eigenlogik (Löw 2008, 73-86, 76) definiert wird als „die verborgene Struktur der Städte als vor Ort eingespielte, (...) präreflexive Prozesse der Sinnkonstitution".

Gabriele Mentges

Modestädte

Blumenfelds Bild eröffnet den Blick auf die gesamte Stadt. Das Bild ist Teil eines Portfolios, das Blumenfeld im Jahre 1939 für die *Vogue France* anlässlich des 50-jährigen Jubiläums des Eiffelturms erstellte. Es besteht aus 14 Fotografien, die den Eiffelturm und die Glashäuser im Jardin des Plantes als Hintergrundmotive einsetzen. In den Fotos wird die Stadt auf unterschiedliche Art gegenwärtig. So wird der Eiffelturm einmal inszeniert als Hintergrundmotiv, dann als architekturaler Vergleich mit dem weiblichen Körper oder mit Bezug auf die Ornamentik der abgebildeten Kleidung (Topcu 2006, 58-61).[7]

Dem Ruf von Paris als *dem* Ort der weiblichen Mode – im Unterschied zu London – wird mit diesem Bild stimmungsvoll entsprochen; es greift auch auf die ikonographische Tradition der weiblich konnotierten Emblematik von Räumen zurück. Ein zeitlich viel späteres Bild von F.C. Gundlach aus dem Jahre 1963, mit der Berliner Gedächtniskirche als raumfüllendem Hintergrund, setzt die Tradition fort, die Blumenfeld eröffnet hat.

In diesem Beispiel avanciert die städtische Geschichte Berlins zum eigentlichen Akteur. Das Modell steht eher verloren vor der imposanten Kulisse der Kirche, zwei geteilt in die Ruine des Krieges und in die moderne bauliche Variante. Es scheint von dem ins Bild hinein ragenden Parkschild und dem Straßennamen dominiert, dessen so prägnant erkennbarer Pfeil einen Weg aus der alten Geschichte heraus zu weisen scheint.

Eine Ansicht von Manhattans Wolkenkratzerlandschaft vermittelt das Bild von Rico Puhlmann aus dem Jahre 1963. Das Model posiert in einer vage angedeuteten Tanzpose auf dem Kühler eines metallisch-glänzenden Straßenkreuzers, bewundert von zwei amerikanischen Soldaten, allesamt

---

7   Gilbert zufolge stammt die Vorstellung von Paris als homogener Modestadt aus den Hollywoodstudios (Gilbert 2006, 4).

offenbar auf der Fähre in Richtung Staten Island. Hochhäuser, Autos, Soldaten: sie bezeichnen den Ort. Von überwältigender Dominanz wirkt die in sich verschachtelte Hochhauswelt, mit ihren geometrisch-gleichmäßig strukturierten Fenster-Fassaden. Berliner Mode in New York: Eine zweifache Aussage über Orte. Der Abstand der Berliner Mode zu New York wird hier über die Distanz zwischen Fähre und Stadt angedeutet, aber auch durch die Haltung des Models, das den Soldaten halbseitig den Rücken zuwendet und damit nicht wirklich in der Stadt präsent ist.

Diese Fotografien thematisieren die Mode als Repräsentation einer als homogen imaginierten Modestadt. Im Fall von Paris wird diese Beziehung ständig neu in den Modemedien verhandelt. Beide scheinen dabei eine ewige Symbiose einzugehen. So betont Agnes Rocamora in ihrer Analyse der französischen Modepresse, dass die beiden französischen Modeinstitutionen wie *Vogue* und *L'Officiel de la couture et de la mode de Paris* als einzige in ihrem Titel explizit Paris mit anführen (Rocamora 2006, 44).

Im Unterschied zu Paris hat Berlin bis vor dem 2. Weltkrieg nie den Ruf einer Modestadt genossen, vielmehr besaß Berlin eine beträchtliche Reputation für eine qualitativ hochwertige, auf den Export orientierte Konfektionsproduktion. Berlin, Hausvogteiplatz galt als die einschlägige Adresse (Westphal 1986, 66-68). Dass nun Berlin mit Mode repräsentativ verknüpft wird, ist schon wegen des Zeitpunktes bemerkenswert. Denn das geschieht zur Zeit „der politischen Verhärtung während des Kalten Krieges mit Kubakrise und Mauerbau". Damals, so betont es Enno Kaufhold, „präsentierte man in Berlin ein Feuerwerk der Mode, bei dem die Modefotographie erheblich zum Glanz beitrug." Zunehmend verstärkt sich dabei die Tendenz, Mode mit städtischer Architektur zu verknüpfen wie dem Kurfürstendamm, dem Olympia-Stadion, dem Brandenburger Tor oder der Gedächtniskirche (Kaufmann 1993, 40)[8].

Ein subkutaner politischer Hintergrund lässt sich selbst bei Blumenfeld entdecken: Sein Bild mit Lisa Fonssagrives im Mai 1939 kommt zustande im ersten Jahre des Krieges. Mit dem Überfall Polens durch die deutsche Wehrmacht wird Frankreich – sowie auch England – in das Kriegsgeschehen einbezogen. Ein Jahr später sollte auch Paris besetzt werden.

Auch Puhlmanns Foto durchziehen unterschwellige politisch-kulturelle Anspielungen: Während des Kalten Krieges sind es vor allem die USA, die Berlin politisch-militärischen Rückhalt bieten – die Berliner Mode in den USA steht daher als Beleg für diese funktionierende Beziehung.

Keinesfalls möchte ich damit behaupten, dass diese Modefotos in dieser Weise intentional ausgerichtet waren. Sie lassen jedoch erkennen, das Modefotos mehr als nur repräsentative Statements sind. Sie sind zugleich Dokumente politisch-sozialer wie ökonomischer Verflechtungen, die für das

---

8   Vgl. dazu als weitere Bildquelle: *Elegante Welt*, H. 10, Okt. 1960, 49 Jg. Darin ist eine Serie betitelt: „Berliner Mode", Modelle von Uli Richter.

Modegeschehen lebensnotwendig sind. Vor allem legen sie das Fundament für das Image sogenannter Mode-Städte, in der Stadt als Entität imaginiert und repräsentiert wird.

Der touristische Blick

Es ist daher aufschlussreich, welche Motive der Stadt in die Modefotografie Eingang finden. Es sind, wie in den schon genannten Beispielen, die Orte der klassischen europäisch-westlichen Stadt: Denkmäler, charakteristische Architekturen aus Geschichte und Gegenwart, öffentliche Plätze, Brücken, Häuser, eng besäumte Straßenzüge. Bei Rico Puhlmann ist es die Silhouette Manhattans, aus dem Blickwinkel aufgenommen, wie sie vermutlich die historischen Ankömmlinge als Erstes wahrgenommen haben.

Es sind jene Bilder-Orte, welche die Touristen aufsuchen und die als Image bestimmter Städte allgegenwärtig sind. Bei solchen Modefotos wird der Eiffelturm zur bloßen Signatur des Raums.

Vor allem die 60er Jahre folgen diesen touristischen Blickpraktiken, mit denen sich Modedarstellungen die Aura von Freizeit, Vergnügen und Reisen einverleiben und auf diese Weise den Status des Außergewöhnlichen und des Luxuriösen vermitteln. Selbst Newton hat bei einigen seiner frühen fotografischen Arbeiten für die Zeitschrift *Elégance* (1969) diese konventionelle Bildsprache gewählt. Die Modepraktiken folgen den klassischen Merkmalen weiblicher Eleganz: eine klare Trennung zwischen Innen und Außen, Orientierung an Anlässen, Zeiten und Orten. „Unterwegs am Vormittag, kühles Wetter, Reise- und Sommermode ... Herbstensemble"[9] kann als exemplarisch für das damalige Repertoire der Modesprache gelten. Der städtischen Umgebung kommt die Aufgabe zu, diese Modestile zu untermalen und durch Kontexte zu bestimmen oder, in der Diktion von Roland Barthes, der Mode ihre Signifikate zuzuweisen. Entsprechend wird die Mode räumlich als Dekor arrangiert. David Gilbert spricht von einem regelrechten „Accessorising" (Gilbert 2000, 21). Rote Busse, gelbe Taxis, Telefonzellen, Autos, Brücken usw. dienen zur Markierung des Ortes und werden gewissermaßen zu begleitenden Accessoires der Kleidung. Unter-

9   *Burda* Sonderheft 1962/63

stützt wird dies durch die statuarische Platzierung der Models in der städtischen Landschaft mit präzisen, immer wiederkehrenden Posen. Sie gestalten damit auch eine eigene innere Kartographie der Stadt, mit eigenen lokalen Gewichtungen sowie örtlichen In- und Exklusionen.

Schnittstellen: Stadt und Innenräume

Diese Symbiose von touristischem Blick mit Mode und Stadt verändert sich im Laufe der 70er Jahre, eine Veränderung, die jedoch nicht als ein zwangsläufiger Weg betrachtet werden sollte, sondern als eine zusätzliche Option bei der modefotografischen Einbeziehung des Urbanen. So bleibt die modefotografische Sequenz Modestadt weiterhin erkennbar, wenngleich in gewandelter Form. Beispiel hierfür ist die gezielte Subjektivierung des Blicks auf den städtischen Raum, wie es hier Newton vorführt. Das auf dem Fensterrahmen verharrende Model richtet seinen Blick vom Innenraum auf eine unspezifisch gemachte Stadt ohne klare Identität, die nur in ihrer Wahrnehmung durch das Model bedeutsam wird.

Architektur

Die Veränderung äußert sich auch in der Entdeckung bisher unbekannter urbaner Räume sowie durch die Einbeziehung einer alltäglich wirkenden Architektur. Die Anonymisierung der städtischen Umgebung lässt dabei eine eindeutige Identifikation des Ortes nicht mehr zu.

Mit dieser Wendung vollzieht sich auch ein Wandel in der Darstellung der Models, die sich lebendiger präsentieren und mit der städtischen Umgebung anders zu kommunizieren beginnen. Sie werden in lebhafte Bewegung versetzt, nähern sich ihrer Umgebung, bewegen sich unbefangen und nehmen andere Blickkontakte auf. Gerade zu Beginn der 70er Jahre macht sich die neue Stimmung weniger in der Umgebung, sondern in der Haltung der Models bemerkbar. Die Beziehung zwischen modisch gekleidetem Frauenkörper und der Architektur wird kühner und freier gestaltet in ihren Proportionen und der Beziehung zum gesamten Raum.

> „Der architektonische Hintergrund ist nicht länger ein Erkennungszeichen dafür, bei welchen gesellschaftlichen Anlässen ... man welche Mode trägt .... Passend angezogen ist man in Abhängigkeit von der Form- und Materialsprache der einen umgebenden Architektur. (...) indem Mode und Architektur eine Verbindung eingehen, beeinflussen sie sich gegenseitig." (Krause-Wahl 2008, 217)

Dieser Aufbruch in eine andere Wahrnehmung des Urbanen radikalisiert sich zunehmend. Die urbane Umgebung gewinnt dabei eine bisher unbekannte Autonomie in der Darstellung, die Mode bleibt darin zwar wichtig, aber sie verhält sich diskreter. Die Stadt wird zum Teil der Story und löst sich aus ihrer Rolle als Dekor (Quinn 2003, 190).

Vom Zentrum an die Peripherie

Offene, unbestimmbare Plätze, brachliegende Industrieareale, technische Architektur, schlichte Wohnviertel und eben solche Straßen: sie werden nun zu Orten der Modepräsentationen. Dieser Wechsel lässt sich lesen als eine Verlagerung weg vom städtischen Zentrum an die Peripherie, weg von den musealisierten Zentren an die ökonomisch wie kulturell marginalisierten Orte.

Manche sehen darin eine Rückkehr des Neorealismus (Quinn 2003, 192), andere die Wiederentdeckung des Flaneurs und einer neuen urbanen Romantik (Gilbert 2000, 21 u. 22). Diese Tendenz spiegelt sich ebenfalls im sozialistischen Pendant der Modezeitschrift *Sybille*, die sich noch rigoroser den unüblichen urbanen Stätten der Arbeit und des Alltags zuwendet.

In den Zeitschriften *Face* und *i-D*, gegründet in der Zeit der Rezession in Großbritannien in den 80er Jahren von Nick Logan bzw. Terry Jones [10], wird diese Tendenz vorangetrieben bis hin zu einem Bruch mit herkömmlichen Mode- und Schönheitsvorstellungen und Blickkonstruktionen. Betont wird auch die Interkulturalität der städtischen Milieus. Industrielle Brachen werden als ästhetische Refugien (Hauser 2004, 151) genutzt und in der Modefotografie bewusst als solche inszeniert.[11]

Dabei werden die offenen, vielfach technisch ausgerüsteten urbanen Landschaften sowie die Thematisierung des Niedergangs von Stadtvierteln als strategisches Mittel eingesetzt, um traditionelle Schönheitskonzeptionen und die klassische Form der Mode zu dekonstruieren.[12]

Ein Beispiel für die Auffassung von der Stadt als fremd gewordener, anonymer Ort liefert das vierte Foto aus der Sequenz (S. 129) *The Face* von 1998 mit dem Panoramablick auf die urbane Umgebung. Eingeblendet ins Bild ist der Schriftzug mit dem Hinweis auf die Modemarken, hinter der weißen nüchternen Balkonbrüstung taucht im Hintergrund die anonymisierte Unbestimmtheit einer Stadt auf. Die Verlorenheit des Mannes, der auf dem Boden sitzend mit dem Rücken gegen die Balkonbrüstung gelehnt der Stadt selbst den Rücken zukehrt, wird in seinem leeren Blick gespiegelt.

Hier hält der Männerkörper Einzug[13] – wenngleich nicht zum ersten Mal, so erhält er nun in seiner Vereinzelung jedoch eine selbständige Gewichtung als Akteur des Modehandelns. Die Beschränkung auf die bloße Nennung der Markennamen bei *Face* ist nicht ein spezifisches Merkmal des Journals, sondern sie macht auf eine grundsätzliche Änderung in der

---

10   Zu Face und i-D vgl. Paul Jobling (1999): *Fashion Spreads. World and Image in Fashion Photography since 1980.* Oxford/New York: Berg, S. 35

11   In den 90er Jahren wird diese Fotoästhetik auch in Zeitschriften wie Vogue, Brigitte, Petra rezipiert und umgesetzt.

12   Allerdings tauchen Themen vom städtischen Verfall bereits in den Modefotografien der 60er Jahre auf wie bei Bob Richardson und Guy Boudin. Sie werden als Stilmittel in den 90er Jahren wieder belebt durch Modefotografen wie Corrine Day, David Sorrenti, Terry Richardson, Anders Ekström usw. Vgl. Quinn 2003, 182.

13   Vgl. hierzu auch den Beitrag von Änne Söll in diesem Band.

143

Modewirtschaft aufmerksam. Sie zeigt die Auswirkungen auf die gewandelte Bedeutung von sogenannten Modestädten.

Die Verlagerung der Modeproduktion in asiatische Länder und der globale Handel mit dem Prêt-à-Porter und vor allem mit der Massenkonfektion schreiben den bisherigen Modemetropolen eine neue Rolle zu: Diese stehen fortan für Brands, Lebenstile und -milieus (Innovation und Experiment werden beispielsweise zum Signum für London) und stehen nicht mehr länger für einen modischen Gesamtkomplex. Dies betrifft auch die Konkurrenz der Metropolen untereinander und verändert, differenziert und verlagert so die symbolische Kraft der einstigen Modestädte auf andere ökonomisch-kulturelle Felder. Davon haben z.B. Städte wie New York und Tokio profitiert, die einen Aufstieg als Designerstädte verzeichnen können (Gilbert 2006, 27-28).

Einen weiteren Grund liefert die vermehrte Aufsplitterung in der Modekultur seit den 70er Jahren in verschiedene Modemilieus mit jeweils eigener Klientel. Modemagazine und Modefotografie bedienen in einer außerordentlich differenzierten Weise die verschiedenen Sensibilitäten, Lebensgefühle und Geschmacksstile der fragmentierten Mode-Szenen. Daher spiegelt sich in den neuen urbanen Landschaften der Modefotografie die beschriebene Fragmentierung der Modeszene in vielfältige Stile und Szenen. Die Fotografien bringen gleichzeitig die gewandelte ökonomische wie kulturelle Rolle und Bedeutung der traditionellen Modestädte zum Ausdruck.

Gehen in der Stadt

Ein Motiv, das sich durch die Geschichte der Modefotografie hindurch zieht und prominent in allen denkbaren Variationen behauptet, ist die Straße als Ort des Urbanen. Wenn ich dieses Motiv als Sequenz bezeichne, so deswegen, weil das Motiv auf eine grundlegende kulturanthropologische Beziehung zwischen modischen Geschlechterkörper und der Architektur hinweist. „Gehen in der Stadt" heißt ein berühmter Aufsatz von de Certeau (1999, 264-291). Darin setzt er sich mit der Konzeption einer Stadt auseinander, die nicht von Beginn als planerische, rational-geometrisch konzipierte Einheit anlegt wird, sondern in der die Stadt aus dem Blickwinkel der Akteure erfahren und zu kleinen Narrationen der Vielfalt, der Gegenläufigkeit und der Kontraste gestaltet wird. Anders formuliert: de Certeau formuliert eine urbane Perspektive, die das Gegenteil von Blumenfelds panoramatischer und projektiver großräumiger Perspektive auf die Stadt darstellt. Blumenfelds Bild steht für die Zeit der „großen Narration" der Modestädte, die als homogen imaginiert werden.

De Certeau richtet demgegenüber den Blick von unten her auf die Stadt. „Die Geschichte beginnt zu ebener Erde, mit den Schritten" (de Certeau 1999, 271). Und diese beginnt zuerst in der Straße. Seit den 50er Jahren kehrt das Motiv Straße in den Modefotografien regelmäßig wieder, fast immer mit ähnlichen Motiven: enge Straßenzüge mit Häuserreihen gesäumt, Telefonzellen, Autos, nur gelegentlich Passanten, sehr selten Geschäfte mit einladenden Schaufensterauslagen. Vor allem fällt der Asphalt, sogar öfter noch das unebene Kopfsteinpflaster ins Auge. Seine unregelmäßige Oberfläche lässt die Regennässe noch sichtbarer heraustreten, oft dazu unterstrichen durch die künstliche Beleuchtung, was dem Modebild ein atmosphärisches Flair verleiht.

> „Das Gehen auf dem Kopfsteinpflaster hat etwas, was das Spazieren auf asphaltierten Straßen nicht hergibt .... Auf dem Kopfsteinpflaster ist der Mensch sich viel mehr seines Körpers bewusst, er hält ihn ständig in Gleichgewicht, darauf bedacht, die Bewegungen aller Glieder im Einklang zu halten",

erklärt uns der namenlose Protagonist in dem Roman *Die Ohrfeige* von David Albahari (2007, 201-202). Manche Fotografen spielen gezielt mit der weiblichen Unsicherheit auf dem unebenen Pflaster wie z.B. Hubs Flöter, der seinem Model im Dior-Look im Berlin im Jahre 1953 zur besseren Tritt-festigkeit einen Regenschirm in die Hand gibt. Gleichzeitig unterstreicht er damit die Vorstellung von traditioneller Weiblichkeit. Leichter geht es sich auf dem Asphalt als einem hoch modernen Material urbaner Räume, das aus der automobilen Fortbewegung nicht mehr wegzudenken ist. Sein unvermeidliches Ins-Bild-Rücken aus technisch-visuellen Gründen und seine stete Gegenwärtigkeit im Modefoto entspricht dem, was M. Mirzoeff als die moderne Tendenz „to picture or visualize existence" bezeichnet hat (Mirzoeff 1999, 5). Dabei symbolisiert der Asphalt mit seiner versiegeln-den, undurchdringlichen und planen Oberfläche eine klare Grenzziehung zwischen gesteigerter Künstlichkeit oder Technizität und einer nicht ge-stalteten „natürlichen" Welt. Mode steht hier ganz im Sinne Baudelaires für den Ausdruck gesteigerter und gelungener Artifizialität und macht da-durch ihre symbiotische Verbindung mit dem Urbanen deutlich.[14]

Auch die Beleuchtung spielt eine eigene Rolle und hat eine Geschichte. In den 70er Jahren wird die Beleuchtung schummriger und geheimnisvoller und scheint cinematographisch nach Stimmungsmomenten des „film noir" inszeniert. Helmut Newton hat einige in dieser Hinsicht sehr kennzeich-nende Fotos für die Zeitschrift *Vogue* gestaltet. Dabei lassen sich wieder historische Sequenzen entdecken: von der statuarisch platzierten Frau der 50er und der 60er Jahre hin zum energisch ausschreitenden Modell.

Die Fotos zeigen nicht nur ein selbstbewusstes Frauenbild, sondern eine Stadt der permanenten Bewegung: schreitend, laufend, springend, que-rend. Gunnar Schmidt (2010, 45-63) hat erst kürzlich das Sprungmotiv als weibliches Modernitätssymbol interpretiert. Der häufige visuelle Verweis auf das Automobil – jetzt nicht mehr unbewegt platziert als Accessoire der weiblichen Garderobe, sondern stets im fließenden Verkehr – unter-stützt diesen Eindruck. Es ist jedoch nicht die Straße der Flaneure, wie der Stadtforscher Gilbert meint, denn bemerkenswert bleibt die häufige Ab-wesenheit von Schaufenstern als Aushängeschilder des Konsums, sondern die der dynamisierenden Verkehrsflüsse und der schnellen Bewegung, für die Richard Sennett das Bild von den pulsierenden Arterien und Venen bemüht hat (Sennett 1997). Biologische Metaphern sind in der Regel frag-würdig. Sennetts Vergleich jedoch basiert auf einer historisch gewachse-nen Beziehung zwischen dem gestalteten Körper und den versteinerten Formen der städtischen Architektur und Raumplanung (Sennett 1997, 32). Die Straßen des späten 19. Jahrhunderts – sei es in London oder in dem von Raoul Haussmann radikal umgestalteten Paris – wurden konzipiert

---

14 Karl Kraus hat auf seine Weise daran erinnert: „Ich verlange von einer Stadt, in der ich leben soll: Asphalt, Straßenspülung, Haustorschlüssel, Luftheizung, Warmwasserleitung. Gemütlich bin ich selbst." (Kraus: *Aphorismen. Sprüche und Widersprüche, pro domo et mundo, Nacht*, zit. nach Hengartner, Kokot, Wildner 2000, 9).

als Räume des schnellen Hindurchgehens, als Orte der sozialen Kontrolle; sie waren nicht mehr länger Orte der Begegnung und der Kontakte. Diese modernen Straßen führen nirgendwo und überall hin. Natürlich gibt es für diese Bildmotive auch fotoästhetische Gründe: die genauere Konturierung der Mode durch Hinter- oder Untergründe, wobei die Straße unweigerlich in den Blick des Fotografen gerät, dennoch verraten sie, welch heimliche Allianz das Bild mit dem Modehandeln eingeht: Sie zeigen, wie sehr die Mode durch die Permanenz des Wechsels und seine Unbestimmtheit charakterisiert ist.

Mobilität und Kontingenz werden daher sowohl für die Mode als auch für die Stadt zu den bestimmenden Signifikaten ihrer vielfältigen bildlichen Narrationen: Straße, Auto, Mode, ja Mobilität, sie bilden die markanten Chiffren im symbolischen Netzwerk der urbanen Moderäume und lassen die enge Allianz von Mode mit Mobilität erkennen.

Weibliche Stadt – männliche Räume

Sich in öffentlichen Räumen bewegen, das Spazieren-gehen, daran erinnert Gudrun M. König in ihrer Studie, ist stets eingebettet in eine historische Konfiguration des Geschlechterverhältnisses (König 1996, 244).

Die Allegorie für die Stadt ist in der Regel weiblich konnotiert – Blumenfelds Bild ist dafür Beleg. In der Literatur ist von einer ausgesprochenen „Sexualisierung der Stadt" die Rede: Die Stadt als Hure oder als Mutter (Löw 2008, 204-206). Verhält es sich auch so mit den Räumen innerhalb der Stadt wie den Straßen und Plätzen? Zeugt die Lebendigkeit der weiblichen

Models von einem gewandelten Blickregime des männlichen Mode-Voyeurs? Für die avantgardistischen Modezeitschriften wie *Face*, *i-D*, *Arena* und andere erkennt Paul Jobling einen Wandel, zumindest was die erkennbar steigende Präsenz männlicher Models angeht.

Die Sequenz der Straßenansichten scheint uns in der Tat selbstbewusstere Frauen vorzuführen: energisch, in ihren Schritten weit ausgreifend, lachend und voller Lebenskraft. Nach wie vor konzentriert sich der fotografische Fokus auf die weiblichen Beine als dem zentralen Anziehungspunkt weiblicher Erotik. Beine und Bewegung unterstreichen die weibliche Fähigkeit zur Mobilität im körperlichen wie metaphorischen Sinne. Ein näheres Hinschauen zeigt jedoch, dass die dargestellten Frauen ebenso oft in das Zwielicht dunkler, bedrohlicher Straßen eingetaucht sind, einsam, allein, manchmal fremd wirkend in ihrer prachtvoll-farbigen Abendgarderobe und von daher verletzlich und gefährdet. Die Straße ist nach wie vor kein Ort der Frauen, die weibliche Präsenz drängt in die Innenräume oder sie verharrt auf den markanten Schwellen zwischen Innen und Außen, dem Fenster, dem Balkon, der Tür. In dieser urbanen Kartographie stecken weiterhin traditionelle Gendertopographien, sie sind allerdings nicht mehr so eng fixiert und rigide, sondern lassen Unsicherheiten im männlichen Blickregime und vor allem in der eindeutigen geschlechtlichen Zuordnung der Innen- und Außenräume erkennen.

Körpergestalt und versteinerte Formen

Die Straße ist auch der Raum, in dem die Beziehung zwischen Modekörper und Architektur ausgehandelt wird. Und darin, denke ich, liegt die eigentliche Bedeutung der Straße. Seit Gottfried Semper werden die Konstruktionsprinzipien und die Funktionen der Kleidung gerne mit der der Architektur parallelisiert und verglichen.

Bradley Quinn geht so weit zu behaupten, dass die Mode uns das Funktionieren der Architektur erkläre. Moderne Architektur begreift er sogar als ein „ready to be worn". Die Funktion der Architektur in der Fotografie wiederum sei es, eine geistige Einstellung (state of mind) zu verdeutlichen

(Quinn 2003, 190). Diese Parallelität ist meiner Ansicht nach fragwürdig: Die Mode steht zum menschlichen Körper in einem anderen Verhältnis – weniger konstruktivistisch, als man gemeinhin glaubt. Vielmehr geht es bei der Inbeziehung-Setzung der Architektur mit dem weiblichen Modekörper nicht allein um Formen, Dimensionen und Proportionalität. Im gleichen Maße geht es um die unterschiedliche Materialität. Dies signalisiert bereits der Einbruch der Farben in die Modefotografie: Das steinerne Grau von Architektur, Asphalt oder Pflaster wird hier bei Newton (*Elégance* 1971) zielgerichtet mit der Farbigkeit der Mode kontrastiert, ihre Formen und ihre Ornamentik wiederum werden in ein spannungsreiches Wechselspiel mit der Struktur der städtischen Architektur gesetzt.

Hart, monumental, statuarisch, alt: die steinernen Formen der Stadt. Weich und schmiegsam, jung und neu: die Mode. Genau dieser Gegensatz wird fotografisch ausgeleuchtet und ausgelotet. Dieses Wechselspiel macht eine Fotoserie von Newton (*Elégance* 1971) deutlich, in der die Models geradezu die körperliche Berührung mit den steinernen Formen der Stadt suchen. Die Fotos betonen die Patina der Alterung sowie die durch den Blickwinkel der Kamera fragmentierten steinernen Körper. In vielfältig nuancierten Grautönen werden die Statuen den gazeartigen Stoffen der Kleidung ähnlich, ja sie scheinen sogar weicher in ihrer materiellen Substanz als die neben den Skulpturen mit ihren gewölbten Bäuchen in dominanter Pose, ja fast steif verharrenden Models.

In dem es Newton gelingt, diese beiden so gegensätzlichen materiellen Oberflächen in ihrer ästhetischen Anmutung umzukehren, lenkt er umso stärker auf diese Bedeutungsgebung durch Material, Form und Proportionen von Mode und urbaner Architektur.

In dieser von Newton vorgenommen Umkehrung lässt sich die spezifische Leistung und der Beitrag der Modefotografie zur Geographie und Kartographie des Urbanen als Raum der Mode erkennen: Mit der piktoralen Ausgestaltung der Beziehung von Raum-Körper-Kleidung-Geschlecht ordnet die Modefotografie nicht nur die Räume der Stadt, sondern sie erfindet den städtischen Raum von neuem nach ihrer Vorstellung und damit auch die Mode. Die urbanen Räume, durch den fotografischen Akt fragmentiert, isoliert oder pointiert, werden in Kombination mit der Mode zu spezifischen Orten, wobei Ort und Mode selbst zu einer Pose verschmelzen. Dies bedeutet auch, dass die urbanen Räume Bestandteil modischer Praktiken werden, so wie es auch der Titel „Gehen in der Stadt" in *Burda* (1962) ankündigt. Und damit gibt sich die Mode als eine maßgebliche Sinnstifterin städtischer Räume, städtischer Imagination und Mythen zu erkennen.

Literatur

Certeau, Michel : Die Kunst des Handelns. Gehen in der Stadt. In: Hörning, Karl H./ Winter, Rainer (Hg.) (1999): Widerspenstige Kulturen. Cultural Studies als Herausforderung. Frankfurt/M.: Suhrkamp, S. 264-291

Ewing, William A. (1996): Blumenfeld. A fetish for beauty. Sein Gesamtwerk 1897-1969. London: Thames and Hudson

Gilbert, David: Urban outfitting: The City and the Spaces of Fashion Culture. In: Bruzzi, Stella / Church Gibson, Pamela (ed.) (2000): Fashion Cultures. Theories, Explorations and Analysis. London /New York: Routledge, S.7-24

Gilbert, David: From Paris to Shangai. The Changing Geographies of Fashion's World Cities, In: Breward, Christopher/ Gilbert, David (ed.) (2006): Fashion's World Cities. Oxford: Berg, S. 3-32

Gundlach, F.C./Uli Richter (Hg.) (1993): Berlin en vogue. Berliner Mode in der Fotographie. Tübingen-Berlin: Wasmuth

Hauser, Susanne: Industrieareale als urbaner Raum. In: Siebel, Walter (Hg.) (2004): Die europäische Stadt. Frankfurt: Suhrkamp, S.146-157

Jobling, Paul (1999): Fashion Spreads. World and Image in Fashion Photography since 1980. Oxford/New York: Berg

Kaufhold, Enno (1993): Fixierte Eleganz. In: Gundlach, F.C./Uli Richter (Hg.) (1993): Berlin en vogue. Berliner Mode in der Fotographie. Tübingen-Berlin: Wasmuth, S.13-46

König, Gudrun (1996): Eine Kulturgeschichte des Spaziergangs. Wien, Köln, Weimar: Böhlau

Kokot, Waltraud/Hengartner, Thomas/Wildner, Kathrin (Hg.) (2000): Kulturwissenschaftliche Stadtforschung. Berlin: Reimer

Krause-Wahl, Antje: The shape of things to come – Mode und Architektur als Style-Prinzip in Harper's Bazaar. In: Geiger, Anette (Hg.) (2008): Der schöne Körper. Mode und Kosmetik in Kunst und Gesellschaft. Köln/Weimar/Wien: Böhlau: S. 203-224

Kubler, George (1982): Form der Zeit. Anmerkungen zur Geschichte der Dinge. Aus dem Amerikanischen. Frankfurt/M.: Suhrkamp

Lindner, Rolf (2003): Der Habitus einer Stadt – Ein kulturgeographischer Versuch. In: PGM. Zeitschrift für Geo- und Umweltwissenschaften 147, S. 46-53

Löw, Martina (2008): Soziologie der Städte. Frankfurt/M.: Suhrkamp

Mentges, Gabriele (2009): When a picture becomes a text. In: Gerda Buxmann ed.(2009): Fashion in Context. Wien / NewYork: Springer, S. 313-323

Mirzoeff, Michael (1999): An introduction to Visual Culture. London/New York: Routledge

Nierhaus, Irene / Konecny, Felicitas (Hg.) (2002): räumen. Baupläne zwischen Raum, Visualität, Geschlecht und Architektur. Wien: edition selene

Quinn, Bradley (2003): The Fashion of Architecture Oxford / New York: Berg

Rocamara, Agnès: Paris, Capitale de la Mode: Representing the Fashion City in the Media. In: Breward, Christopher / Gilbert, David (ed.) (2006): Fashion's World Cities. Oxford: Berg, S. 43-54

Roche, Daniel (1989): La culture des apparences. Une histoire du vêtement XVII.-XVIII siècle. Paris: Fayard

Schmidt, Gunnar: Modesprünge: Über ein Motiv in der Fashion-Fotografie. In: König, Gudrun M. / Mentges, Gabriele (Hg.) (2010): Medien der Mode.(Reihe Dortmunder Studien zur Kulturanthropologie des Textilen Nr. 6), Berlin, Dortmund: Ebersbach, S. 45-63

Sennett, Richard (1997): Fleisch und Stein. Der Körper und die Stadt in der westlichen Zivilisation. Aus dem Amerikan. von Linda Meissner. Frankfurt: Suhrkamp

Topçu, Ermine (2006): Modefotografie von Erwin Blumenfeld. Magisterabschlussarbeit, Bochum. Ms.

Westphal, Uwe (1986): Berliner Konfektion und Mode. 1836-1939. Die Zerstörung einer Tradition. Berlin: Edition Heinrich

Benutzte Quellen: Modemagazine

Bazaar: Nov. 1989, März 1989, Sept. Okt. 1988, Okt. 1989

Brigitte 21.9. 1994, 6.12. 2006

Burda Sonderheft 1962/63, Sommer 1972, Sommer 1975 (Sondernummer)

Elégance, 1960,1969 No.43, 1970/71 Nr. 47, 1972, No. 5

Elegante Welt, Sept. Okt., Nov., Dez. 1960

i-D Okt. 1999, August 2000, Sept. 2002

Journal l'Officiel de la Couture et de la Mode de Paris, Sep. 1969, Sept. 1977

Park Avenue Juni 2004

Petra März 2000

Robes-Couture 1969/79 No.62, 1970/71, no. 66

The Face, April 1998, May 1997, May 1998, Sept. 2002

Vogue (deutsche Ausgabe): Sept 1977, August 1994, März 1996, Okt. 1998, Sep. 1999,Juli, Sept. 2006, Jan., Feb., Juni, August 2007, März, Sept. 2008, März, April, Juni, Juli, Okt., Sept. Dez. 2009, Okt. 2010

Abbildungen

Sequenz 1: Modestädte

Blumenfeld: Der Eiffelturm (veröffentlicht in Vogue, Paris Mai 1939 aus: Ewing, William A. (1996): Blumenfeld. A fetish for beauty. Sein Gesamtwerk 1897-1969. London: Thames and Hudson, Bildnr. 50

F.C. Gundlach 1963, Modell von Uli Richter aus: Gundlach, F.C./Uli Richter (Hg.) (1993): Berlin en vogue. Berliner Mode in der Fotographie. Tübingen-Berlin: Wasmuth, S. 189

Rico Puhlmann, 1962 aus: Gundlach, F.C. / Uli Richter (Hg.) (1993): Berlin en vogue. Berliner Mode in der Fotographie. Tübingen-Berlin: Wasmuth, S. 179

Sequenz 2: Der touristische Blick

Baby Doll aus: Seeling, Charlotte (1999): Das Jahrhundert der Designer. Köln, S.65

Brandenburger Tor aus: ModeWelten F.C.Gundlach, Berlin, Fröhlich & Kaufmann 1985, S. 72

Wien aus: Elégance, Paris 1969 No. 43

Venedig aus: Elégance (Suisse) 1970/71, Nr. 47

San Francisco aus: Elégance (Suisse) 1971, Nr. 49

Sequenz 3: Schnittstellen Stadt und Innenräume

Aus: Sybille 1975, Karlsbad

2x Newton aus: Vogue, Paris, Sept. 1977

Sequenz 4: Architektur

Aus: Robes-Couture No. 66, 1970/71

Sequenz 5: Vom Zentrum an die Peripherie

Aus: Sybille 1984

Aus: The Face, April 1998

Aus: The Face, April 1998

Aus: dto

Aus: Brigitte 1994, Sept.

Aus: I-d 2002, Sept.

Hans Pieler, 1984. Aus: Gundlach, F.C. / Uli Richter (Hg.) (1993): Berlin en vogue. Berliner Mode in der Fotographie. Tübingen-Berlin: Wasmuth, S. 232

Sequenz 6: Gehen in der Stadt

Aus: Seeling, Charlotte (1999): Mode. Das Jahrhundert der Designer. Köln, S.

Aus: Gundlach, F.C./Uli Richter (Hg.) (1993): Berlin en vogue. Berliner Mode in der Fotographie. Tübingen-Berlin: Wasmuth, S. 161

Aus: Honnef, Klaus (Hg.): ModeWelten F.C. Gundlach, Fröhlich & Kaufmann, Berlin 1985, S. 18.

Aus: Burda Sonderheft 1962

Aus: Burda Sonderheft 1962

William Klein: In and Out of Fashion. London, Jonathan Cape 1994, S. 95. (602)

Aus: Brigitte, Sept. 1984.

Aus: Petra, März 2000

Aus: I-D Sept. 2002

Aus: Harpers Bazaar, November 1989

Aus: Harpers Bazaar November 1989

Aus: Vogue, Juni 2007

Sequenz 7 Weibliche Stadt – männliche Räume

Aus: Charlotte Seeling: Mode. Das Jahrhundert der Designer, ebd., S. 357

Aus: Images de mode, S. 325

Aus: Harpers Bazaar, Oktober 1989.

Aus: Park Avenue, Juni 2008

Aus: Vogue, Juli 2007

Aus: Vogue, Juli 2007.

Aus: Vogue, Februar 2007

Aus: Vogue, September 2009

Sequenz 8 Körpergestalt – versteinerte Formen

Aus: Elégance Paris 49/1971

Gabriele Mentges

Aus: Elégance Paris 49/1971
Aus: Elegance Paris 49/1971
Aus: Elégance Paris 49/1971

Änne Söll

Metro-sexuell? Stadtraum und männliche Körper in der Männermodefotografie um 2000

Blättert man durch Männermodemagazine, so fällt auf, dass Männerkleidung weiterhin in Arbeits- und Freizeitkleidung, Anzug- und Jeansmode
unterteilt wird. Auch wenn sich durch neue Berufsbilder der Dresscode für
Männer teilweise aufgeweicht hat, bleibt der Männeranzug das wichtigste
männliche Kleidungsstück: Der Anzug vermittelt Autorität und Souverä-
nität und ist damit als Arbeitskleidung für Männer (und Frauen) bestens
geeignet. Das Gegenstück dazu ist die Jeans, die mit der „Freiheit" des
Wilden Westens und mit Rebellion verbunden wird, zugleich Sexappeal
verspricht und Bequemlichkeit markiert. Beide Kleidungsstücke sind in-
tegrale Bestandteile teilweise gegensätzlicher Männlichkeitsmodelle, die
auf unterschiedliche Weise die Potenz heterosexueller Männer unterstreichen sollen: Der Anzug kleidet den machtvollen Manager genauso wie den
ambitionierten Angestellten, die Jeans soll den Mann zum sexuell attraktiven, freiheitsliebenden, individualistischen Freizeitmenschen machen.
Die Stadt ist der Ort, an dem beide Kleidungsstücke vornehmlich getragen
werden, auch wenn die Jeans ursprünglich die Kleidung von Farmarbeitern
und Cowboys war. Somit überrascht es nicht, wenn die Männermodefotografie zur Inszenierung von Anzügen und Jeans-Outfits auf den Stadtraum
zurückgreift. Wie ich durch meine nun folgende Analyse der Fotostrecken
von Peter Lindbergh und Taryn Simons zeigen werde, ist die Beziehung
zwischen Männlichkeit, Stadtraum und Männerkleidung nicht immer
eine selbstverständliche. Denn Mode ist, mit den Worten von Elizabeth
Wilson, nicht nur von Geschlecht „besessen" (Wilson 2003, 117), sondern
zu diesem obsessiven Abhängigkeitsverhältnis muss der Raum im Sinne
eines Produktions- und Verhandlungsortes noch dazu gerechnet werden.
Die Modefotografie hält weder der Mode noch den Geschlechterstruktu-
ren einfach einen „Spiegel" vor. Sie bietet vielmehr eine Plattform oder einen Schauraum, in dem sich die performativen und narrativen Elemente,

Änne Söll

Mode, Geschlecht und Raum mit einander verzahnen; für den kurzen Moment der Aufnahme verdichten.

Here comes the suit

Ein regnerischer Tag auf den Straßen von Midtown Manhattan. Drei Männer in Anzügen schützen sich gegen den Regen mit großen, schwarzen Regenschirmen; ihre Gesichter verstecken sie hinter schwarzen Masken. Peter Lindberghs schwarz-weiße Modestrecke mit dem Titel „Here comes the suit", erschienen in der L'Uomo Vogue Italia im Jahr 2000, versetzt uns in die Metropole New York. Als einer der wichtigsten Finanz- und Handelsplätze steht New York mehr als alle anderen amerikanischen Städte für die Dominanz der USA in der Weltwirtschaft. Gleichzeitig verbindet man

Abb. 1 Peter Lindbergh

Abb. 2 Peter Lindbergh

Abb. 3 Peter Lindbergh

Abb. 4 Peter Lindbergh

Abb. 5 Peter Lindbergh

Abb. 6 Peter Lindbergh

Abb. 7 Peter Lindbergh

Abb. 8 Peter Lindbergh

Abb. 9 Peter Lindbergh: *Here comes the suit*

New York mit Phänomenen wie Einwanderung, Ghettoisierung und Gentrifizierung. Als der berühmte „melting pot" steht New York für die *moderne* Stadt, die, im Gegensatz zu London oder Paris, weniger durch ihre Geschichte geprägt ist, als durch ihre Assoziation mit Schnelligkeit, Fortschritt und Dynamik. New Yorks Straßenraster symbolisiert Ordnung, Rationalität und Effizienz; New Yorks Straßenschluchten, seine Hochhäuser und der Verkehr markieren jedoch ebenso das „andere Bild" New Yorks: ein kaum zu beherrschender Großstadtdschungel, ein chaotisches Moloch. Diese zwei Seiten dominieren New Yorks Image und seinen Status als Metropole, als eine Stadt der Superlative, als Zentrum der Weltwirtschaft, des Showbusiness, des Verlagswesens, als der Ort eines modernen „Life-Style" und mit dem Wachstum der Sportswear-Industrie und dem Aufkommen US-amerikanischer Designer wie Halston, Ralph Lauren, Calvin Klein und Donna Karan seit den 1970er Jahren auch als ein Zentrum der Mode (Rantisi 2006).

Bezeichnet man New York City als Metropole, dann ist das als eine Potenzierung zu verstehen, denn übersetzt man die „Metropole" aus dem Griechischen als „Mutterstadt" (metro-polis), wird deutlich, dass sie die Fähigkeit besitzt, etwas hervorzubringen. Dieses Potenzial zur Generierung unterscheidet also die Metropole von der Stadt. Kein Wunder also, wenn der Ort der Metropole auch eine neue Spezies, den „metrosexuellen" Mann, hervorgebracht haben soll. Obwohl in der Wortschöpfung, die auf einen Artikel des New Yorker Journalisten Mark Simpson zurückgeht (Simpson 2002), natürlich das Wort „Hetero(sexuell)" steckt, ist es

Änne Söll

doch auch die Assoziation mit dem Ort der Metropole, die das Bild des
metrosexuellen Mannes prägt, der, wie sein großes Vorbild, der Fußbal-
ler David Beckham, sich ausführlich pflegt, sich für Mode interessiert,
sich „stylt" und dabei doch ganz „Kerl", d.h. ganz „Hetero" bleibt. Diese
Wortschöpfung gibt Anlass zu überdenken, wie Männlichkeit, Mode und
Stadt- bzw. Metropolenraum im Genre der Modefotografie miteinander
verknüpft werden. Ich gehe hier weder auf die Suche nach diesem neu-
en Typ Mann, noch ist es mir in erster Linie um die Kontroverse zu tun,
die der Begriff des metrosexuellen Mannes ausgelöst hat (Kraß 2008). Es
geht vielmehr darum, am Beispiel von New York um das Jahr 2000, das
Verhältnis von Männlichkeit, Stadtraum und Mode zu ergründen. Beispiel
für meine Überlegungen sind zwei Männermodestrecken, publiziert in
L'Uomo Vogue im Jahre 2000, die beide auf New York zur Inszenierung
ihrer Modelle zurückgreifen. Zu diesem Zeitpunkt erlebt die Stadt eine ihrer größten wirtschaftlichen Wachstumsphasen, die, begründet auf dem
kurzlebigen dot.com-Boom und Börsenspekulationen, im Crash Anfang
2001 und in den Attacken des 11. Septembers jedoch ein jähes Ende fand.
Für New York bedeutete diese Art des schnellen Wachstums in den Bereichen des Finanzsektors, der Computerindustrie und in kleinen Teilen des
Dienstleistungsbereichs, dass die Schere zwischen Arm und Reich weiter
aufging und der städtische Raum noch stärker segmentiert wurde, mit dem
Ergebnis der „Gentrification der Einkommensstarken in einem recht um-
fangreichen Teil der Stadt, wachsende Armut und Vernachlässigung durch
den öffentlichen Sektor in den Wohngebieten einkommensschwacher
Gruppen und eine zunehmende Konzentration von Immigranten" (Sassen
1993, 88-9). Im Folgenden geht es also um die Straßen von New York als
spezifische Orte, die als dynamisch soziale „gendered spaces" (Spain 1992)
in der Männermodefotografie mobilisiert werden. Die Modefotografie ist
dabei, wie Irene Nierhaus in Hinblick auf das Verhältnis von Blick, Bild und
Raum formuliert, als „medialer Raum, in dem Geschlechtlichkeit formiert
wird", zu lesen (Nierhaus 1999, 25). Raum – und im besonderen Maße der
Bildraum der Modefotografie – wird als „situative und performative Konfiguration" begriffen (Nierhaus 1999, 19).

Rational, fortschrittlich, dynamisch, schnell, effizient und – männlich.
Die Aufzählung der Adjektive macht es deutlich: jede Beschreibung, jede
Kategorisierung und Imagination einer Stadt und Metropole kommt nicht
ohne geschlechtlich kodierte Eigenschaften aus. Und gerade New York
qualifiziert sich besonders als ein „männlich-moderner" Stadtraum. Wie
Sigrid Weigel gezeigt hat, entfaltet sich die Symbolik der Stadt vor dem
Hintergrund der geschlechtlich kodierten Dichotomie von Stadt und Land,
dem Gegensatz von Natur (weiblich) und Kultur (männlich). Die Stadt ist
insofern ein „männlicher Raum", als dass er einer weiblich gedachten Natur abgetrotzt wurde und die „unbegrenzte, unbewältigte Natur [...] mit
dem wilden Anteil des Weiblichen, das begrenzte, zivilisierte und eroberte

Territorium – z.B. der Stadt – mit seinem domestizierten Anteil verglichen [wurde]" (Weigel 1987, 221). Die männliche Symbolik kann jedoch auch umschlagen: Gerade für die Metropole gilt, dass beim „Übergang von der Stadt zur Gross-Stadt dieser wilde Anteil wieder ins Innere der Stadt zurück [kehrt]" (Weigel 1987, 223). Somit birgt die Stadt eine komplexe Geschlechterdynamik, die die Modefotografie von Beginn ihrer Beschäftigung mit der Stadt und ihrem wichtigsten Ort, der Strasse, zu nutzen wußte. In der Modefotografie etabliert sich die Strasse als gängiger Hintergrund kurz nach dem zweiten Weltkrieg.[1] Diese Art der Modefotografie hat ihre Wurzeln in der street photography und in der Fotografie des Neuen Sehens der 20er und 30er Jahre, die durch Fotografen wie Martin Munkacsi, Hermann Landshoff oder Frances McLaughlin in den 1930er und 1940er Jahren endgültig ihren Einzug in das Genre der Modefotografie hielten. Als moderner und dynamischer backdrop für das sich bewegende Modell bot sich die Strasse besonders für Männermodefotografie an. Die Strasse repräsentiert einen geteilten, öffentlichen Raum, der traditionell von Männern als Vertretern des öffentlichen Lebens dominiert wird, sie ist ein „natürlicher" Aufenthaltsort arbeitender Männer aller Schichten und Berufe, ein Ort, den sich Frauen erst seit Anfang der 1920er Jahre stückweise eroberten. Besonders seit den 1960er Jahren ist für die Männermodefotografie, besonders in England, ein Interesse an der Metropole als Ort der Industrialisierung und Urbanisierung zu verzeichnen: „Metropolitan masculinity was shown to be influenced by the industrial atmosphere of the metropolis" (Rocamora / O'Neill 2008, 187).

„No standing anytime"

Somit ist es auch nicht verwunderlich, dass in Peter Lindberghs Fotostrekke kaum Frauen vertreten sind und – sofern doch in Szene gesetzt – durch ihre kurzen Auftritte eher als Statistinnen fungieren. Die Hauptdarsteller sind männliche Models, die Lindbergh auf den nassen Gehsteigen von Midtwon Manhattan, einem der wichtigsten New Yorker Geschäftsviertel, platziert. Über acht der neun Doppelseiten tragen die Models neben ihren Anzügen, Mänteln und Schuhen Masken, die normalerweise von Bauarbeitern als Gesichtsschutz beim Schweißen getragen werden. Diese Masken betonen die anonymisierende und uniformisierende Wirkung der Anzüge mit Schlips und dunklen Mänteln. Sie schließen den Kopf der Models „phallisch" ab, und steigern den ohnehin schon steifen, fast rigiden Look ihres Business-Outfits. Die Masken machen aus den Männern eine fast vollkommen abgedichtete und dadurch abgeschottete Oberfläche, wodurch die Männer ihr Körpervolumen verlieren und wie ausgeschnitten er-

---

1   Siehe dazu auch den Beitrag von Gabriele Mentges in diesem Band.

scheinen. Gerade das finale Bild verdeutlicht die Ambivalenz der Masken. Sind diese schönen, männlich-kantigen Gesichter mit direktem, kühlem Blick nur die Maske unter der Maske? Gibt es ein „Dahinter", einen „Kern", gibt es einen „ganzen Kerl"?

In allen Fotografien wirken die sonst so dynamischen New Yorker Geschäftsleute wie angehalten oder ausgebremst, sie stehen buchstäblich still, was durch das Straßenschild „No standing anytime" über ihren Köpfen im ersten Bild (Abb.1) noch zusätzlich konterkariert wird. Diese frontale und statische Pose wird mit den Bewegungen der Passanten, dem vorbeifahrenden Autoverkehr und dem Regen kontrastiert, die im wahrsten Sinne des Wortes fluide Elemente in die Bildstruktur bringen. Da alle erkennbaren Passanten Frauen oder Mädchen sind (Abb. 1,5,7), wird die Männlichkeit der Models noch betont, ihre Dominanz des Bild- bzw. Stadtraumes ist dabei jedoch nicht immer eindeutig, wie man am besten am ersten Bild der Serie sieht. Hier imitieren zwei kleine Mädchen die Pose der drei Models, die dadurch weniger streng, ja fast ein wenig lächerlich wirkt. Nichtsdestotrotz setzt Lindberghs Inszenierung auf die Beherrschung der Strasse durch die Männer im Anzug, die durch ihre frontale Positionierung in fast allen Bildern der Fotostrecke wie ein Bollwerk aufgestellt werden. Die Geschichte des Anzugs als „Erbe" der Rüstung wird dadurch ebenso mobilisiert (Hollander 1995, 73) wie sein Ruf als klassisches, zeitloses, gleichzeitig modernes Kleidungsstück, denn nach Ann Hollander wurzelt die Ästhetik des Männeranzugs in den demokratischen Prinzipien des späten 18. Jahrhunderts und „propagiert (...) das Ideal der sich selbst perpetuierenden Ordnung, die flexibel und fast unbegrenzt variabel ist" (Hollander 1995, 20) Zugleich wird in Lindberghs Modestrecke mit dem Titel „Here comes the suit" über die Betonung der stofflichen Oberfläche ein Bezug zum männlichen Körper hergestellt, der im Design des Anzugs immer vorhanden war. Der männliche Anzug hatte zur Zeit seiner Genese und danach einen direkten Bezug zu einer – wenn auch idealisierten – männlichen Körperlichkeit: „der nackte männliche Körper [ist] noch immer das geisterhafte Bild und die zugrunde liegende Suggestion, die von jedem gewöhnlichen männlichen westlichen Kostüm aufgegriffen und erzeugt wird, ganz gleich wie umfassend die Oberfläche bedeckt ist" (Hollander 1995, 179). Dieser Männerkörper wird in Lindberghs Modestrecke mit dem „Stadtkörper" des modernen, dynamischen und erfolgreichen New York kurz geschlossen. Durch die extreme Statik, die Verflachung der Models und durch die Betonung der Oberfläche implodiert jedoch der Bezug zu Gesten männlicher Dominanz und Macht: Der Businessman wird zur Pappfigur.

Zur Verflachung der Männerkörper tragen in erster Linie die Masken bei. Als „Accessoire" von Bauarbeitern bringen die dunklen Masken die strukturelle und formale Qualität der Anzüge als Outfit für die arbeitende Mittel- und Oberschicht deutlich hervor. Zudem lassen die schwarzen Masken die Gesichter der Models im letzten Bild besonders „weiß" erscheinen (Abb. 9). So tritt die sonst „unsichtbare" weiße Hautfarbe deutlich hervor; die Ethnizität der Männer ist nun klar zu erkennen und dadurch auch ihre sozialer Status, denn „whiteness is rendered invisible under the weight of accumulated privileges" (Garner 2007, 35). Eine weitere wichtige Funktion der Masken ist es, die männlichen Gesichter zu standardisieren, so dass sie sich der Farbe und den Rastern der Hochhäuser und Strassen angleichen. Die Maske impliziert Gefahr, und ihre minimalistische Gestaltungsweise erinnert an Science-Fiction Filme, die wie die Spiderman- und Supermanfilme im New York der Zukunft spielen. Die Maskierung der Models in Lindberghs Fotostrecke hat zudem den Effekt, den Männeranzügen ihre identitätsstiftende Kraft und Autorität die Grundlage zu entziehen, denn, so kann man in Umkehrung des für die feministische Forschung so wichtigen Konzepts der „Weiblichkeit als Maskerade" (Weissberg 1994) mit den Worten von Claudia Benthien sagen: „Maskeraden der Männlichkeit sind [...] – mehr als Maskeraden der Weiblichkeit – auch Aufführungen von ‚Authenzität'" (Benthien 2003, 56). Männlichkeit wird, im Gegensatz zu Weiblichkeit, weiterhin als „Essenz, Echtheit und Ganzheit" (Benthien 2003, 56) imaginiert und der Anzug steht weiterhin als Zeichen für eine authentisch männliche Kleidung, auch wenn dieser mittlerweile für Frauen adaptiert wurde. Wird nun der Aufführungs- bzw. Maskencharakter der Anzüge durch die Gesichtsmaske hervorgehoben, so bröckelt der Anschein authentischer, souveräner Männlichkeit, der durch das scheinbar unveränderliche, „klassische" Kleidungsstück Anzug vermittelt wird.

Die Masken machen uns die Blickdynamik innerhalb der Männermodefotografie bewusst. Gerade in der Männermodefotografie ist der direkte Blickkontakt mit der Kamera und damit der Objektstatus *vor* der Kamera ein ambivalentes, prekäres Phänomen. Noch bis Mitte der der 1980er Jahre dominierte die männlich-sachlich-heterosexuelle Pose eines vielbeschäftigten, dynamischen Mannes: „Not that men have been entirely absent from representation, but the myth of an active and patriarchal masculinity has tended to predominate. (...) The norm in fashion photography had been to connote masculinity in exclusively heterosexual terms" (Jobling 1999, 143-144). Erst seit Mitte der 1980er Jahre, mit den Arbeiten von Bruce Weber, Herb Ritts oder Nick Knight, bahnt sich in der Männermodefotografie „eine (Homo-)Sexualisierung des Blicks" ihren Weg. In „Here comes the suit" mobilisiert Lindbergh jedoch nicht einen begehrlichen Blick, indem er den männlichen Körper exponiert, vielmehr verschanzt er den Männerkörper noch zusätzlich und kreiert somit eine fast undurchdringliche, jedoch extrem differenzierte, taktile Körperoberfläche. Besonders deutlich wird dies im sechsten Bild der Serie (Abb. 6), das nur von einem Modell eingenommen wird, dessen heller Anzug und Maske durch die herabfallenden Regentropfen benetzt werden. Durch das sich im Sehschlitz reflektierende Scheinwerferlicht glitzern die Regentropfen wie Brillanten im Sonnenlicht und überziehen das helle, extrem feine Tuch des Anzugs wie mit

Änne Söll

einer zweiten kostbaren Schicht. Anzug- und Maskenoberfläche werden dadurch optisch aufgeladen; die Kombination von Wasser und Licht löst die Kleidung nicht auf, sondern steigert ihre taktilen, sensorischen Qualitäten. Der Körper des Mannes wird mit dieser extrem attraktiven, preziösen Oberfläche praktisch ersetzt. Das Wasser, in Form von Regen, Regentropfen oder nassen Strassen und als Symbol für Leben und Natur, bringt die rüstungsgleiche Funktion der Anzüge zusätzlich hervor. Wie besonders gut im 8. Bild der Serie zu erkennen (Abb. 8), erhöht das Wasser zudem den schwarz-weiß-Kontrast, und die Regentropfen fungieren als Prismen (siehe Abb. 3 und 6), die die Oberfläche der Anzüge, der Masken und ihre Sehschlitze sowie die Oberfläche der Kameralinse hervorheben. Die Feuchtigkeit bringt zwar ein organisches Element in die anorganen Strukturen der Metropole, abgezielt wird jedoch auf eine Steigerung des Gegensatzes zwischen Natur/Stadt (männlich/weiblich, fest/fluid) und nicht dessen Aufhebung.

Um die Körper nicht nur hinter Maske und Anzug, sondern in der Architektur der Stadt verschwinden zu lassen, wiederholen die Streifenmuster der Anzüge teilweise das Raster der Architektur und der Straße (Abb. 3 und 7). Im vierten Bild der Strecke (Abb. 4) erreicht Lindbergh diesen Effekt durch die Lichtreflektion auf dem Glas der Sehschlitze. Die reflektierenden Rechtecke werden zu erleuchteten Fenstern, und die Körper der Modelle dadurch der Architektur mit ihren erleuchteten Fensterreihen im Hintergrund angeglichen. Kleidung und Maske mutieren zum Tarnanzug, die Männer erscheinen durch sie eins mit ihrer Umgebung. Ihre Körper werden Teil der Stadt und fügen sich in die urbane Topographie. Mit anderen Worten: Hier ist der Anzug die Architektur der Männlichkeit. Trägt Mann ihn, wird er Teil der urbanen Welt.

Asphalt Cowboys

Die Modestrecke mit dem Titel „Cityscape adventures" der Fotografin Taryn Simon[2], erschienen in L'Uomo Vogue im April 2000, transportiert uns an das andere Ende Manhattans. Befanden sich die Männer in Lindberghs „Here comes the suit" in Midtown, so reiten Simons Modells nach Harlem, *dem* Ort in-

2   Im Gegensatz zu Peter Lindbergh, der seit den frühen 1980er Jahren als Modefotograf arbeitet und diesem Genre auch treu geblieben ist, hat die Fotografin Taryn Simon nur am Anfang ihrer Karriere Fotografien produziert, die unter anderem in den Zeitschriften wie Vogue Hommes International, The Fashion oder L'Uomo Vogue Italia abgedruckt wurden. Mittlerweile stellt sie ihre Arbeiten im Kunstkontext aus. Viel Beachtung fanden ihre letzten beiden Projekte. Für „The Innocents" fotografierte sie irrtümlich zum Tode verurteilte Personen und den Tatort des Verbrechens, für „American Index of the Hidden and Unfamiliar" fotografierte sie unbekannte bzw. nicht zugängliche Orte in den USA. Obwohl sich der Kontext für ihre Arbeit gewandelt hat, ist Simon ihrer Arbeitsweise und ihrem Stil treu geblieben, d. h. sie favorisiert stark inszenierte, extrem ausgeleuchtete Settings, bei gleichzeitigem Bezug auf gesellschaftliche inneramerikanische Konflikte.

Abb 10-11 Taryn Simon, *Cityscape Adventures*

Abb 12-13 Taryn Simon, *Cityscape Adventures*

Abb 14 Taryn Simon, *Cityscape Adventures*

nerhalb New York Citys, der für Segregation, Rassenkonflikte, Armut und Immigration steht. (Abb. 10). Mit erhobenen Armen und siegreicher Pose thront das Model auf seinem Western-Pferd und zeigt an, dass es zur Eroberung der „Wildnis" bereit ist. Wie alle anderen Szenen der Serie auch, wirkt das Setting am Rande einer Autobahnabfahrt alles andere als natürlich: Aufgrund der starken Ausleuchtung macht die Strassenszene einen künstlichen, fast surrealen Eindruck. Blickkontakt bietet uns nicht der Reiter, sondern das Pferd, das mit glasigem Auge in unsere Richtung starrt. Das Strassenschild kündigt schon das Ziel des Ausritts an: die 125. Strasse. Auf der nächsten Doppelseite (Abb. 11) treibt ein blonder, schnurrbärtiger Cowboy in Jeans eine unsichtbare Kuhherde vor sich her. Seine verschwommenen Konturen vermitteln den

Eindruck von Bewegung, deren Zielrichtung jedoch unklar bleibt. Wieder etablieren nicht der Reiter, sondern der schwarze Passant und das Pferd den Blickkontakt mit der Kamera bzw. der Betrachterin. Wie auch im ersten Beispiel wird starkes Scheinwerferlicht eingesetzt, was den Strassenabschnitt der 125. Strasse mit dem berühmten Apollo Theater, in dem die Karrieren von Ella Fitzgerald, James Brown oder Michael Jackson ihren Anfang nahmen, wie eine Fototapete erscheinen lässt. Wohin will dieser Cowboy? Will er zur Maniküre im vierten Stock, wie sie das Schild anbietet? Ist er auf einem so genannten „coolhunt", einem Ausflug in von jungen Schwarzen oder Latinos bewohnte Stadtteile von New York City, und späht dort neue Modetrends aus, die dann in marketingfähige Ware für die restliche (weiße) Jugendkultur umgewandelt werden? Mit einer gehörigen Dosis Humor wird der Cowboy durch die Platzierung zu Apoll, dem antiken Ideal männlicher Schönheit und Jugend. Mit Jeans und Jeansjacke bekleidet, einem Outfit, das seine Wurzeln in Arbeiter- und Cowboykultur hat (Dettmer 1985, 66), verkörpert der Cowboy zwar das Ur-Bild weißer amerikanischer Männlichkeit, es wird jedoch deutlich, dass diese sich unter anderem auf Kosten der Vereinnahmung und Dominanz schwarzer Subkultur etabliert. Der Cowboy des neoliberalen Amerika kehrt erneut an den Ort zurück, den er für seine Eroberungszüge gen Westen hinter sich gelassen hat, wobei der Herrschaftsgestus des Weißen Mannes durch die unbeteiligt wirkenden schwarzen Passanten teilweise ins Leere läuft. Nichtsdestoweniger werden die Harlemer Strassen, in denen seit Anfang der 1990er Jahre eine Gentrifizierung und damit starke Kommerzialisierung im Gang ist (Stern 2006, 1006-1014), wieder zu einem urbanen Dschungel, der erobert werden muss.[3] Für diese explosive Mischung mischt Simon im 3. Bild der Serie den herrschaftlichen Gestus von Reiterststatuen europäischer Herkunft, die auf öffentlichen Plätzen an gewonnene Schlachten und erobertes Terrain erinnern (siehe besonders Abb. 12), mit der Dynamik des Cowboys.

Nächste Seite, nächstes Foto (Abb. 13): Der Gehweg wird immer voller. Die Kamera fährt näher heran und zeigt zwei Models, eines zu Pferde, das andere mit dem Rücken zu uns neben ihm stehend. Beide bewegen sich durchs Bild wie Sheriffs auf ihrer Patrouille durch die „Strassen" des Wilden Westens. Die Menge macht den Eindruck, als sei sie den Auftritt der Freizeitpolizisten mittlerweile gewöhnt. Das Handy und die Taschenlampe, die hinten am Gürtel des mit dem Rücken zu uns gedrehten Models befestigt sind, ersetzen den Colt der Gesetzeshüter. Weit weniger künstlich in Szene gesetzt als noch zuvor, bleiben die weißen Männer nichtsdestoweniger Fremdkörper in der Menge der schwarzen Passanten. Durch den direkten

---

3 Das Apollo Theater befindet sich im Jahre 2000 unter der Leitung des Chefs des Medienkonzerns Time Warner, Richard Parsons. Die Eroberungsgeste des weißen Helden könnte sich also durchaus auf diese Übernahme (und damit Ausbeutung) schwarzer Musikkultur durch den von Weißen gelenkten Medienkonzern beziehen. Zur Entwicklung, und Gentrifikation der 125. Strasse und die seit den 1970 durch die New Yorker Finanzkrise schwer heruntergekommene Strasse in Harlem siehe Stern 2006.

Blick des sich am linken Bildrand vorbei schiebenden schwarzen Mannes werden wir in das Bildgeschehen integriert. Sind wir Teil der schwarzen Menschenmenge, oder sind wir europäische Touristen, die sich auf ihrer Urlaubsreise einen Ausflug in das ehemalige Ghetto gönnen, das nun von fleißigen Sheriffs für uns bewacht wird? Nun zum letzten Bild, dem Abspann: Die Sonne geht unter, Zeit zu rauchen, das Pferd abzusatteln und sich in die U-Bahn in Richtung Downtown Manhattan zu setzen (Abb. 14). Pferd und Reiter sind relaxt. Mit der Zigarette im Mund und dem Blick in die Ferne gleicht der Mann dem gealterten Marlboro-Mann, der sich aus seiner Jeansjacke geschält und mit Batik T-Shirt und Smoking-Jacke ausgestattet hat. Ebenfalls rauchend ist rechts im Bild ein Mann lateinamerikanischer Abstammung zu erkennen, dessen Kleidung die Helligkeitsverteilung und das Muster der Kleidung des weißen Mannes aufnimmt. Der weiße Mann wird durch das künstliche Licht hervorgehoben, der dunkelhäutigere Mann verbleibt im Schatten: eine Konstellation, die als offensichtliche Metapher für die dunklen Seiten des „American Dream", d. h. Ausbeutung und Diskriminierung inszeniert ist.

In Simons Fotografien fungieren die Straßen von Harlem als *reality-check*. Durch die Deplatzierung der Models wird deutlich, dass das Cowboy-Image weißer amerikanischer Männlichkeit nicht ohne sein Setting auskommt. Der Einsatz eines schwarzen bzw. von Einwanderung geprägten Viertels produziert jedoch nicht, wie noch in der Männermodefotografie der 60er Jahre, „eine grobe, schmutzige Art des Glamours, die sich resistent zeigen sollte gegen die Kritik, Männermodefotografie sei elitär oder verweiblicht" (Gilbert 2000, 21, meine Übersetzung). Im Gegenteil: die Harlemer Straßen denaturalisieren weiße, amerikanische Männlichkeit und den damit verknüpften Mythos der Jeans als unbeschwerte, klassen-, rassen- und geschlechtslose, „echt amerikanische" Freizeitkleidung.

Man sollte nicht der Illusion erliegen, dass Lindberghs und Simons Fotostrecken die nun nicht mehr aufzuhaltende De-Essentialisierung weißer Männlichkeit illustrieren, die auch schon beim Auftauchen metrosexueller Männer vermutet wurde. Wie Andreas Kraß gezeigt hat, „handelt es sich bei der Metrosexualität nicht um eine neue Form der Sexualität, sondern um ein neues Rollenbild für den heterosexuellen Mann, das Anleihen an stereotype Rollenbilder des homosexuellen Mannes und der heterosexuellen Frau nimmt. Metrosexualität wird als modernes Lifestyle-Phänomen verkauft, bewegt sich aber immer noch im Rahmen der Heteronormativität ..." (Kraß 2008, 134). Statt die Aneignung stereotyper Rollenbilder von Homosexuellen oder heterosexuellen Frauen durch heterosexuelle Männer zu thematisieren, ziehen Lindbergh und Simon es vor, Klischees heterosexueller, weißer Männlichkeit an ihre Grenzen zu treiben. New York und seine heterogenen Straßen sind dafür überaus geeignet, denn die durch sie „verkörperten" Widersprüche wie Reichtum und Armut, Rassenkonflikte oder Segregation lassen sie zu ambivalenten und symbolisch aufgeladenen

165

Orten werden. Simon und Lindbergh arbeiten auf unterschiedliche Weise mit dem traditionellen, männlichen Beherrschungsgestus der Stadt. Lindbergh untergräbt diesen Gestus durch die Betonung der modischen Oberflächen und der Auflösung des Männerkörpers durch das Stadtraster. Simon deplatziert den weißen Männerkörper mitsamt seiner Freizeitkleidung, zeigt, auf wessen Kosten amerikanisch-männliche Eroberungsgesten gehen und wie der geteilte Stadtraum New Yorks Machtverhältnisse und Körper mit hervorbringt, denn die Stadt ist eine der wichtigsten Faktoren in der sozialen Produktionen geschlechtlicher Körperlichkeit: „... the built environment provides the context and coordinates for most contemporary Western (...) forms of the body..." (Grosz 1992, 242). Die Struktur und Form der Stadt, so Grosz, stellt den Kontext bereit, durch den soziale Regeln und Erwartungen verinnerlicht und antrainiert werden: "This means that the city must be seen as the most immediately concrete locus for the production and circulation of power" (Grosz 1992, 250).

Somit sind die Inszenierungen des „Man about Town"[4], d.h. die Bilder von Männerkleidung, Stadtkörper und weißen, heterosexuellen Männerkörpern, immer ein Barometer, an dem die konkreten Machtpositionen weißer Männer und die damit verbundenen Konflikte gemessen werden können.[5]

---

4   „Man about Town" war der Titel des ersten englischen Männermagazin, das von 1952-1960 erschien und auch Männermodestrecken beinhaltete. Es gilt als Vorbild für alle weiteren Magazinformate für Männer im Mode- und Lifestyle-Bereich.

5   Für Anmerkungen und Kommentare danke ich Susanne Holschbach und Judith Gerdsen.

Literatur

Benthien, Claudia (2003): „Das Maskeradenkonzept in der psychoanalytischen und kulturwissenschaftlichen Theoriebildung". In: dies. / Inge Stephan (Hg.), Männlichkeit als Maskerade. Kulturelle Inszenierungen vom Mittelalter bis zur Gegenwart, Köln: Böhlau, 36-58

Dettmer, Elke (1985): „Levi Strauss, San Francisco, Blue Jeans als amerikanisches Symbol". In: Bausinger, Hermann u. a. (Hg.): Jeans. Beiträge zu Mode und Jugendkultur, Tübingen, S.47-98

Garner, Steve (2007): Whiteness. An Introduction, Oxford: Routledge

Gilbert, David (2000): Urban Outfitting. The city and the spaces of fashion cultures, in: Bruzzi, Stella / Church-Gibson, Pamela (Hg.), Fashion Cultures. Theories, Explorations and Analysis, London 2000, 7-24

Hollander, Ann (1995): Anzug und Eros. Eine Geschichte der modernen Kleidung, München: dtv

Jobling, Paul (1999): Fashion Spreads. Word and Image in fashion photography since 1980, London: Berg

Kraß, Andreas (2008): „Metrosexualität. Oder: Wie schwul ist der moderne Mann?". In: Queer Lectures, Zeitschrift der Queer Nations e- V., Heft 1-4, Hamburg 108-138

Nierhaus, Irene (1999), Arch 6. Raum, Geschlecht, Architektur, Wien: Sonderzahl

Rantisi, Norma (2006), „How New York Stole Modern Fashion". In: Breward, Christopher / Gilber, David (Hg.): Fashion's World Cities, London: Berg, S. 109-122.

Rocamora, Agnes / O'Neill, Alistair (2008): „Fashioning the Street: Images of the Street in the Fashion Media". In: Shinkle, Eugenie: Fashion as Photograph. Viewing and Reviewing Images of Fashion, London: Tauris, S. 185-199

Sassen, Saskia (1993): „Global City: Internationale Verflechtungen und ihre innerstädtischen Effekte". In: Häußermann, Hartmut / Siebel, Walter (Hg.): New York. Strukturen einer Metropole, Frankfurt: Suhrkamp, 71-90, übersetzt von Gisela Schilling

Simpson, Mark (2002): „Meet the Metrosexual", Salon.com, 22.07.2002 http://www.marksimpson.com/pages/journalism/metrosexual_beckham.html (zuletzt abgerufen am 3.2.11)

Spain, Daphne (1992): Gendered Spaces, Chapel Hill: University of North Carolina Press

Stern, Robert A. u. a. (Hg.) (2006), New York 2000. Architecture and Urbanism Between the Bicentennial and the Millenium, New York:Monacelli Press, S. 1006-1014.

Änne Söll

Weigel, Siegrid (1987): „Die Städte sind weiblich und nur dem Sieger hold". Zur Funktion des Weiblichen in Gründungsmythen und Städtedarstellungen. In: Anselm, Sigrun / Beck, Barbara (Hg): Triumph und Scheitern in der Metropole, Berlin: Reimer, S. 207-227

Weissberg, Liliane (Hg.) (1994): Weiblichkeit als Maskerade, Frankfurt: Fischer

Wilson, Elizabeth (2003) [1985]: Adorned in Dreams. Fashion and Modernity, New Brunswick: Rutgers University Press

Mode im Museum

Amy de la Haye

Objekte einer Leidenschaft: Kleidung und der Raum des Museums

Einleitung

Der Titel meines Aufsatzes ist einer Äußerung des französischen Kulturtheoretikers Jean Baudrillard entlehnt, der schreibt, dass die Objekte, die uns täglich umgeben, tatsächlich Objekte einer Leidenschaft sind.[1] Meine These ist, dass die Kleidung, mehr als jedes andere Medium, den Beweis für das täglich gelebte Leben liefert. Werden sie jedoch in den Raum des Museums überführt, bekommen Kleider eine neue Verwendung.

Es geht also im Folgenden um Kleidung, die nicht länger getragen wird, sondern im Kontext des Museums neue kulturelle Räume besetzt. Die museale Interpretation und die Ausstellung von Kleidung und Mode sind umstrittene Praktiken. Anders als ein Gefäß, ein Gemälde oder ein Skelett können die meisten Kleider nicht für sich selbst „stehen" oder hängen, um erfolgreich beurteilt zu werden. Um „gelesen" werden zu können, benötigen sie einen Körper, idealiter einen lebenden. In der Abwesenheit dieses Körpers, ausgestellt in einem Museumsraum, bei notwendig gedämpftem Licht (um das Ausbleichen zu verhindern), können sie als „leer" oder sogar „gespenstisch" wahrgenommen werden – vom Leben verlassen.

Um zu zeigen, wie vielfältig Kleidung museale Räume besetzen kann, werde ich exemplarisch zwei unterschiedliche Ausstellungen untersuchen (eine Sammlung getragener modischer Kleidung und eine Sammlung ungetragener Kriegsuniformen und der dazu gehörenden Accessoires und Gebrauchsobjekte) sowie die kuratorischen Strategien der Interpretation.

---

1 Hier zusammengefasst aus dem Englischen (Elsner/Cardinal 1994, 1). Der Titel des Aufsatzes ist in der verfügbaren deutschen Übersetzung von „Objekte" als „Gegenstände" nur unzureichend gefasst (Vgl. Garzuly 1991). Ich beziehe mich ich an dieser Stelle auf das französische Original „objets". (Anm. d. Übers.)

Beide Ausstellungen wurden im Brighton Museum & Art Gallery gezeigt, das, an der Südküste Englands gelegen, ein breites Publikum anspricht.

Öffentliche und private Räume: Die Kleidersammlung der Familie Messel (1870-2005)

2005 kuratierte ich zusammen mit Professor Lou Taylor und Eleanor Thompson, die damals Kuratorin für Kleidung am Brighton Museum war, die Ausstellung einer Sammlung von stilvollen und modischen Kleidern, die sechs Generationen von Frauen der Familie Sambourne-Messel-Rosse gehört hatten. 1981 – im Alter von 79 Jahren – schenkte Gräfin Anne von Rosse, geborene Messel, dem Brighton Museum Kleider, die sie selbst getragen hatte, sowie Kleider, die ihrer Mutter Maud und ihrer Großmutter Marion gehört hatten. Seitdem wächst die Sammlung, da auch andere Familienmitglieder Kleidung und Gegenstände, die sie in ihren Familiensitzen verwahrt hatten, dem Museum vermacht haben. Heute umfasst die außerordentliche Sammlung 500 Gegenstände aus der Zeit von 1870 bis 2005.

Wie die meisten Kleidersammlungen besteht auch diese hauptsächlich aus Abendkleidern, die Status und finanziellen Aufwand repräsentieren und mit besonderen Veranstaltungen assoziiert wurden. Ausserdem bewahrte die Familie Kleider auf, die mit Übergangsriten verbunden sind, unter anderem Hochzeits- und Trauerkleider. Es finden sich Beispiele einer qualitativ hochwertigen Mode, die meist in London, Dublin oder den Londoner Zweigstellen der Pariser Modeschöpfer erstanden wurde. Darunter finden sich berühmte Namen wie Lucile, Norman Hartnell, Elsa Schiaparelli und Charles James, sowie (heute) weniger bekannte Damenschneider des Hofes wie Sarah Fullerton Moneith Young.

Es war das erste Mal, dass die Kleider dieser Frauen zu einer Sammlung zusammengestellt und als solche untersucht wurden. Indem sie nun als „Einheit" betrachtet wurden, war es möglich, stilistische Eigenheiten zu erkennen, die sich durch die Generationen webten und eine durchgängige Leidenschaft für das Romantische, die Geschichte, für Reisen und Blumen zum Ausdruck brachten. Die Besitzerinnen waren selbst talentierte Schneiderinnen und Stickerinnen und gaben ihrer Kleidung häufig eine persönliche Note, z.B. durch Stickereien, oder sie verlangten von ihren SchneiderInnen besondere Anfertigungen wie beispielsweise das Einarbeiten einer Schuhschnalle aus dem 18. Jahrhundert. Manche Kleidungsstücke wurden noch von den folgenden Generationen getragen und besaßen somit mehrere Biographien.

Über die Jahre schrieben und bewahrten die Frauen Notizhefte, Einklebebücher, Rezepte, Briefe und Photographien, die weiteren Aufschluss über ihr Leben gaben und darüber, welche Rolle die Kleidung für sie spielte. Bezeichnenderweise wurden selbst Kleidungsstücke, die nicht mehr existierten, auf diese Weise schriftlich als Bestandteile eines höchst persönlichen Familiengedächtnisses bewahrt. In den 1930er Jahren schrieb der deutsche Kulturkritiker Walter Benjamin, dass, wenngleich es in sozialer Hinsicht wünschenswert sei, wenn jemand seine Besitztümer dem öffentlichen Museum übergebe, die Aura der Sammlung dadurch verloren gehe. Lady Rosse teilte diese Sorge. Nachdem die Kleidung ihren persönlichen Raum verlassen hatte, sorgte sie sich darum, wie die Kleider in den nichtöffentlichen Räumen (den Lagerräumen) und öffentlichen Räumen (den Galerien) des Museums aufbewahrt und präsentiert werden würden.

Lady Rosse vertrat leidenschaftlich die Überzeugung, dass, auch wenn sich die Sammlung an verschiedenen Orten befand, doch die individuellen Kombinationen jederzeit zusammen bleiben müßten, ganz gleich ob eingelagert oder ausgestellt. Ihre Haltung ist wahrscheinlich emotionaler Natur – die Kleider verkörperten und beschworen Erinnerungen der Familie und gleichzeitig deren Abwesenheit. In einer Reihe von Briefen an den Museumsdirektor John Morley machte sie deutlich, dass ihr die Verbindung zu ihrer Familie wichtiger war als die internationalen Designer, deren Arbeit die Kleider repräsentierten. Also wurden die Kleider immer mit Bezug auf die Frau/die Frauen ausgestellt, die sie getragen hatten.

Lady Rosse war auch unnachgiebig, was die Konservierungsarbeiten an-

Abb. 1 Kleider von Gräfin Rosse (geborene Anne Messel). Die beiden Kleider im Vordergrund wurden von dem anglo-amerikansichen Modeschöpfer Charles James für sie maßgefertigt. Das dunkelrote Kleid links ist von Norman Hartnell (siehe Farbtafel)

ging. Die Kleider ihrer Familie sollten nicht verändert werden, auch wenn das die Ausstellungsmöglichkeiten verbessert und das „Leben" der Kleider verlängert hätte. Alle Dinge, Gold ausgenommen, verändern sich mit der Zeit, aber Textilien sind besonders empfindlich. Und Dinge im Museum, die ihr Alter zeigen und durch die menschliche Abnutzung geprägt sind, können vielleicht besonders viel Atmosphäre vermitteln. Kleidung kann die Körperkonturen verzerren oder nachahmen, der Gebrauch zerschleißt die Kleidung und frißt am Stoff, während Flecken absorbiert werden oder an der Oberfläche der Kleidung bleiben.

Abb. 2 Detail vom Inneren des zerschlissenen Ausgehkleides
von Maud Messel, 1898 (siehe Farbtafel 12)

In einem Brief an den Direktor des Museums schreibt Lady Rosse, dass alle alten Kleider, wenn sie auch nur einmal getragen worden seien, fragil und vergänglich werden: „Denken Sie nur, wie das Kleid wäre, in dem die schottische Königin Mary enthauptet wurde – welche Bedeutung es hätte!" Und sie fügt hinzu: „In der Fragilität der Kleider liegt ihr Zauber, meinen Sie nicht?"

Abb. 3 Zerschlissenes Seidenkleid des Londoner Modeschöpfers Peter Russell
aus den 1930er Jahren (siehe Farbtafel 11)

Aus diesem Grund bewahrte Anne auch Kleider auf, die so gut wie zerschlissen waren. Weil Anne diese Sachen sehr schätzte, entschieden wir uns, eines dieser Kleider liegend in der Ausstellung zu präsentieren. Obwohl die Besucher/innen des Gefühls für das Styling, für die Proportionen und das Verhältnis des Kleides zum Körper beraubt wurden, sind diese Kleider, die sich wie die Körper, die sie einst getragen haben, mit der Zeit aufgelöst haben, gleichzeitig wunderschön und ergreifend. Diese Stücke zu untersuchen, ist eine Erfahrung, die Kuratorin, Restaurator und Privatsammlerin genießen, die aber den MuseumsbesucherInnen oft versagt bleibt.

Anne behielt einige ihrer eigenen Familienkleider sicher verpackt in den privaten Räumen verschiedener Familiensitze. Gleichwohl ergänzte sie das ohnehin eloquente Medium in seiner Kommunikationsfähigkeit. Sie packte ein flaschengrünes Wollkrepp-Kleid mit kunstvoll verziertem Ausschnitt in einen Pappkarton, zusammen mit einer Notiz: „Hatte eine wundervolle Zeit in diesem Kleid, wie peinlich, das zu sagen. 1941!!"

Abb. 4 Das von Anne, Gräfin Rosse, getragene und in einen mit Seidenpapier ausgeschlagenen Pappkarton verpackte Kleid mit der Notiz: „Hatte eine wundervolle Zeit in diesem Kleid, wie peinlich, das zu sagen. 1941!!"

Der Stil, das Material und das eingewebte Label „Jacqmar" sagen uns viel, aber es ist die handgeschriebene Notiz, die unsere Neugierde weckt. Wir wollen mehr über die Biographie des Kleidungsstücks und seiner Trägerin erfahren: Wo wurde es getragen, was für eine wundervolle Zeit war das, als es getragen wurde, mitten im Krieg? Und auch über die Bedeutung des Kleides als Träger der Erinnerung: Warum wurde es aufbewahrt, und weshalb hat Anne die Notiz hinzugefügt, die so viel andeutet, aber so wenig sagt für „andere" und künftige Augen?

Wir wissen aus der Archivforschung, dass Anne den Krieg alles andere als leichtfertig erlebte. Dennoch gab es offensichtlich gelegentlich fröhliche Zeiten, und Annes glückliche Erinnerungen an diese Tage wurden durch das Kleid ausgelöst. Wie soll nun dieses geschichtsträchtige, modisch gestaltete, mit so viel Bedeutung aufgeladene Kleid in einem Museums-Raum präsentiert werden? Was geschieht mit der Notiz, dem Karton und dem Schloß, das es beherbergt hat? Und was ist mit dem weiblichen Körper, den es ursprünglich bekleidet und der es in öffentlichen Räumen mit so viel Freude getragen hat? Nach vielen Diskussionen wurde entschieden, das Kleid über ein unsichtbares „Mannequin" zu drapieren, um den körperformenden Schnitt zu zeigen. Der Brief wurde daneben platziert.

Häufig wird die Designer-Mode, die in Museen gesammelt und ausgestellt wird, direkt vom Designer bezogen; falls sie getragen wurde, dann nur für ein Défilé oder ein FotoShooting. Solche Modelle werden gewöhnlich im Kontext des Werks des Modeschöpfers präsentiert, ohne Interesse für die Geschichte der getragenen Kleider. Ganz anders verhält es sich mit Kleidern aus Nachlässen, Schenkungen usw. Ich plädiere deshalb dafür, Kleidung, die getragen wurde und die eine höchst persönliche Biographie besitzt, im Museum gesondert auszustellen.

Öffentliche und private Räume: Die Uniform der Britischen Frauen-Landarmee von 1939 bis heute

2009 kuratierte ich die Ausstellung *The Women's Land Army: Cinderellas of the Soil* – eine auf Uniformen basierende Ausstellung über die Frauen-Landarmee (Women's Land Army = WLA). Die in dieser Schau ausgestellten Kleidungsstücke warfen sehr unterschiedliche Fragen auf, da viele von ihnen ungetragen und seit den 1950er Jahren eingelagert gewesen waren. Während des Zweiten Weltkriegs (1939-1945) wurden in den USA, Kanada, Neuseeland, Australien und Großbritannien Frauen-Landarmeen gegründet. Ihre Hauptaufgabe war es, die ununterbrochene Produktion

Abb. 5 Landfrauen der WLA

lebenswichtiger Nahrungsmittel zu sichern, sobald die Bauern in den Armeedienst einberufen wurden. Die Arbeit war hart, oft monoton, gefährlich und isolierte viele der jungen Frauen, die in die entlegenen Gebiete geschickt wurden, um dort mit älteren Bauern und deren Ehefrauen zu leben. Die Rolle der Landmädchen (wie sie genannt wurden und sich immer noch selbst bezeichnen) als Teil der britischen Frauen-Landarmee veränderte die Betroffenen psychisch und physisch. Freundschaften wurden und werden auch heute noch auf der Grundlage gemeinsamer Belohnungen und Herausforderungen geschlossen. Während Frauen in anderen Diensten eine feminisierte Variante der männlichen Uniformen trugen, orientierte sich die Gestaltung der WLA-Uniform an der Kleidung von Gärtnerinnen. Die Kniebundhose der Landmädchenuniform war Bestandteil ihres täglichen Lebens, formte ihre Identität und beeinflusste ihre allgemeine Wahrnehmung durch die Bevölkerung.

Wenn sie den Dienst verließen, mussten die Landmädchen ihre Uniformen zurückgeben, vorausgesetzt, dass sie noch einsatztauglich waren. Anders als im Fall der Familie Messel war es hier nicht möglich, alle Klei-

Abb. 6 Kniehosen in der Ausstellung

dungsstücke der Ausstellung auf die einzelnen Frauen, die sie getragen hatten, zu beziehen. Nur eine einzige, von Kopf bis Fuß komplette Uniform konnte einer Trägerin zugeordnet werden. Sie war eine Schenkung des nahegelegenen Worthing Museums. Die meisten anderen Austellungsstücke wurden über E-Bay erstanden, waren Teil der damaligen Überschußproduktion und folglich nie getragen. Viel davon war nach dem Krieg als Hilfslieferung nach Italien und andere europäische Länder geschickt worden. Ich fand heraus, dass die Sachen noch bis vor kurzem eingelagert waren und mittlerweile sehr begehrt sind bei Händlern für Vintage-Mode und Militärbekleidung, die mit ihrer Ware sowohl den Modemarkt als auch den Markt für Living History/Gelebte Geschichte bedienen. Wie können und wie sollen solche Kleidungsstücke im öffentlichen Raum des Museums ausgestellt und interpretiert werden?

Innerhalb der Ausstellung untersuchte ich die Biographien der Kniehosen – von der Baumwolle aus den USA, die an britische Textil- und Kleidungsfabriken verschifft und dann mit dem Zug zu den WLA-Uniformdepots transportiert wurde, um von dort aus an die Landmädchen im ganzen Land verteilt zu werden. Die wechselnden Räume und die Bewegung des Materials und der Menschen wurde zu einem dominanten Thema der Präsentation. Gelegentlich erzählten sie eine schöne zyklische Geschichte, wenn die abgenutzte Uniform als Dünger zum Land zurückkehrte. In anderen Fällen dienten sie im 21. Jahrhundert einer neuen Generation von ‚Landmädchen‘ zu einem neuen Zweck.

Viele Museen stellen seltene und/oder wertvolle Objekte aus und betonen damit unweigerlich Einzigartigkeit. In Bezug auf Kleidung handelt es sich oft um Haute-Couture-Kleidungsstücke, die dem individuellen Körper der Kundin angepasst wurden, und um Prêt-à-porter, luxuriöse, auf Designer-Niveau gearbeitete Konfektionsmode. Design, Qualität, handwerkliche Meisterschaft und Unverwechselbarkeit werden hervorgehoben. Diese Kleider sind meistens an Schaufensterpuppen für den Einzelhandel ausgestellt, die vorherrschenden Schönheitsidealen entsprechend modelliert sind und diese Ideale dann wiederum vermitteln. Zwischen 1939 und 1950 (als sich die WLA auflöste) wurde über eine halbe Million Kniehosen in elf verschiedenen Größen produziert. Doch wie konnte diese als Massenware produzierte und von den WLA getragene Uniform ausgestellt werden, wenn man ihre unterschiedlichen Geschichten und Bedeutungen erforschen und darstellen möchte? Die Präsentation von Kniebundhosen in verschiedenen Größen („Die Mauer der Kniebundhosen") sollte deutlich machen, dass die WLA-Uniform Massenware war, die für unterschiedliche Körpergrößen und Körperformen angefertigt wurde. Wir wollten die Besucher auch anregen, sich darüber Gedanken zu machen, welche Teile der Kleidung (oder jedes anderen Objekts) „überleben", und warum. (Die kleinsten Kniebundhosen „überleben", da nur die wenigsten Frauen sie tragen können.) Die geisterhaften Papiersilhouetten der Ausstellung wurden geschaffen, um abwesende Hosen zu evozieren.

Kleider-Ausstellungen untersuchen typischerweise Kleidungsstücke in der Zeit ihrer Herstellung und damit auch zur Zeit des Lebens der Männern und Frauen, die sie trugen. Unsere Ausstellung betrachtete zusätzlich das, was darauf folgte: die Nachkriegsgeschichte und sogar die jüngste Geschichte der WLA-Uniformen. Wo haben all diese ungetragenen Kleiderstücke die letzten fünfzig Jahre gelegen und warum sind sie heute so begehrt?

Ausstellungen und niedergeschriebene Geschichte: Sie untersuchen üblicherweise Gegenstände nicht nur zum Zeitpunkt ihrer Herstellung, sondern auch ihren ursprünglichen Zweck und ihre ursprüngliche Bedeutung. Im Gegensatz dazu habe ich auch das heutige Leben der Landfrauen präsentiert und die aktuelle Verwendung der Uniformen aus den 1940er Jahren. Heute schließen sich Gemeinschaften von Frauen in ganz Großbritannien als „Landmädchen" zu sozialen Netzwerken zusammen. Da sie ihre Uniformen zurückgeben mussten, entwarfen sie neue, um ihr Bündnis zu kennzeichnen. Diese Uniformen bestehen aus kurzärmeligen dunkelgrünen Poloshirts und Sweatshirts mit einem handbemalten, vergrößerten WLA-Abzeichen, das die Frauen zusammen mit ihren Medaillen tragen, die ihnen im 21. Jahrhundert als längst überfällige Auszeichnung für ihre

Abb. 7 Landmädchen heute

Verdienste um die nationale Versorgung während des Krieges und noch fünf Jahre danach verliehen wurden. Auch diese Dinge wurden ausgestellt. Sie bildeten einen faszinierenden Kontrast zu den Photographien von jungen Frauen, die von Kopf bis Fuß in Original-Uniformen der WLA steckten. Sie hatten diese Uniformen in den letzten Jahren nach aufwändiger Recherche und mit erheblichem finanziellem Aufwand erstanden, um in Re-Enactments der Kriegs-Geschichte als Landmädchen aufzutreten.

Zusammenfassung

Beide Kleider-Austellungen, die ich vorgestellt habe, waren „bevölkert". Die besondere Natur der unterschiedlichen Kleidungsstücke motivierte verschiedene Erzählungen und Formen der Präsentation in den Räumen der Museen.

Im 19. Jahrhundert, als die öffentlichen Museen gegründet wurden, lockten sie Besucher an, indem sie – meist seltene und wertvolle – Objekte der Ehrfurcht und des Staunens präsentierten. Als solche boten sie eine erhebende Erfahrung, die sich vom Alltag abhob. Im 21. Jahrhundert leben wir in der Ära des allgemein üblichen Reisens und der elektronischen Kommunikation. Das ganze Leben scheint jederzeit zum Greifen nah, und das auratische Konzept der Museen genügt nicht mehr. Vielleicht liegt der Wettbewerbsvorteil der Museen mehr denn je in der Fähigkeit seiner Kuratorinnen und Kuratoren, Objekte zu nutzen, um wirkliche Lebensgeschichten zu erzählen, die die Zuschauerinnen und Zuschauer emotional bewegen und/oder herausfordern oder bestehende Erfahrungen und Wahrnehmungen erweitern.

In seinem bewegenden Text *The Poetic Museum* wiederholt Julian Spalding immer wieder: „Gegenstände, die in öffentliche Sammlungen überführt werden, verlieren ihren finanziellen Wert, denn sie werden nicht angeschafft, um wieder verkauft zu werden; ihr Wert liegt in ihrer Bedeutung"[2].

Übersetzung: Stephanie Siewert

2 „Items that enter public collections effectively cease to have any financial value because they are not acquired to be re-sold; their value is in their meaning" (Spalding 2002, 2; übers. v. Stephanie Siewert).

Literatur

Baudrillard, Jean (1968): Le système des objets. Paris: Gallimard

Baudrillard, Jean (1991) [1968]: Das System der Dinge. Frankfurt a.M.: Campus Verlag

Baudrillard, Jean (1994): „The System of Collecting". In: Elsner, John/ Cardinal, Roger (Hg.): The Cultures of Collecting. London: Reaktion Books, S. 7

Benjamin, Walter (1979): Das Kunstwerk im Zeitalter seiner technischen Reproduzierbarkeit. Frankfurt/M.: Suhrkamp

Spalding, Julian (2002): The Poetic Museum. Reviving Historic Collections. München: Prestel, S. 20

Katja Weise

„Try me on" – Zur Inszenierung modischer Körper in Ausstellungen

Seit knapp zwei Jahrzehnten veranstalten Museen zunehmend Sonderausstellungen, die sich dezidiert mit dem Phänomen Kleidermode beschäftigen und eine Vorliebe für aktuelle Haute Couture und zeitgenössisches Prêt-à-Porter zeigen.[1] Im Folgenden wird die Hypothese untersucht, inwiefern temporäre monographische Ausstellungen von und über Modelabels räumlich-ästhetische Arrangements erproben, die Kleidermode u.a. als flüchtiges Phänomen erfahrbar machen. Im Fokus stehen dabei kuratorische und szenographische Strategien, die darauf abzielen, Kleidung in Bewegungen zu versetzen und modische Szenen hervorzubringen. Dabei wird analysiert, wie sowohl Körper von Figurinen, Models und BesucherInnen als auch Installationen die vestimentären Exponate verlebendigen. Es soll gezeigt werden, dass Ausstellungen ein theatrales Ereignis darstellen, welches die Aufmerksamkeit vom Zeichencharakter der Kleidermode auf ihre Performativität zu lenken vermag.

Von der Inszenierung modischer Körper auszugehen, rekurriert auf einen Mode-Begriff, der in den Kulturwissenschaften ab den 1990er Jahren entwickelte wurde. Im Zuge des performative turn fasste man Kleidermode – und mit ihr den modischen Körper – nicht länger nur als Zeichen, also als Bedeutungsträger, auf, sondern als etwas, das permanent hergestellt und hervorgebracht werden muss. So hat Gertrud Lehnert eine Theorie der Mode entwickelt, die den Aufführungscharakter von Kleidermode be-

---

1   Zu nennen wären Ausstellungen wie *Versace* (Oktober 2002 bis Januar 2003) oder *Vivienne Westwood. A Retrospective* (April bis Juli 2004) im Victoria and Albert Museum in London; *Balenciaga Paris* (Juli 2006 bis Januar 2007) oder *Yves Saint Laurent* (März bis August 2010) im Pariser Musée de la Mode et du Textile. Dazu zählen außerdem Projekte wie die von Robert Wilson gestaltete Armani-Retrospektive, die 2000 in der Guggenheim Foundation New York gezeigt wurde und anschließend auf Tournee nach Bilbao und Berlin ging; oder *An Exhibition Triptych*, drei unterschiedlich gestaltete Ausstellungen, die 2005 in Florenz und Paris und 2006 in Antwerpen Modelle aus den Kollektionen Yohji Yamamotos präsentierten.

tont. Lehnerts Aufmerksamkeit gilt dabei Prozessen und Handlungen, die modische Phänomene überhaupt erst erzeugen. Sie fragt danach, welche Materialitäten es sind, die Kleidung als Mode zum Erscheinen bringen, und schlägt vor, Kleidermode als etwas Performatives zu begreifen. Das heißt: Mit Kleidern muss etwas getan werden, sie müssen in Szene gesetzt werden, um wahrgenommen und überhaupt als Kleidermode bezeichnet werden zu können. (vgl. Lehnert 2004, 265) Für modische Inszenierungen trifft zu, dass sich die Kleidungsstücke auf den (menschlichen) Körper beziehen wie beispielsweise auf seine Dreidimensionalität oder, als Kennzeichen der Lebendigkeit, seine Beweglichkeit.[2] Im Folgenden möchte ich von diesem Wechselspiel zwischen Kleid und Körper als der modischen Szene sprechen. Damit meine ich das Tragen von Kleidung, das beispielsweise als „embodied practice, a situated bodily practice" (Entwistle 2002, 325) oder als Teil des (Self-)Fashioning bzw. der Körperarbeit (vgl. Craik 2005, 291f.) definiert wird. Modische Szenen sind, werden sie nicht in anderen Medien festgehalten, transitorisch und ephemer.

Dabei sind mir weniger die medialen Repräsentationen dieser Aufführungen wie Abbildungen, Filme oder Texte wichtig, sondern vielmehr das Zusammenspiel zwischen Körper und Kleid in den Aufführungen selbst. Genauer untersucht wird das In-Szene-Setzen von bekleideten Körpern in einem spezifischen Raum, dem Ausstellungsraum. Damit komme ich zu dem, was im Titel meines Beitrags mit der Ausstellung als räumlichem Ereignis angesprochen wird. Wesentliche Referenzpunkte der folgenden Ausstellungsanalysen bilden sowohl (kultur-)semiotische Konzepte[3] als auch Ansätze zu einer performativen Ästhetik[4] von Ausstellungen.

Ausstellen ist eine Geste des Zeigens, mit der etwas ausgewählt, herausgestellt, hervorgehoben, zum Erscheinen gebracht sowie in seiner spezifischen Materialität und Dinghaftigkeit wahrnehmbar gemacht wird. Dinge werden (häufig aus ihren Kontexten) in einem eigens dafür vorgesehenen Raum versammelt, der lange Zeit vor allem im Museum zu finden war. Hier zeigt sich, was wert ist, gezeigt zu werden. Und zwar – und das ist für die Präsentation aktueller Kleidermode(n) in Ausstellungen besonders

2 „[E]rst das Zusammenspiel von dreidimensionalem, beweglichem Körper und ursprünglich lebloser Materie macht Kleider lebendig. Auf dem Bügel oder im Regal ist kein Kleidungsstück interessant, ja, man kann sich fragen, ob es da überhaupt schon Mode ist." (Lehnert 2003, 216)

3 Semiotische Konzepte zur Ausstellungsanalyse gehen davon aus, dass sämtliche Objekte, Medien, Inszenierungsmittel dauerhaft in einem Raum vorhanden sind, Zeichencharakter haben und Botschaften kommunizieren und von den BesucherInnen wahrgenommen und gedeutet werden können. (vgl. u.a. Muttenthaler / Wonisch 2006; Kesselheim / Hausendorf 2007; Schärer 2008; Scholze 2010)

4 Da der vorliegende Beitrag nach den Strategien zur Hervorbringen modischer (Kleider)Körper in Ausstellungsräumen fragt, die zuweilen über statische Arrangements hinausgehen und flüchtig sind, ist der semiotische Ansatz nur bedingt für die Analyse der Beispiele geeignet. Erste Überlegungen zu einer performativen Ästhetik von Ausstellungen finden sich unter dem Begriff der Szenographie u.a. bei Janelli / Hammacher 2008a; Brejzek / Mueller von der Hagen / Wallen 2009.

wichtig – ohne (es) verkaufen zu wollen; und ohne ausschließlich ausgewählten Personen Zutritt zu gewähren. Der symbolische Mehrwert von
Dingen, ihr ‚außer-gewöhnlicher' Status wird durch spezifische Präsentationsweisen unterstützt. Sockel und Podeste heben etwas hervor, Vitrinen
schaffen Schutzräume und gewähren trotzdem Einblicke, aufwendige Be-
leuchtungssysteme stellen Objekte ins Rampenlicht. Mit diesen Gesten der
KuratorInnen und SzenographInnen entstehen räumlich-ästhetische Arrangements, die zum einen Kontexte für die Generierung von Bedeutungen
schaffen. Zum anderen erzeugen sie im unmittelbaren Aufeinandertreffen
von Exponaten, Inszenierungsmitteln und BesucherInnen veränderliche
räumliche Konstellationen und flüchtige Ereignisse. (vgl. Janelli / Hammacher 2008b, 12) Ausstellungen liegt damit eine „Ästhetik der Anwesenheit"
(Botho Strauss zitiert nach Korff 2002, 142) zugrunde.

Auch wenn bereits in den Kunst- und Wunderkammern der frühen Neuzeit vestimentäre Objekte wie exotische Gewänder gesammelt und gezeigt
wurden: Die aktuellen Kleidermoden einer Zeit werden in den Schau-Räu-
men der Museen erst seit den 1970er Jahren berücksichtigt und ausgestellt.[5]
Mittlerweile hat die Zusammenarbeit zwischen renommierten Modehäu-
sern und etablierten Museen zu einer Reihe groß angelegter monographischer Sonderausstellungen geführt. Meine Ausführungen konzentrieren
sich auf solche temporären Schauen, an deren Konzeption die jeweiligen
Designer und Labels beteiligt waren beispielsweise als Co- bzw. Gastkura-
torInnen oder indem sie die Gestaltung übernahmen.[6] Die von mir getrof-
fene Einschränkung bei der Auswahl liegt vor allem darin begründet, dass
die Labels für solche Projekte die ausgestellten Kleidungsstücke häufig aus
ihren eigenen Beständen oder Archiven zur Verfügung stellen, wodurch
experimentelle und innovative Präsentationsformen ermöglicht werden.
So brauchen weniger Vorgaben und Richtlinien berücksichtigt werden,
wie es bei textilen Objekten aus Museumssammlungen notwendig wäre. Es
kann beispielsweise auf niedrige Lux-Zahlen oder (Schutz-)Vorrichtungen
wie Podeste und Vitrinen – welche die BesucherInnen normalerweise auf
Abstand zu den Exponaten halten und verhindern, dass sie diese berühren – verzichtet werden. Auch die Wahl der Körper, an denen die vestimentären Objekte gezeigt werden, ist freier und bietet größere Spielräume.
Kleidungsstücke aus den Archiven der Modelabels können von den Aus-

---

5   Als wegweisend gelten – auch in Hinblick auf innovative Gestaltungsansätze – die von Cecil
     Beaton und Madeleine Ginsberg kuratierte Schau *Fashion. An Anthology* (1971, Victoria and
     Albert Museum) sowie die Ausstellungen Diana Vreelands, vor allem die Yves Saint Laurent-
     Retrospektive (1983/84) im Metropolitan Museum of Modern Art New York. (vgl. Taylor 2004,
     122; Steele 2008, 11f.) Zu den Sammel- und Ausstellungspraktiken von Kleidung und Kleider-
     mode in und außerhalb von Museen vgl. Lou Taylor 2002; dies. 2004.
6   Die Einflussnahme auf kuratorische und gestalterische Entscheidungen führt(e) vielfach zu
     Kritik an solchen Schauen: Man ermögliche Modeschöpfern bzw. Modehäusern, ein positives
     Selbstbild zu inszenieren und für sich zu werben. (vgl. u.a. Menkes 2000 und 2007)

stellungsbesucherInnen häufig nicht nur angefasst und berührt, sondern teilweise sogar angezogen und getragen werden.

Es sollen nun Präsentationsformen in Mode-Ausstellungen, also Gesten des Zeigens, ausfindig gemacht werden, die die Aufmerksamkeit darauf lenken, dass Kleidermode auf die Inszenierung modischer Körper angewiesen ist. Folgende Fragen sind für die Analyse leitend: Wer oder was trägt, bewegt und belebt die Kleider in Ausstellungen? Wie wird die Beziehung zwischen Kleid und Körper in Szene gesetzt und in Ausstellungen gestaltet, und zwar nicht mithilfe von bzw. in Fotografien, Filmen usw., sondern anhand vestimentärer Exponate? Lassen sich Gestaltungsweisen erkennen, die das Zusammenspiel von Körper und Kleid als vorübergehend, veränderlich und flüchtig erfahrbar machen?

Unbewegte Figurinen

2008 wurde im Mode-Museum Antwerpen die Ausstellung *Maison Martin Margiela ‚20' The Exhibition* gezeigt; anschließend war sie zu Gast im Haus der Kunst in München (2009) sowie im Somerset House in London (2010). Anlass war das 20-jährige Jubiläum des Mode-Hauses. Es handelte sich um eine Zusammenarbeit zwischen dem Antwerpener Museum, dem Szenographen Bob Verhelst, der bereits seit 1989 mit Margiela zusammenarbeitet, sowie Maison Martin Margiela (im Folgenden abgekürzt MMM). Die Ausstellung gliederte sich in 23 thematische Bereiche, die einzelne Aspekte aus den unterschiedlichen Kollektionen in Szene setzten.

Abb. 1 *Maison Martin Margiela ‚20' The Exhibition* (Haus der Kunst München 2009). Büste der Firma Siegel & Stockman mit Jackett aus grobem Leinenstoff aus der Frühjahr-/Sommerkollektion 1997.

Wiederholt wird die Herstellung von Kleidung in den Kollektionen von MMM thematisiert und an den Textilien selbst sichtbar gemacht. Die Ausstellung nahm darauf Bezug im Bereich „Tailoring/Produktionsprozesse" und zeigte die Exponate an Schneiderbüsten der Firma Siegel & Stockman, zu deren Kunden vor allem Haute Couture-Häuser zählen. Zwei Arrangements verwiesen stärker als andere Objekte dieser Gruppe auf den Raum der Fertigung, das Atelier, und die in ihm befindlichen Körper.

Schneiderpuppen von Siegel & Stockman dienten MMM als Ausgangspunkt für zwei Jacketts der Frühjahr-/Sommerkollektion 1997. Die Jacketts sind aus grobem Leinenstoff gefertigt, mit dem normalerweise die Oberfläche des Torso bespannt ist und auf dem sich häufig Zahlen, Aufschriften oder Aufdrucke befinden. „Durch die Steifheit des Leinens behält das Jakkett, auch wenn es getragen wird, die originale Form der Schneiderpuppe", heißt es dazu in der Broschüre zur Münchner Schau. (o.A. 2009, o.S.) ‚In' den Jacketts tauchen die Silhouette und das Außenmaterial (als Oberfläche oder Hülle) der Schneiderbüste auf, sodass die fertigen Kleidungsstücke den Produktionsprozess und seine Hilfsmittel nicht ausblenden, sondern (auf)bewahren und geradezu exponieren. Sie verleihen dem Körper der TrägerInnen offensichtlich die ‚fremde' Form eines ‚anderen' Körpers, der als Vorlage diente. „Jackets worn directly on the body replicate the dummy. (…) [I]t is the standard fit of the tailor's bust that is put on the body as if it were an artifical suit of armour (…)." (Debo 2008, 12)

Nun bot die Ausstellung den BesucherInnen nicht die Möglichkeit, die Jacketts anzuprobieren, wodurch sich, wie Debo schreibt, die Form der Schneiderbüste am bzw. auf dem Körper der BesucherInnen verdoppelt hätte. (Dies hätte die Diskrepanz zwischen dem Vorbild- bzw. Idealkörper und dem Körper der TrägerInnen deutlich gemacht.) Mit der Entscheidung, die Jacketts in der Ausstellung wiederum an Schneiderpuppen zu zeigen, wird das Motiv der Herstellung aufgegriffen und wiederholt sich endlos: Die Stockman-Büste verweist auf das Jackett, das Jackett auf die Büste usw. Der auf einen Torso reduzierte, fragmentarische Körper, der kein lebendiger, beweglicher und nur entfernt menschenähnlicher ist, bildet für zahlreiche Modeschöpfer den Ausgangs- bzw. Referenzpunkt für Entwürfe, Schnitte und Silhouetten. Er wird meistens verleugnet, obwohl seine seit dem 19. Jahrhundert standardisierten Maße und Formen als Kleidergrößen auf den menschlichen, lebendigen Körper übertragen werden. „Das Emblem des verleugneten Verkuppelns des Unbelebten mit dem Belebten steht versteckt im Atelier des Designers: Es ist das mannequin, die Puppe, auf der die Kleider modelliert werden." (Vinken 1994, 40)

Schaufensterpuppen, die auf den kommerziellen Raum des Shops verweisen, fanden sich in einem Bereich der Ausstellung *Akris. Mode aus Sankt Gallen*, die im Rahmen des Projektes *Schnittpunkt Kunst + Kleid* 2006 im Sankt Gallener Textilmuseum veranstaltet wurde. Das Schweizer Modehaus Akris präsentiert seit einigen Jahren seine Prêt-à-Porter-Kollektionen u.a. in Paris. Sein kreativer Leiter, Albert Kriemler, kuratierte die Schau, die in ihrer Dramaturgie den Entstehungsprozess einer Kollektion nachzeichnete. Ein Rundgang stellte einzelne Arbeitsschritte und Phasen vor: von der Stoffherstellung über den Pariser Laufsteg bis zum Eingang der Kollektionen in die Warenwelt. Er war von chronologisch angeordneten Modellen aus den Kollektionen seit den 1980er Jahren bis in die Gegenwart gesäumt. Im Bereich „Techne" in der Bel Étage wurden Büsten der Schweizer Firma

Abb. 2 *Akris Mode aus Sankt Gallen* (Textilmuseum St. Gallen 2006). Schläppi-Büsten mit Modellen aus den letzten Kollektionen.

Schläppi[7] Modelle aus den Kollektionen der letzten Saisons angelegt. An den weißen Ganzkörper-Figurinen, denen ‚individualisierende' Merkmale wie Haare (Perücken), Augen, Wimpern, Make-Up usw. ‚fehlten',[8] wurden Kleider, Röcke, Jacken, jedoch keine Schuhe oder Accessoires gezeigt. Die Schlichtheit der identischen modischen Körper sollte die Aufmerksamkeit auf die einzelne Modelle aus den Kollektionen von Frühjahr/Sommer 2004 bis Herbst/Winter 2006/07 lenken.[9] Die Schläppi-Büsten waren im Raum verteilt angeordnet und nahmen verschiedene Körperhaltungen ein, die denen von Menschen ähneln und Lebendigkeit suggerierten: Einige Puppen saßen mit überschlagenen Beinen auf Stühlen Norman Cherners;[10] andere standen am Fenster und hielten den Kopf so, als würden sie hinausschauen. Auch im Treppenhaus standen sie und schienen sich am Geländer festzuhalten oder mit großen Schritten zum nächsten Treppenabsatz zu laufen. Suggerierten die Körperhaltungen der Puppen Bewegung, war diese letztendlich zu einer Pose erstarrt. Die Unbeweglichkeit der Körper

---

7   Im Begleitheft heißt es dazu: „1950 hat der Schweizer André Schläppi die ersten Büsten entwickelt und produziert. Mit der architektonischen Modernität und der unverkennbaren Grazie ist ihm ein kleines Meisterwerk gelungen." (o.A. 2006, o.S.) Stilisierte Schläppi-Puppen wurden bereits 1971 für die Ausstellung Fashion. An Anthology verwendet. (vgl. Beitrag von Amy de la Haye)

8   Im Unterschied zum realistischen Figurinen sei ein abstraktes Mannequin „ageless, non-ethnic, non specific, [...] a highly stylized, usually non-featured mannequin devoid of wig and/ or make-up details. Though based on human measurements and proportions, the shape and sculpting is not realistic and strives instead for a decorative and non-objective effect." (Pegler zitiert nach Schneider 1995, 123)

9   Die Wahl abstrakter Mannequins oder fragmentarischer Körper wie den Torsi der Schneiderbüsten führt zu einer stärkeren Trennung von Körper und Kleid: „Many fashion designers, like costume curators, prefer abstract mannequins to realistic ones because they focus attention on clothing itself rather than on the ‚character' wearing it." (Schneider 1995, 126)

10 Die Gestaltung verwies auf den Eingang der Kollektionen in die Warenwelt und den Verkaufsraum, denn außer den Schläppi-Büsten sind die Stühle Norman Cherners charakteristisch für Akris-Boutiquen.

übertrug sich auf die Kleider, die gleichfalls still gestellt waren. Besonders die im Treppenhaus aufgestellten Figurinen spielten mit dem eingefrorenen Moment einer flüchtigen Bewegung und ‚fixierten' so das vergängliche Moment der modischen Szene.

(Bewegte) Installationen vestimentärer Exponate

In einigen Ausstellungen finden sich Installationen, die mithilfe ausgeklügelter maschineller und technischer Konstruktionen die vestimentären Exponate in Bewegung versetzen. Exemplarisch sei das Projekt *Waist down – Skirts by Miuccia Prada* angeführt, das seit 2004 in verschiedenen Prada-Läden, so in Tokio, New York und L.A. sowie in einem Hotel in Shanghai gezeigt wurde. Im Frühjahr 2009 war die Ausstellung in dem von Rem Kohlhaas entworfenen Prada-Transformer in Seoul zu erleben. Es wurden Rock-Entwürfe der letzten 20 Jahre präsentiert und thematisch so gruppiert, dass zehn unterschiedliche Gestaltungsweisen die Aufmerksamkeit auf die Besonderheiten der Modelle lenkten: angebrachte Lupen vergrößerten die Oberflächen- bzw. Materialstrukturen („Lens"); von innen beleuchtete Röcke zeugten von der Zartheit mancher Stoffe („Glowing"). Zwei Arrangements verhandelten die Frage nach der Körperlichkeit als Bedingung der modischen Szene.
So waren im Bereich „Spinning" einige Röcke an Deckenventilatoren ange-

Abb. 3 *Waist down* (Prada Epicenter L.A. 2006). Spinning.

bracht, welche nur noch aus dem Rotor bestanden und denen das Laufrad, d.h. die Blätter, fehlten. Die Drehgeschwindigkeit des Rotors unterschied sich von Modell zu Modell und war dem jeweiligen Rock angepasst. Mithilfe dieser (zweckentfremdeten) Vorrichtungen drehten die Röcke endlose Pirouetten und ent-falteten ihre ganz unterschiedlichen Volumina. „Skirt spinning is such a famously revealing action that we wanted to show the flow of the material as the skirts spin; the flapping of the light skirts, the opening of the pleats and the shine of the embroidery." (Rock 2009, 563)

Auf dem Boden unterhalb dieser hängenden und rotierenden Röcke waren zudem Spiegelflächen angebracht und gewährten einen voyeuristischen Blick unter den Rock, sozusagen in den Innenraum. Dieser war jedoch leer, d.h.: körperlos.

An anderer Stelle („Pendulum") hingen Röcke augenscheinlich auf Bügeln

Abb. 4 *Waist down* (Prada Transformer Seoul 2009). Pendulum.

an einer Kleiderstange hintereinander aufgereiht. In ihnen ‚versteckt' befanden sich Autoscheibenwischer, die plötzlich begannen, sich zu bewegen und die Röcke in Schwung zu versetzen. So sollte das Schwingen eines Rokkes imitiert werden, das sonst der Hüftschwung und die Beine beim Gehen auszulösen vermögen, denn: „Leg movement is of course the ideal movement to show the skirts off, [...]. Hung on standard Prada wooden hangers, the skirts would be indistinguishable from the regular store merchandise... until they start moving." (Rock 2009, 563)

In beiden Fälle gab es keine (menschlichen) Körper zu sehen, denen die Röcke angelegt wurden. Den Ausgangspunkt für die Installationen bildet vielmehr jene Bewegung, in die das Kleidungsstück versetzt wird, wenn es von einem lebendigen menschlichen Körper getragen wird. Diese Spuren des Lebendigen werden jedoch mithilfe technischer Geräte simuliert und erzeugen flüchtige Spuren eines Körpers, der selbst abwesend ist. Der maschinelle Ursprung der Kleider-Bewegungen führt dazu, diese als übertrieben bzw. übersteigert wahrzunehmen: Denn einem menschlichen Körper gelingt es im Moment der Ausführung weder die Geschwindigkeit und Dauerhaftigkeit noch die Gleichförmigkeit beizubehalten.

Ein weiteres Beispiel dafür, wie Installationen Kleidungsstücke in Bewegungen versetzen können, fand sich 1998 in der Pariser Ausstellung *Issey Miyake Making Things* in der Fondation Cartier, die anschließend nach New York (1999) und Tokio (2000) wanderte. Die künstlerische Leitung übernahm Issey Miyake selbst. Für die Szenographie, insbesondere die Installationen, zeichnete sich der als Produktdesigner tätige Tokujin Yoshioka verantwortlich, der bereits seit 1988 mit Miyake zusammenarbeitet. Die Präsentation von Entwürfen der letzten zehn Jahren erfolgte in fünf Themenbereichen, die spezifische Fertigungsweisen sowie Kooperationen mit Künstlern vorstellten.

In einem „Jumping" betitelten Raum waren 25 Exponate – u.a. aus der Ple-

Abb. 5 *Issey Miyake Making Things* (Fondation Cartier Paris 1998). Jumping.

ats Please-Reihe – mit dünnen Drahtseilen an der Decke befestigt. Betraten BesucherInnen den menschenleeren Raum, begannen die Seile und die an ihnen befindlichen vestimentären Objekte zu vibrieren oder sich in einer festgelegten Reihenfolge auf und ab zu bewegen, wodurch sie sich ent- bzw. auf- und wieder zusammenfalteten wie beispielsweise die zieharmonika-artigen ‚Flying Saucers' aus der Frühjahr-/Sommerkollektion 1994.[11]

Wiederum diente eine (menschliche) Bewegung, wie das Auf- und Ab-hüpfen, als Ausgangspunkt für das Arrangement und wurde maschinell er-zeugt. Denn die Kleider selbst sind offensichtlich leere(!) Hüllen. Die aus leichtem Polyester-Material hergestellten Falten- und Knitterkleider gera-ten nicht etwa durch einen Luftzug oder durch die Berührung mit den Be-sucherInnenkörpern in Bewegung, auch wenn die räumliche Anordnung dies ebenfalls zuließ. Vielmehr geschah es aus der Distanz heraus: Das Be-treten des Raums gab den Impuls zur Choreographie körperloser Kleider. Die BesucherInnen erlebten auf beinahe unheimliche Weise die bewegten Reaktionen der textilen Exponate auf ihre eigene körperliche Präsenz im Ausstellungsraum. Die Kleider scheinen belebt und zudem schwerelos,

---

11   Die Installation „(...) joue avec l'espace. Elle y instaure une respiration irrégulière animée de mouvements mêlés qui gonflent les formes plates des vêtements en leurs donnant une nouvelle fluidité et une troisième dimension." (Chandès 1998, 67)

denn ein Körper, der den Gesetzen der Schwerkraft gehorcht, fehlt (in) ihnen.

Models

Den BesucherInnen Kleider an lebendigen, bewegten menschlichen Körpern, beispielsweise an dem von Models, über den gesamten Zeitraum einer Ausstellung zu zeigen, ist bis jetzt noch nicht ausprobiert worden. So sprechen im Wesentlichen die Dauer, die Kosten, ethische Einwände und u.U. konservatorische Gründe dagegen. Vereinzelt finden sich Beispiele in der Performancekunst wie Beverly Semmes' „Petunia" oder Vanessa Beecrofts Choreographien mit Models in Museumsräumen.[12]

Ein Projekt, das mit Models im Museum arbeitet und von der Kostümabteilung als Erweiterung des Spektrums an Präsentationsweisen textiler Exponate geplant war, ist die von Claire Wilcox initiierte Reihe *Fashion in Motion*, die seit 1999 in unregelmäßigen Abständen im Victoria and Albert Museum London veranstaltet wird.[13] An einem Tag werden mehrmals zu festgelegten Zeiten ausgewählte Kleidungsstücke eines Labels an lebendigen Models gezeigt. Jedoch stehen die Models nicht an einer festgelegten Stelle im Raum, die von den BesucherInnen angesteuert werden kann.

Abb. 6 *Fashion in Motion* (V&A Museum London Oktober 2006). Lacroix' Herbst-/
Winterkollektion 2006/2007 in der Raphael Gallery.

Vielmehr handelt es sich um Modenschauen im Museum, denn die Ausstellungsräume des V&A dienen als Hintergrund für Defilees,[14] bei denen

12   Dabei richtet sich der Fokus auf die häufig nackten Körper der Models; vor allem ihre Körperlichkeit wird ‚ausgestellt' und nicht bzw. kaum die Kleidungsstücke eines bestimmten Labels.

13   Eine Auflistung der Fashion in Motion-Events sowie Informationen, Bilder und Videos finden sich auf der Webseite des V&A http://www.vam.ac.uk/collections/fashion/fashion_motion/index.html (zuletzt besucht: 16.1.2011).

14   Die Defilees bleiben losgelöst von der eigentlichen Museumsarchitektur und den ausgestellten Gemälden.

Stücke aus den Kollektionen Alexander McQueens, Jean Paul Gaultiers, Vivienne Westwoods, Christian Lacroix' u.a. präsentiert werden.

Für den Großteil dieser Events wird in einem Raum der Raphael Gallery ein Laufsteg aufgebaut. Die Models betreten ihn durch eine ebenfalls extra errichtete Öffnung, die teilweise die Bilder verdeckt. Sie gehen bis zum vorderen Ende des Catwalks, stoppen, posieren (für die tatsächlich anwesenden Fotografen), laufen zurück und verschwinden wieder. Rechts und links neben dem Laufsteg sitzen die BesucherInnen. Die klassische Laufsteg-Situation wird durch das räumliche Arrangement zitiert und mit ihr auch die Rollenverteilung von Agierenden und Zuschauenden: Exponiert sind die Models und die Kleidung, die sie tragen. Die MuseumsbesucherInnen als ZuschauerInnen nehmen die Plätze ein, die normalerweise von Prominenten, JournalistInnen und EinkäuferInnen besetzt sind.[15] Von Shows auf den Fashion Weeks – wie beispielsweise in Berlin die Modenschauen von Joop! 2009 im Hamburger Bahnhof oder 2010 in der Neuen Nationalgalerie – unterscheiden sich die Aufführungen bei *Fashion in Motion*, indem letztere einem breiten Publikum ermöglichen, ohne Akkreditierung als ZuschauerInnen daran teilzunehmen.[16] Möglich wird das u.a. deswegen, weil bei den Events im V&A nicht die neuste Kollektion eines Labels erstmals vorgestellt und beworben werden (vor einem ausgewählten und ausschließlich eingeladenen Publikum aus JournalistInnen/RedakteurInnen, EinkäuferInnen usw.). Die gezeigten Modelle sind nicht mehr unbekannt und neu; vor der Aufführung bei *Fashion in Motion* zirkulieren bereits Bilder und Videos von ihnen und einige können in Läden möglicherweise noch käuflich erworben werden. Es geht bei diesem Museums-Event kaum um das Überraschungsmoment, sondern vielmehr darum, dass die BesucherInnen die Designer-Kleider, die aus den Medien bekannt sind, unmittelbar betrachten können. „[T]he aim is to convey the energy of fashion as performance [...] to a public that is used to seeing fashion in magazines but has rarely seen such ensembles [...] in the flesh." (Wilcox zitiert nach Taylor 2002, 28)

Kleidung wird bei *Fashion in Motion* als modische Szene gezeigt, als einmalige Aufführung von und an lebendigen Körpern in Räumen: „it brings live bodies into otherwise static museum display space". (Anderson 2000, 387) BesucherInnen können sehen, wie sich die Bewegung der Models auf die Kleidung überträgt, wie die Kleidung dem Körper Konturen verleiht, wie sie vom Raum Besitz ergreift oder die Beweglichkeit der Models ein-

---

15 Eine Ausnahme bildet die Ausstellung *Catwalks* 2009 im NRW-Forum Düsseldorf, bei der in aufwendigen Multimedia-Installationen bekannte spektakuläre Modenschau-Settings dreidimensional animiert wurden und den BesucherInnen den Eindruck vermittelten, sie seien Teil der Laufsteg-Inszenierung und nähmen die Rolle der Models ein. Allerdings trugen sie nicht die zum Laufsteg ‚passende' Kleidung aus den entsprechenden Kollektionen.

16 Betont wird bei *Fashion in Motion*, dass es sich beim Museum um einen öffentlichen Raum handelt, der grundsätzlich allen interessierten BesucherInnen offen steht.

schränkt und ihre Körper in die Nähe zu den ausgestellten Statuen und Reliefs rückt (wie bei Alexander McQueen).

Es wäre zu fragen, ob es für BesucherInnen allein aus der Anschauung vorstellbar ist, wie es sich anfühlen würde, die jeweiligen Kleidungsstücke am eigenen Körper zu tragen, nur weil es sich beim Bekleiden um etwas handelt, was wir jeden Tag tun. Selbst wenn es in einigen Ausstellungen (Akris) den BesucherInnen erlaubt war, die textilen Exponate zu berühren, erfolgt die haptische Annäherung von außen. Von den Kleidern im Museum berührt und umhüllt zu werden, also in ihnen zu stecken, ist immer noch selten. Wie fühlen sie sich auf der Haut an? Welches Gewicht haben sie? Lassen sie Bewegungen zu oder schränken sie sie ein? Nimmt das Material die Körperbewegungen auf? Wie verändert sich die eigene Körperform und -ausdehnung?

BesucherInnen-Körper

Kleidung nicht nur von außen zu betrachten, sondern in ihr zu stecken und sie körperlich zu erfahren, hatte die Antwerpener Yamamoto-Schau *Dream Shop* von 2006 zum Ziel. Sie ist die dritte Ausstellung des Projektes *An Exhibition Triptych*. Gestaltet wurde sie von Masao Nihei und war aufgeteilt in eine klassische Retrospektive und den sogenannten Dream Shop. In diesem Bereich wurden die vestimentären Objekte an weißen Büsten the-

Abb. 7 *Yohji Yamamoto. Dream Shop* (Mode-Museum Antwerpen 2006).

matisch gruppiert präsentiert. An etwa 20 Exponaten waren Schilder angebracht worden, auf denen zu lesen war: „Try me on". Die BesucherInnen wurden aufgefordert, sich an das Museumspersonal zu wenden, wollten sie eines der Kleidungsstücke (wie Kleider, Mäntel, Hosen) anprobieren. Weitere Exemplare davon hingen auf Bügeln an Kleiderstangen.

Es standen Ankleidekabinen zur Verfügung, in die sich die BesucherInnen zurückziehen konnten, um das ausgewählte Modell anzulegen und „to experiment with the clothes". (Yamamoto 2006, 11) In diesem geschützten Raum verschmolzen die Rollen, aber auch die Körper von AkteurIn und BetrachterIn der modischen Szene. Die BesucherInnen taten etwas mit dem Kleidungsstück, gestalteten ihren Körper und waren dabei zugleich ihre eigenen ZuschauerInnen.

Auch in der Akris-Schau gab es die Möglichkeit zur Anprobe. Auf Kleiderstangen hingen Jeans-Jacken aus Kaschmir-Doubleface und perforierte Lederjacken in mehreren Farben und verschiedenen Größen aus der Herbst-/Winterkollektion 2004/05 und konnten von den BesucherInnen angezogen und getragen werden.

Abb. 8 *Akris. Mode aus Sankt Gallen.* Im Hintergrund Kleiderständer mit Doubleface-Jacken zum Anprobieren in verschiedenen Größen.

Ein Text im Begleitheft wies die BesucherInnen auf die Möglichkeit der Anprobe hin und bot ihnen an, Teil einer modischen Performance zu sein. Die Interaktion der BesucherInnen beschränkte sich also nicht darauf, Stoffe zu fühlen, sondern selbst Akris-Mode – wenn auch auf wenige Modelle beschränkt, für eine kurze Zeitspanne und ausschließlich innerhalb der Ausstellungsräume – anzuziehen und aufzuführen. Allerdings gab es dafür keinen Rückzugsort (wie die Umkleidekabine in Yamamotos *Dream Shop*), sondern man blieb beim Anziehen, Tragen und Ausziehen für die anderen BesucherInnen sichtbar. Der eigene Körper wurde gewissermaßen zum Vorführ-Körper und zum vorübergehenden Objekt der Betrachtung anderer. Der Ausstellungsraum wurde zur Bühne, ja – das legte die Ausstellungsgestaltung nahe – zum Laufsteg. Jedem war es möglich, beispielsweise nachdem man andere BesucherInnen beim Anprobieren beobachtet

Katja Weise

hatte, sich selbst in diese Rolle zu begeben und zum Akteur/zur Akteurin der modischen Szene zu werden.

Können BesucherInnen ausgewählte Modelle anprobieren, handelt es sich natürlich um ein Spiel mit der Aura des Luxuriösen, die den Kleidern der hier genannten Labels anhaftet. Unabhängig vom eigenen Geldbeutel und befreit von der Hemmung, die häufig mit dem Betreten einer Nobel-Boutique einhergeht, bieten Ausstellungen als öffentliche Räume den BesucherInnen die Möglichkeit, Kleidung zu betrachten, zu fühlen und ggf. anzuprobieren. Im letzten Fall werden Kleider, Mäntel und Kaschmirjacken (am eigenen Körper) als flüchtig erfahren, denn: Es sind Ausstellungsstücke, die wieder abgelegt werden müssen und nicht mitgenommen werden können.

Literatur

Anderson, Fiona (2000): „Museums as Fashion Media". In: Bruzzi, Stella / Church Gibson, Pamela (Hg.): Fashion Cultures. Theories, Explorations and Analysis. London (u.a.): Routledge, S. 371-389

Brejzek, Thea / Mueller von der Hagen, Gesa / Wallen, Lawrence (2009): Szenografie. In: Günzel, Stefan (Hg.): Raumwissenschaft. Frankurt a.M.: Suhrkamp, S. 370-385

Chandès, Hervé (Hg.) (1998): Issey Miyake Making Things. Arles: Ed. Actes Sud.

Craik, Jennifer (2005): „Mode als Körpertechnik. Körperarbeit, Modearbeit". In. Mentges, Gabriele (Hg.): Kulturanthropologie des Textilien. Berlin: Ed. Ebersbach, S. 287-304

Debo, Kaat (Hg.) (2008): Maison Martin Margiela (Ausstellungskatalog). Antwerpen: ModeMuseum

Entwistle, Joanne (2000): „Fashion and the Fleshy Body: Dress as Embodied Practice." In: Fashion Theory 4:3, S. 323-347

Jannelli, Angela / Hammacher, Thomas (2008a): „Das Museum als Erfahrungsraum". In: Kilger, Gerhard / Müller-Kuhlmann, Wolfgang (Hg.): Szenografie in Ausstellungen und Museen Band 3. Essen: Klartext, S. 44-51

Jannelli, Angela / Hammacher, Thomas (2008b): VOKUS 18:1 - Themenheft „Ausstellungsanalyse"

Kesselheim, Wolfgang / Hausendorfer, Heiko (2007): „Die Multimodalität der Ausstellungskommunikation". In: Schmitt, Reinhold (Hg.): Koordination. Analysen zur multimodalen Interaktion. Tübingen: Narr, S. 339-375

Korff, Gottfried (2002): Zur Eigenart der Museumsdinge. In: Ders.: Museumsdinge. Köln (u.a.): Böhlau, S. 140-145

Lehnert, Gertrud (2003): „Mode als Spiel. Zur Performativität von Mode und Geschlecht". In: Alkemeyer, Thomas u.a. (Hg.): Aufs Spiel gesetzte Körper. Aufführungen des Sozialen in Sport und populärer Kultur. Konstanz: UVK-Verl.-Ges., S. 213-226

Lehnert, Gertrud (2004): „Wie wir uns aufführen … Inszenierungsstrategien von Mode". In: Fischer-Lichte, Erika u.a. (Hg.): Kunst der Aufführung – Aufführung der Kunst. Berlin: Theater der Zeit, S. 265-271

Menkes, Suzy (2000): „Museum Fashion Shows Win Over the Public but Can Cause Conflicts: Designers Are Playing to the Galleries". In: International Herald Tribune (12.7.2000)

Menkes, Suzy (2007): „Museum integrity vs. designer flash". In: International Herald Tribune (25.2.07)

Katja Weise

Muttenthaler, Roswitha / Wonisch, Regina (2006): Gesten des Zeigens. Zur Repräsentation von Gender und Race in Ausstellungen. Bielefeld: transcript

Rock, Michael (2009): Prada Milano dal 1913. Mailand: Progetto Prada Arte

Schärer, Martin R. (2008): Die Ausstellung. Botschaft – Sprache – Bedeutung. In: Kilger, Gerhard / Müller-Kuhlmann, Wolfgang (Hg.): Szenografie in Ausstellungen und Museen Band 3. Essen: Klartext, S. 10-17

Schneider, Sara K. (1995): Vital Mummies. Performance design for the show-window mannequin. New Haven (u.a.): Yale University Press

Scholze, Jana (2010): „Kultursemiotik. Zeichenlesen in Ausstellungen". In: Baur, Joachim (Hg.): Museumsanalyse. Methoden und Konturen eines neuen Forschungsfeldes. Bielefeld: transcript, S. 121-148

Steele, Valerie (2008): „Museum Quality. The Rise of the Fashion Exhibition". In: Fashion Theory 12:1, S. 7-30

Taylor, Lou (2002): The Study of Dress History. Manchester (u.a.): Manchester University Press.

Taylor, Lou (2004): Establishing Dress Study. Manchester (u.a.): Manchester University Press.

Vinken, Barbara (1993): Mode nach der Mode. Frankfurt a.M.: S. Fischer

Yamamoto, Yohji (2006): An Exhibition Triptych (Ausstellungskatalog). Antwerpen: Press SARL.

Internet:

http://www.vam.ac.uk/collections/fashion/fashion_motion/index.html (zuletzt besucht: 16.1.2011)

Abbildungen

Abbildung 1: Maison Martin Margiela ‚20' The Exhibition (Haus der Kunst München 2009). Büste der Firma Siegel & Stockman mit Jackett aus grobem Leinenstoff aus der Frühjahr-/Sommerkollektion 1997.
http://www.zeitjung.de/ZEITGEIST/artikel_detail,2202.html, letzter Zugriff: 23.6.2009.

Abbildung 2: Akris. Mode aus Sankt Gallen (Textilmuseum St. Gallen 2006). Schläppi-Büsten mit Modellen aus den letzten Kollektionen. http://www.schnittpunkt.sg/, letzter Zugriff: 23.4.2008.

Abbildung 3: Waist down (Prada Epicenter L.A. 2006). Spinning. Aus: Rock, Michael (2009): Prada Milano dal 1913. Milano, S. 567.

Abbildung 4: Waist down (Prada Transformer Seoul 2009). Pendulum. (Screenshot) http://www.youtube.com/watch?v=coyzUt8kBsg, letzter Zugriff: 26.1.2011.

Abbildung 5: Issey Miyake Making Things (Fondation Cartier Paris 1998). Jumping. Aus: Chandès, Hervé (Hrsg.) (1998): Issey Miyake Making Things. Arles, S. 14.

Abbildung 6: Fashion in Motion (V&A Museum London Oktober 2006): Lacroix' Herbst-/Winterkollektion 2006/2007 in der Raphael Gallery. http://www.vam.ac.uk/images/image/31047-popup.html, letzter Zugriff: 26.1.2011.

Abbildung 7: Yohji Yamamoto. Dream Shop (Mode-Museum Antwerpen 2006). Aus: Yamamoto, Yohji: An Exhibition Triptych (Ausstellungskatalog). Antwerpen, S. 85.

Abbildung 8: Akris. Mode aus Sankt Gallen (Textilmuseum Sankt Gallen 2006). Im Hintergrund Kleiderständer mit Doubleface-Jacken zum Anprobieren in verschiedenen Größen. http://www.schnittpunkt.sg/, letzter Zugriff: 23.4.2008.

Christine Waidenschlager

Mode-Räume im Museum
Zur geplanten Präsentation der Modesammlung des Kunstgewerbemuseums Berlin

Modeausstellungen im Museum sind ein Thema, das in den letzten Jahrzehnten eine immer größere Bedeutung erlangt hat. Denn, ich zitiere Ingrid Loschek:

> „Anders als Modenschauen, Shop-Eröffnungen und ähnliche Medienevents bieten Ausstellungen einen demokratischen, für jedermann zugänglichen Ort der Konzentration auf das Objekt und eine weitgehend authentische und mit narrativen Qualitäten ausgestattete „neutrale" Vermittlung von Form, Material, Schnitt, Verarbeitung und Konzept von Haute Couture und Designermode." (Loschek 2007)

Allein in den letzten zehn Jahren wurden in Deutschland zwei große Modedauerausstellungen eröffnet: Der „Kleiderwechsel" im Germanischen Nationalmuseum in Nürnberg im Jahr 2002 und das Modemuseum des Württembergischen Landesmuseum im Festinbau von Schloss Ludwigsburg, im Jahr 2004. Im Jahr 2007 folgte die Eröffnung des privaten Modemuseums von Josefine von Krepl in Meyenburg (Mecklenburg-Vorpommern), und erst kürzlich hat die ebenfalls private Sammlung der Familie Brenninkmeyer in Mettingen ihre Tore geöffnet. Einmal in der Woche ist diese Sammlung öffentlich zugänglich. Die vielen spannenden Sonderausstellungen rund um das Thema Mode, die alljährlich allein in Deutschland stattfinden, kann ich schon gar nicht mehr nennen.

Auch das Kunstgewerbemuseum und somit die Staatlichen Museen zu Berlin erlagen der Faszination Mode und erwarben im Jahr 2003 eine große repräsentative Modesammlung. Nach den beiden Vorbesitzern wird sie kurz Sammlung Kamer/Ruf genannt und enthält insgesamt 640 Kostüme und 800 Accessoires vom frühen 18. Jahrhundert bis zum ausgehenden

Abb. 1 Galarobe à la française, England um 1765/70

Abb. 2 Robe à l'anglaise, England um 1780 (siehe Farbtafel 13)

20. Jahrhundert. Allein aus dem 18. Jahrhundert sind es 164 Damen- und Herrenkostüme sowie rund 120 Accessoires, ein in Berlin einzigartiger Bestand. Das 19. Jahrhundert ist mit insgesamt 204 Damenkostümen und 31 Teilen Herrenmode vertreten und im 20. Jahrhundert beinhaltet die Sammlung 248 Damenmodelle der Haute-Couture von Charles Frederick Worth bis Gianni Versace. Diese Vielzahl hochkarätiger Modelle sucht in Berlin und über seine Grenzen hinaus ihresgleichen und verleiht der Sammlung überregionale Bedeutung. Das Kunstgewerbemuseum Berlin kann so das Thema Mode umfassend präsentieren. Im Folgenden werde ich beispielhaft

Abb. 3 Ballkleid, Frankreich, 1860/65

den Stand der Planungen zur Errichtung unser musealen „Mode-Räume" vorstellen. Natürlich verfolgten die Staatlichen Museen zu Berlin mit der Erwerbung dieser wertvollen Sammlung ganz konkrete Ziele: Der wichtigste Punkt war der Wunsch, hier am Kulturforum für das Kunstgewerbemuseum einen neuen und publikumswirksamen Sammlungsschwerpunkt zu schaffen, denn durch die Bespielung von Schloss Köpenick, unserem zweiten Standbein, dem Museum für Raumkunst aus Renaissance, Barock und Rokoko, waren wichtige Stücke der Sammlung aus allen Materialgattungen, inklusiver ganzer Getäfel, nach Köpenick gebracht worden, so daß große Lücken in der Schausammlung unseres Hauses am Kulturforum gerissen wurden.

Dieser neue Sammlungsschwerpunkt des Kunstgewerbemuseums ist aber auch Teil einer langfristigen Standortprofilierung für das Kulturforum in Richtung Mode und Design, deren Hauptstützen unsere Sammlung und natürlich die Kunstbibliothek mit der Sammlung Modebild – Lipperheide-sche Kostümbibliothek sind. Hiermit verbindet sich die Erwartung eines Synergieeffektes, der durchaus bereits zu bemerken ist, denn immerhin fand die Tagung, auf die dieses Buch zurückgeht bei uns am Kulturforum statt.

Um eine zeitnahe Präsentation der Modesammlung zu ermöglichen, wurde bereits im Herbst 2004 ein Architektenwettbewerb ausgeschrieben, der zugunsten des Berliner Architekturbüros Kühn-Malvezzi entschieden wurde. Die damaligen Planungen sahen einen Gesamtumbau des Kunst-gewerbemuseums vor, doch im Sommer 2005 stellte sich heraus, dass das bewilligte Budget hierfür nicht ausreichte. Was blieb, war die so genannte „kleine Lösung", also die Integration der Modesammlung in die ständige Schausammlung, eine Umgestaltung unseres Foyers und ein neues Leit- und Informationssystem für das gesamte Haus.

Dies war der Stand, als ich im September 2005 an das Kunstgewerbemu-seum kam. Meine erste Aufgabe war die Erarbeitung eines Konzepts für die geplante Präsentation der Modesammlung in folgenden Bereichen:

Auf der bisherigen Infogalerie, die das gesamte Gebäude in der Ein-gangsebene umläuft und in der darüber liegenden Etage, in Raum V (Ba-rock und Rokoko) und Raum VI (Rokoko bis Jugendstil) der Dauerausstel-lung. Von hier waren ganze Raumdekorationen nach Köpenick gewandert und die Einbauten, die sich nur schwer zurückbauen lassen, waren verwaist zurück geblieben. Sie sollten nun für die Modepräsentation genutzt wer-den.

Unter Berücksichtigung dieser über zwei Etagen verteilten zukünftigen Ausstellungsfläche, die teilweise der Dauerausstellung folgt, entschied ich mich für einen chronologischen Ablauf der Modedarstellung, der in Raum V – analog zur Schausammlung – mit dem 18. Jahrhundert einsetzt.

In diesem der Mode des 18. Jahrhunderts vorbehaltenen Bereich werden sich je zwei in einem 90 Grad Winkel aufgestellte große Vitrinen gegen-über stehen und eine Piazzetta-ähnliche Anmutung haben. In der großen Vitrine rechts zeigen wir unter dem Titel: *Eine europäische Mode* kom-plette Damen- und Herrenanzüge von 1740-1790, französische, englische und spanische Varianten einer bereits damals international ausgerichteten Mode der Oberschicht. Die Vitrinen gegenüber nutzen wir zur vertiefen-den Präsentation modischer Sonderthemen der Damen- und Herrenklei-dung: Zum einen die „Frauenthemen" wie Unterkleidung, Negligé und Überbekleidung. In der zweiten, etwas flacheren Vitrine zeigen wir unter anderem die Entwicklung der Herrenweste und des Herrenrocks, des so genannten Habits. Zwei Modelle sind besonders interessant, ein englischer Winterhabit mit Seidenplüsch und ein Habit aus Seidentrikot in modisch elegantem Schwarz.

Die nächste Modeinsel im Obergeschoß ist ein kleines Kabinett zu Be-ginn von Raum VI an der Schnittstelle vom 18. zum 19. Jahrhundert. Hier werden wir die „Moden der Freiheit", also die Chemisen- und Empire Kleider aus dem Zeitraum 1790-1810 präsentieren.

Die anschließende Epoche der biedermeierlichen Mode von 1810 bis 1850 findet sich ebenfalls in Raum VI. Die dort bereits vorhandenen Kostümvitrinen werden dem neuen Vitrinensystem angepasst und vergrößert.

Ist der Besucher hier angelangt, kann er über die dortige interne Treppe auf die Infogalerie, die dann die Modegalerie sein wird, hinuntergehen und kommt fast am Beginn der Galerie an. Der zeitliche Schnitt dieses Wechsels liegt um 1850, ein Datum, das den Beginn der Haute Couture markiert, denn Charles Frederick Worth, ihr Begründer, lebte und arbeitete seit 1845 in Paris und hatte dort ab 1858 seinen eigenen Modesalon: „Worth und Bobergh". Die Galerie ist also, um mit Walter Benjamin zu sprechen, unsere „Passage der Moderne" und den Modeschöpfern und -designern des 19. und 20. Jahrhunderts gewidmet. Sie spiegelt den Aufbau der Sammlung Kamer/Ruf, die zu fast 40 Prozent aus Haute-Couture Modellen besteht.

Abb. 4 Abendkleid mit Tournure, Amerika um 1875 (siehe Farbtafel 14)

Da die Galerie in der Eingangsebene des Museums liegt, erhält sie auch einen direkten Zugang vom Kassenbereich aus, der markant auf sich aufmerksam machen wird. Der Besucher kann also sofort das „Modemuseum" im Kunstgewerbemuseum erkennen und direkt besuchen.

Hier nun ein Schnelldurchgang im Sauseschritt:
Auftakt der Galerie machen Krinolinen und Ballkleider aus den 1850er bis 1860er Jahren, gefolgt von Tournurenkleidern und Cul-de-Paris-Modellen. Aus den 1880er Jahre datiert dann unsere erste tatsächliche Robe von

Abb. 5 Krinoline, Frankreich um 1855

Worth: ein in gründerzeitlicher Manier üppig verziertes Prinzesskleid mit Cul-de-Paris, dessen Modernität – die exquisite einteilige Schnittführung im Rücken – sich erst auf den zweiten Blick erschließt. *Point de vue* dieses Abschnitts wird eine Vitrine mit luxuriösen Modellen des Fin-de-siècle sein, mit Modellen von Jaques Doucet, Madame Paquin und C.F. Worth.

Abb. 6 Abendkleid von Mariano Fortuny um 1922 (siehe Farbtafel 15)

Faszinierend an der Sammlung Kamer/Ruf ist die beeindruckende Vielfalt unterschiedlichster Unterbauten, wie Krinolinen, Tournüren und Culs-de-Paris, die typisch waren für die wechselnden modischen Linien des 19. Jahrhunderts. Ihnen ist deswegen eine eigene Vitrine gewidmet.

Ebenfalls beeindruckend ist die Sammlung in Bezug auf die Kleidung zwischen den beiden Weltkriegen. Alle wichtigen Couturiers von Meriano Fortuny über Coco Chanel bis hin zu Madeleine Vionnet sind vertreten.

Der letzte Abschnitt der Galerie dokumentiert die modische Entwicklung von 1945 bis zur Gegenwart. Und auch für diesen Zeitraum sind Modelle aller bedeutenden Couturiers, von Cristóbal Balenciaga, und Christian Dior über Yves Saint Laurent, bis hin zu Andre Courrèges, Pierre Cardin und Gianni Versace, um nur einige zu nennen, vorhanden.

Es wird also bei Wiedereröffnung des Kunstgewerbemuseums eine klassisch chronologische Darstellung der europäischen Modegeschichte der

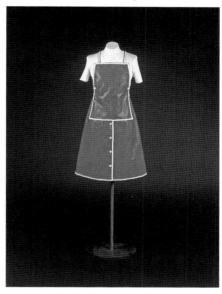

Abb. 7 Abendkleid von Gianni Versace 1994   Abb. 8 Minikleid von André Courrèges

letzten drei Jahrhunderte geben. Da jedoch Mode aus konservatorischen Gründen nicht dauerhaft gezeigt werden kann, werden wir versuchen, in angemessenen Zeiträumen, das heißt unserer Arbeitskapazität angepasst, jeweils Teilbereiche auszutauschen. In diesen Sonderausstellungen werden wir neue Themen präsentieren, die auf Teilaspekte der Sammlung aufmerksam machen, wie zum Beispiel die große Vielfalt an Modellen der fünf großen Modedesignerinnen des 20. Jahrhunderts: Coco Chanel, Madeleine Vionnet, Jeanne Lanvin, Madame Grès und Elsa Schiaparelli. Durch diese kontinuierliche Erneuerung der Präsentation wird ein erneuter Besuch der Ausstellung auch für diejenigen, die bereits hier waren, wieder interessant.

Der Objektauswahl und dem inhaltlichen Aufbau der Vitrinen liegt eine „innere Regie" zu Grunde. Jede Vitrine stellt nicht nur den Wechsel der modischen Linie dar, sondern erzählt eine Geschichte, ein Thema, für das eine Oper, ein Gemälde, eine literarische Vorlage Anregung war. Partiell gelingt es auch, Bezüge zwischen einzelnen Vitrinen herzustellen, wie zum Beispiel in Raum V, wo im gemeinsamen Eckbereich der beiden Themenvitrinen ein bürgerliches Paar in Alltagskleidung den höfischen Paaren in ihren kostbaren Roben in der großen Vitrine gegenüber stehen wird.

Wie wird nun die Mode in diesen neuen „Räumen" präsentiert?

Das Kunstgewerbemuseum ist ein offenes Haus von eigenwilliger Architektur, die große Durchblicke durch alle Etagen bietet und gleichzeitig Bereiche mit extremer Deckenniedrigkeit aufweist. Etagen und Räume, oft nur strukturiert von unterschiedlich dicken fünfeckigen Pfeilern, gehen ineinander über oder sind durch interne Treppen miteinander verbunden. Eine gewisse Unruhe ist die Folge. Es ist es daher oberstes Anliegen unserer Architekten, vor allem auf der Galerie, die zu den Schauräumen I, II und III hin offen ist, eine Beruhigung und Vereinheitlichung der heterogenen Erscheinung zu erzielen.

Die Kostümvitrinen werden in geschlossene Wandflächen eingepasst werden. Alle Vorsprünge, Kanten, Pfeiler und unterschiedliche Materialien, wie Klinker oder Beton, verschwinden hinter dunkel gehaltenen Flächen, aus denen die Vitrinen wie Schaufenster hervor leuchten. Unsere zukünftigen Moderäume sind helle Orte, die den auszustellenden Objekten einen neutralen Fond bieten. Nur an zwei Stellen wird der Schaufenstereffekt durchbrochen werden: In Raum V und auf der Galerie im Bereich der 20er Jahren. Hier sind die Vitrinenscheiben über Eck geführt und erlauben auch einen seitlichen Blick auf die Kostüme. Leider war es nicht möglich, zumindest einige wenige all-ansichtige Vitrinen zu bekommen, um Mode auch in ihren dreidimensionalen Aspekten erfahrbar zu machen.

Das zweite wichtige Thema einer Modeausstellung ist das Licht: Textilien und Mode gehören zu den fragilsten Objektgruppen eines Museums. Das wenige zur Verfügung stehende Licht, die berühmten 50 Lux, muss so effizient wie möglich zur Geltung kommen und hierfür der Lichteintrag von Außen weitgehend reduziert werden, ebenso sind Spiegelungen durch andere Vitrinenbeleuchtungen zu vermeiden. Um dies zu ermöglichen, wird die Galerie, aber auch der Bereich des 18. Jahrhunderts in Raum V mit einer deckenhohen Überbauung der Galeriebrüstung von den darunter und auch darüber liegenden Ausstellungsräumen separiert. In diese Überbauung ist auf der Galerie – jeweils versetzt zu den großen Kostümvitrinen – der Einbau von 19 Vitrinen für Accessoires geplant. Insgesamt werden wir bei der Eröffnung 130 historische Damen- und Herrenkostüme vom frühen 18. bis zum ausgehenden 20. Jahrhundert zeigen sowie rund 200 Accessoires aus demselben Zeitraum.

Die Beleuchtung der Vitrinen erfolgt über eine im vorderen Bereich der Decke vorgesehene Glasfaserbeleuchtung. In den flachen Vitrinen ist eine Reihe, in den tieferen Vitrinen sind zwei Reihen geplant mit fünf Auslässen pro Kostüm. Die Rückwände der Vitrinen werden oben zusätzlich mit so genannten Wall-Washern ausgestattet.

Für die Objektbeschriftungen wurde ein sehr gutes Prinzip entwickelt. Die Textblätter oder -folien haben etwa die Größe von A4 und werden unten auf eine kleine Schräge im vorderen Vitrinenboden gelegt. Die vorgesehene Fläche ist groß genug, um mit einer Punktzahl von 36 Punkt zu arbeiten. Jedes Objekt bekommt sein eigenes Label, zusätzliche Objektinformationen können auf einem weiteren Blatt dazugelegt werden. Bei einer Vitrinenlänge von 4 m ist Platz genug. Ein separates Lichtsystem wird die Texte beleuchten, ohne mit dem restlichen Vitrinenlicht zu konkurrieren.

Unsere Vitrinen werden keine eigene Klimatisierung bekommen, vielmehr wird das die Vitrinen umgebende allgemeine Raumklima so eingestellt, dass um die Vitrine herum ein möglichst konstantes Klima herrscht, dem sich die Vitrine anpasst.

Nach der Schilderung dieser äußeren Gegebenheiten nun zu den Fragen der Art und Weise der Präsentation. Hier steht an erster Stelle die Frage nach den Figurinen, auf denen die Kleider gezeigt werden, denn sie sind von höchster ästhetischer und konservatorischer Bedeutung. Sie sollen einerseits dem Objekt die größtmögliche Unterstützung geben und andererseits die Figur des historischen Trägers nach empfinden. Es gibt zu diesem Komplex eine lange Diskussion um die Frage: Nimmt man realistische Figurinen mit Köpfen und eventuell Frisuren, mit Armen und Beinen, oder bleibt man so neutral wie möglich? Sich für die eine oder andere Art zu entscheiden, ist abhängig davon, was mit einer Präsentation bewirkt werden soll.

Für unser Haus und unsere Sammlung, deren Ziel zunächst die Vermittlung von Stilen, Materialien und Verarbeitung ist und in deren Sammlungsauftrag erst in zweiter Ebene kulturhistorische Aspekte wichtig sind, haben wir uns für eine neutrale Version entschieden: für Büsten, die so gearbeitet sind, dass sie das Kostüm ideal unterstützen und damit automatisch eine historisch korrekte Körperhaltung wieder geben, ohne in ihrer Erscheinung zu sehr in Vordergrund zu treten und das Kostüm überzuinterpretieren.

Wie unterschiedlich historische Körperhaltungen waren, lässt sich sehr gut bei einem Vergleich von Gemälden des 18. und 19. Jahrhunderts erkennen. Typisch für das 18. Jahrhundert waren die stark zurück genommenen Schultern und der gerade Rücken. Hingegen herrschte im 19. Jahrhundert eine weichere Haltung mit einem runden Rücken und einer abfallenden Schulterlinie vor.

Diese unterschiedlichen Körperhaltungen sind grundlegend für ein Kleid und müssen bei dessen Präsentation berücksichtigt werden. Das heißt im Umkehrschluss: Ein Kostüm kann in seiner Ästhetik und Aussage nur dann hundertprozentig erfasst werden, wenn die darunter befindliche Figurine dem historischen Körper entspricht. Das ist mit handelsüblichen Figurinen nicht zu leisten. Nur eine individuelle Büste kann eine korrekte Präsentation gewährleisten. Sie muss dem Kleid angepasst werden und nicht das Kleid der Büste. Unsere Werkstattleiterin Textil, Heidi Blöcher, beschäftigt sich seit Jahren mit diesem Thema und hat mit ihrer großen Erfahrung ein perfektes System entwickelt. Sie hat mir freundlicherweise gestattet, es zu referieren:

Am Anfang steht die exakte Schnittabnahme eines jeden Modells. Nach diesem Schnitt wird ein Kern aus Ethafoam gebaut, der mit säurefreien Papierstreifen abgeklebt wird. Dieser Papierkorpus wird vom Ethafoamkorpus abgenommen und ergibt dann die eigentliche Figurine. Natürlich versuchen wir, passende Reihen zusammenzustellen und – ausgehend vom größten Modell – durch schrittweises Abtragen weiterer Schichten am Ethafoamkern diesen Prozess so effizient wie möglich zu gestalten.

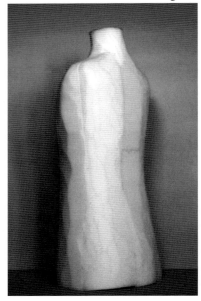

Abb. 9 Grobschnitt einer Büste aus Ethafoam

Doch das ist nicht leicht, denn selbst Kostüme der gleichen Zeitspanne – hier die Büsten für zwei Damenkleider um 1780 – weisen erhebliche Unterschiede auf, die an diesen beiden Figurinen sehr schön zu beobachten sind: Man erkennt, wie unterschiedlich Rückenlinien und Brustpunkt sein können. Man darf auch nicht vergessen, dass es bis in die 2. Hälfte des

19. Jahrhunderts hinein keine konfektionierte Damenkleidung gab, jedes Kleidungsstück war eine Einzelanfertigung für einen bestimmten Körper und von der Hand einer bestimmten Schneiderin oder eines Schneiders gefertigt.

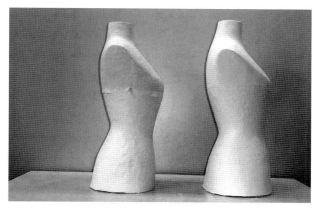

Abb. 10 Zwei Figurinen

Als Besonderheit, ja fast schon eine Art Markenzeichen unseres Hauses, erhalten die Büsten am Ende ein an Porzellan erinnerndes Finish in Hals- und Ausschnittbereich. Es ist seit Jahren fester Bestandteil der Figurinen des Kunstgewerbemuseums und wurde von der ehemaligen Leiterin der Textil-Werkstatt, Waltraud Berner-Laschinski, entwickelt.

Die rechte Figurine ist bereits fertig gestellt, während die linke zwar ab-geklebt und gespachtelt, aber eben noch nicht geschliffen und gestrichen ist.

Doch natürlich reichen die besten Figurinen mit den schönsten Kleidern darauf nicht aus, um einen abwechslungsreichen Modeparcours zu schaf-fen. Sie können den Menschen, der den Kleidern mit seiner Bewegung Le-ben verliehen hat, nicht ersetzen. Um diesen Mangel auszugleichen, müs-sen wir schließlich auf inszenatorische Mittel, auf den realen und/oder medialen Einsatz anderer Gattungen, wie Gemälde, Modegraphik und -fo-tografie, Zeitschriften, Video, Film, Musik und Literatur zurückgreifen.
Und hiermit komme ich zu dem letzten und vielleicht wichtigsten Punkt meines Vortrages: Wie geht es mit der Planung weiter? Wann wird gebaut, wann eröffnet?
Voraussichtlich wird das Haus im Januar 2012 geschlossen. Die veran-schlagte Bauzeit wird etwa zwei Jahre dauern, und im Frühjahr 2014 kann mit der Eröffnung gerechnet werden.[1]

1   Nach dem Planungsstand vom Januar 2011.

Damit wird nicht nur das Kulturforum zu einem überregional bedeutenden Zentrum der Mode werden, sondern Berlin macht einen großen Schritt in Richtung auf den Status einer Mode-Stadt.

Literatur

Loschek, Ingrid (2007): „Modeszene – Ausbildung/Institutionen – Goethe-Institut". In: Goethe-Institut e.V., online-Redaktion, Juni 2007

Abbildungen

Abb. 1: Galarobe à la française, England, 1765/70, Kunstgewerbemuseum Berlin SMPK, Foto: Saturia Linke

Abb. 2: Robe à l'anglaise, England um 1780, Kunstgewerbemuseum Berlin SMPK, Foto: Heidi Blöcher

Abb 3: Ballkleid, Frankreich, 1860/65, Kunstgewerbemuseum Berlin SMPK, Foto: Saturia Linke

Abb. 4: Abendkleid mit Tournure, Amerika um 1875, Kunstgewerbemuseum Berlin SMPK, Foto: Saturia Linke

Abb 5: Krinoline, Frankreich um 1855, Kunstgewerbemuseum Berlin SMPK, Foto: Martin Kamer

Abb 6: Abendkleid von Mariano Fortuny um 1922, Kunstgewerbemuseum Berlin SMPK, Foto: Saturia Linke

Abb 7: Abendkleid von Gianni Versace 1994, Kunstgewerbemuseum Berlin SMPK, Foto: Saturia Linke

Abb 8: Minikleid von André Courrèges, Kunstgewerbemuseum Berlin SMPK, Foto: Saturia Linke

Abb 9: Grobschnitt einer Büste aus Ethafoam, Foto: Heidi Blöcher

Abb 10: Zwei aus Papierstreifen geklebte Büsten für Damenkleider des 18. Jahrhunderts, Foto: Christine Waidenschlager

Mode als Raum

Gabriele Brandstetter

Re-Play
Choreographie von Stoffen zwischen Mode und Performance:
Anna Halprins „Parades and Changes"

Mode und Raum stehen in einem komplexen Verhältnis von Produktion und Rahmung. John Potvin weist in seinen theoretischen Überlegungen auf die multiplen Topographien und Raum-Diskurse hin, die Mode – als ein „interface between the body and its environment" (Potvin 2008, 2) – entfaltet: seien es die *sozialen* Räume der Distinktionen,[1] die *urbanen* Räume der Mode-Metropolen („the city performing as fashion object – or subject" (Potvin 2008, 3)), die mobilen Räume einer Politik und Ökonomie der globalisierten Mode oder die virtuellen Räume der Mode in den Blogs im Internet. Dabei wäre zu differenzieren zwischen *Räumen* und *Orten* (mit de Certeau 1988), oder, wie Potvin im Rekurs auf Henri Lefebvre akzentuiert, es wäre zwischen *space* und *place* zu unterscheiden:

> „What Lefebvre evokes is that we might acknowledge how both place and space are constituent of the object and how in turn, as an embodied practice, both might help locate fashion on the map of political and cultural identity." (Potvin 2008, 5)

Inszenierungs-Räume der Mode

Die performative Seite von Mode als eine räumliche Praxis ist in der Modetheorie aus unterschiedlichen Perspektiven beleuchtet worden.[2] Der Problemhorizont ist theoretisch und historisch sehr breit ausgelegt: „How does

---

1 Vgl. soziologische Modetheorie von Simmel bis Bourdieu (vgl.: Bovenschen 1986), sowie zur soziologischen Raumtheorie: Löw 2001; sowie: Dünne / Günzel 2006.
2 Vgl. Vinken 1994; Esposito 2004; Potvin, 2008; Lehnert 1998 .

the fashioned body, the embodied fashion subject, or just simply fashion itself produce, create, engender, elicit, represent, interpret, and transform space?", so formuliert John Potvin. (Potvin 2008, 9)

Der Fokus meiner Fragestellung ist demgegenüber enger: Er wendet sich auf jene Schauplätze der Mode, die zum Ort ihrer Inszenierungen werden können. Das Zeigen, Sich-Zeigen der Mode steht seit je im Brennpunkt der Aufmerksamkeit – nicht nur in den Shows der Designer, in Einkaufszentren, in Straßen und in Medien. Die Schauräume der Mode – so vielfältig und heterogen sie auch sein mögen – sind charakterisiert durch eine grundsätzliche Theatralität: Aufführung und Ausstellung sind deshalb Dispositive ihrer (Re-)Präsentation. Dies zeigt sich in den Défilés der je neuesten Shows auf dem Laufsteg, und ebenso in der Kombinatorik und in den Verwandlungs-Spielen der Identitäten, die Roland Barthes noch mit einem Theatralitätsbegriff des Rollenspiels[3] beschreibt. Das „Theatralische" der Mode nach der Mode hingegen macht nicht Identität und Maskerade, sondern das *Zeigen* selbst – als genuin performatives Ereignis – zum Treibsatz des Begehrens: Dis-Play und Re-Play markieren die Spielformen einer *art of demonstration* der Mode.

Seit den transgressiven Bewegungen einer „Mode nach der Mode"[4] sind auch die Trennungen zwischen Kunst und Mode durchlässig geworden. Im Crossover zwischen Mode-Kunst und Mode *als* Kunst spielen die Räume und ihre Transformationen eine zentrale Rolle: auf der einen Seite der städtische Raum der Straße – in der Kontingenz, Flüchtigkeit von *street wear*; auf der anderen Seite das Museum als *public space*, als Institution, die der Dauer, der Ausstellung von Kunst und Objekten im Blick auf Geschichte verpflichtet ist. Über die Bewegung und den Transfer der Mode, sowohl der Shows als auch des Lebenswerks von Modeschöpfern, ins Museum ist in letzter Zeit viel reflektiert worden.[5] Und umgekehrt werden die Ausstellungsräume der großen Designer – von Prada, Comme des Garçons und anderen – zu Galerien der Kleiderkunst:

> „Wenige Kleider auf sehr viel Raum wirken wie Ausstellungsstücke einer Galerie – ein Museum, in dem man sich zur Kontemplation von Kunst so gut trifft wie zum nebensächlich gewordenen Kauf." (Vinken 1994, 125)

Die Choreographie solcher Transgressionen zwischen Mode und Kunst – und ihre Formen räumlicher Displays – taucht die Zeitlichkeit und die Materialität der Mode in ein anderes Licht.

---

3   Roland Barthes: „Die Frau in der Mode ist eine Ansammlung einzelner Charaktermerkmale, die zugleich analog den ‚Rollenfächern' des klassischen Theaters unterschieden werden." (Barthes 1986, hier: 299)

4   Vgl. Vinken 1994; Ich folge hier der von Barbara Vinken auf diesen Begriff gebrachten, mit den 80er Jahren manifesten "Wende" von der "Haute Couture" zur Avantgarde der "Prêt-à-Porter"-Mode.

5   Vlg. Link-Heer 1998, 140-164; Wagner 2006, 422-435; Martin / Koda 1989

Mode versichert sich – im Ausstellungsraum des Museums – einer Dauer, die sie nicht „hat"; und sie revidiert und bestätigt damit zugleich ihren Nimbus des Flüchtigen, Neuen, das Walter Benjamin als Allegorie des Vergänglichen schlechthin in seinem Passagen-Werk beschrieben hat. Doch nicht nur die Historisierung der Mode wird hier in der raum-zeitlichen Simultaneität der Museumsräume sichtbar. Ebenso geschieht hier auch ein Re-Play von Formen, Stilen, *looks* und Materialien. Dieser Transfer im Museum mutet an wie eine Parallelaktion zu jenem spielerischen Historizismus, den Modekünstler wie Vivienne Westwood, John Galliano, Alexandre McQueen oder Hussein Chalayan als Ideenreservoir für einzelne Kollektionen einsetzen. Diese Art ästhetischer Libertinage[6] zeigt sich auch in der Choreographie der Stoffe. Das Material von Kleidern, ihre visuelle und taktile Qualität als Objekte markiert das Verhältnis von Körper und Raum – und auch hier haben die transgressiven Praktiken der „Mode nach der Mode" die Strukturen und Ordnungen des „vestimentären Codes" (Roland Barthes) in ein Spiel der Umkehrungen, Revisionen und Dekonstruktionen geführt. So war die Ästhetik von Stoffen und Materialien der Mode bis ins 19. Jahrhundert geknüpft an die Ökonomien des Erlesenen und Echten, Seltenen, im Kontrast zum massenhaft Produzierten. Seide oder Kunstseide, echter Pelz oder Webpelz: Die Differenz von Echt und/oder Simili war für die Mode des 19. Jahrhunderts und für die Ästhetik der Haute Couture ein wesentliches Kriterium: Mehr und mehr wurde aus dem mode-theatralen Illusions-Spiel zwischen Echt und „als ob" ein Spiel mit Material und Material-Mix.

Neue Materialien und neue Verarbeitungstechniken von Stoffen prägen seit jeher die Erscheinungsbilder der Mode-Kollektionen, an ihnen entzündet sich immer wieder die Debatte von „künstlich" oder „natürlich", etwa bei Materialien wie Kunstseide, Nylon oder Öko-Baumwolle. Die ästhetische Entscheidung über „Stoffe" ist ökonomisch, ökologisch, politisch grundiert.

Dies zeigte beispielsweise eine kürzlich in Berlin geführte Debatte „Tote Tiere sind kein Tabu"[7] anlässlich von Workshops an Berliner Modeschulen zum Thema Pelz. Denn das Thema Pelz fordert heute eine Auseinandersetzung mit den damit verbundenen Fragen von Tierschutz, eine ökonomisch-ökologische und eine ethisch-politische Entscheidung. Die Aufgabe, mit dem Material Pelz eine Mode-Abschlussarbeit zu kreieren, provoziert eine Stellungnahme zu diesem umstrittenen Thema: Die Praxis des Modemachens zeigt schon, dass man mit der Entscheidung, in der Wahl der Stoffe, „nicht ungeschoren davonkommt". Ist es ein Ausweg, sich unter Berufung auf Nachhaltigkeit und *recycling* aus der Affäre zu ziehen? Stellt ein Mix zwischen echtem und künstlichem Pelz, oder die Zerlegung und das ver-

---

6   Vgl. McNeil 2008, S. 154-165; sowie: Clark 2005; s. auch Martin / Koda 1989.
7   Vgl. den Artikel von Thönnissen 10.4.2010., S. 26.

fremdende Re-Design von Pelzen der Großmütter eine Lösung dieser Fragen *im* Material und als Praxis einer Couture der Stoffe dar? Die Fragen von Luxus, von Ressourcen, von Leben und Vergänglichkeit bilden den Treibsatz der Mode: hier besetzt sie einen Raum des Politischen, gerade weil diese Entscheidungen und Handlungen – die *agency* des Systems Mode – die Kategorien des „Angemessen", des „Tragbaren", von richtig oder falsch, nützlich und überflüssig beständig zur Disposition stellen. Damit werden auch die Kategorien dieser Entscheidungen und ästhetischen wie ethischen Urteile problematisiert.

Choreographie von Materialien

In den bildenden und in den performativen Künsten werden – in der Moderne, Avantgarde, Postmoderne – Stoffe und Materialien zum Thema und zum Medium der Selbst-Reflexion ebenso wie der Vermessung von sozialen und politischen Positionen. So ist es das Thema der Stoffe, der Materialität und der Texturen, das Kunst und Mode verbindet, nicht erst jüngst in den Patchworks und in der Materialmix-Ästhetik zeitgenössischer Mode – wie etwa in den Grenzgängen des belgischen Modemachers Walter van Beirendonck, der von Mike Kelly und Paul McCarthy inspirierte bizarre Kleidskulpturen entwirft, – sondern schon seit den Form- und Material-Experimenten der 60er und, verstärkt, der 80er Jahre. Es sind jene experimentellen *looks* einer Mode, die sich aus den Szenen der Großstadt-Subkulturen ihre Inspirationen holen: Punk- und Girl-Outfits, *trash* und eine „Ruinenästhetik", wie sie in der Modetheorie[8] ebenso wie in der Kunsttheorie[9] für die Zeit seit den 60er Jahren beschrieben wurde. In der Mode ist der Griff in den Fundus der Modegeschichte mit dem Terminus *remix* populär geworden. In der Kunst - insbesondere in den *performing arts* – sind es die Begriffe *reenactment*[10] und *replay*, die Re-Inszenierungen und Wiederbelebungen aus dem Archiv der Geschichte bezeichnen. Wenn ich den Begriff „Re-Play" hier verwende, so aus mehreren Gründen:

1. Er scheint mir für diese reflexive Form des Wieder-Holens – sowohl in der Performance als auch in der Mode – flexibler als der Begriff *„reenactment"*, der z.Zt. sehr viel gebraucht wird.[11]

2. Die Anspielung auf unterschiedliche mediale Praktiken des „Re-Play" – z.B. in der Musik – auf die Brüche im Transfer und in der Zeit-Struktur eines „Re", einer Wiederholung, das „Wieder" und „Wider" (Again/Against) ist damit explizit angesprochen und einbezogen.

---

8   Vgl. Vinken 1994, 125 ff. ; sowie: die Beiträge in: Richard 1998.
9   Monika Wagner beschreibt die Entwicklung einer „Ruinenästhetik", einer „Lumpenästhetik" als Phänomen sowohl der Kunst der Nachkriegszeit als auch einer – später entstandenen – Ästhetik der „Schlitze, Löcher, Schmutz" in der Mode (Wagner 2006, 423).
10   Vgl. Arns / Horn 2007, 36-63.
11   Vgl. z.B. die Beispiele in: Arns / Horn 2007 64-157.

Die Re-Inszenierung einer ganz bestimmten Performance, die für die Ästhetik und Geschichte von Tanz und Performance seit den 60er Jahren große Bedeutung besitzt, möchte ich im Folgenden näher betrachten, um ein Crossover zwischen Kunst und Mode zu beleuchten. Dabei stehen die Stoffe, Materialien, Objekte und die Bewegungs-Inszenierungen des Körpers im Focus: ihre Produktion und Transformation räumlicher Beziehungen.

Ein Blick von der Seite – von einer Tanz-Performance her – auf Räume und Inszenierungen der Mode soll im Folgenden von Anna Halprins „Parades and Changes" (1965) her geschehen. Schon der Titel verheißt Gemeinsamkeiten: die „Paraden" eines Showings, die „Changes" der Körper- und Raumverwandlungen. Anna Halprin, geboren 1920, ist eine Wegbereiterin des Postmodern Dance in den USA. Ihre Arbeiten reichen von der Improvisation und den Bewegungsexplorationen mit dem „San Francisco Dancer's Workshop" bis zu ihren Arbeiten mit Tanz als *healing art* und kollektiven Ritualen ihrer *life/art process*-Projekte.[12] Lange galt sie mit ihren Arbeiten zu *dance as healing art* vor allem in der tanztherapeutischen und pädagogischen Tanz-Szene eine bedeutende und sehr einflussreiche Pionier-Figur. Doch ihre frühen wegweisenden Tanzprojekte, die beispielsweise für die Künstler der „Judson Church" entscheidende Impulse gaben, wurden erst in den letzten 10 Jahren in der Tanzwelt wiederentdeckt und gewürdigt. „Parades and Changes", eine Performance aus dem Jahr 1965, wurde 1997 beim American Dance Festival erstmals *wieder*aufgeführt. 2004 gab es in Paris im Centre Pompidou zu einer Retrospektive von Halprins Werk eine Re-Inszenierung: Anne Collod erarbeitete nach Gesprächen mit Anna Halprin, und in Übertragungen aus deren *scores*, mit zeitgenössischen Tänzern[13] eine Reinterpretation der Performance, die sie „Replays" („Parades & Changes, Replays") nannte, um die historische und tanzästhetische Differenz zu markieren. Anna Halprins „Parades and Changes", mit der Musik von Morton Subotnick, wurde am 5.9.1965 in Stockholm zum ersten Mal aufgeführt und anschließend, bis 1967, etwa 12 Mal (in verschiedenen Versionen) gezeigt.

Undressing and Dressing

Halprin und Subotnick arbeiteten mit unterschiedlichen *scores*, die *task-based* waren, d.h., sie enthielten die Aufgabenstellungen für die Hand-

---

12   Zu Anna Halprin vgl. Halprin 1995; Ross 2007; Worth / Poynor 2004; Land / Schorn / Wittmann 2009.

13   Beteiligt waren bedeutende Persönlichkeiten, die selbst als Choreographen/innen einen bekannten Namen haben: Alain Buffard, Vera Mantero, Boaz K Barkan, Anne Collod, Nuno Bizarro, DD Dorvillier; in dieser Besetzung wurde „Parades & Changes, Replays" auf vielen Festivals gezeigt, u.a. in Berlin, „Tanz im August", 22.8.2009 (auf diese Aufführung bezieht sich meine Interpretation.

lungs- und Bewegungsabläufe der Performance, die in verschiedenen Abfolgen verknüpft werden konnten. Diese *cells* und *task*-Strukturen, die den Performern die Freiheit einer je aktuellen Wahl des „Wie" der Bewegung oder der Handlung ließen, verliehen jeder Aufführung ein anderes Gesicht. „Changes" – Transformation – war so das Thema und zugleich die strukturelle Basis des Stücks. Der Ablauf ist in drei Abschnitte (die jeweils mehrere Episoden enthielten) unterteilt: Der erste Abschnitt, „Undressing and Dressing", enthält für die drei Tänzerinnen und drei Tänzer die Aufgabe:

> „Focus on the audience and begin slowly and steadily to take off your clothes. When you are naked, notice your breathing, then put on your clothes. Focus on someone in the group and repeat the action. Repeat a third time." (Halprin 1995, 102)

Die Tänzer, Frauen und Männer, stehen an der Rampe vor dem Publikum, gekleidet in schwarze Anzüge, weiße Hemden, schwarze Socken und schwarze Schuhe. Sie fixieren das Publikum und beginnen, in unterschiedlichem Tempo, gelassen und zugleich konzentriert sich auszuziehen, bis sie nackt sind; und sich sodann – immer noch im direkten Blickkontakt mit dem Publikum – langsam und selbstverständlich wieder anzuziehen.

Abb. 1 *Parades and Changes*, 1996 Retrospektive. Foto: Coni Beeson

In der Aufführung 1967 in New York erregte diese erste Szene des Stücks einen Skandal mit vehementen Reaktionen des Publikums und der Kritik.[14] Anna Halprin hatte immer wieder betont, dass es hier nicht um Nacktheit, nicht um Striptease ginge, sondern um die Einfachheit, Klarheit, die Aus-

---

14   Zur Rezeption sowie zu unterschiedlichen Positionen der Kritik vgl. Ross 2007, 102.

richtung und Direktheit der Geste. Im Interview mit Nancy Stark Smith äußert Anna Halprin über die Rezeption von „Parades and Changes":

> „When we did 'Parades and Changes' in New York City and used nudity, I was very surprised when we started getting the kind of reviews we did. […], because we had gone to Sweden where there was nothing radical about what we did. The use of nudity was accepted as a ceremony of trust." (Halprin 1995, Interview: S. 5-25, hier: S. 6)

Anne Collod kommentiert aus der Perspektive der Choreographin, die 40 Jahre später diese „Parades" als „Replay" inszeniert und zugleich als Performerin mitwirkte, die Erfahrung der Nacktheit:

> „Nudity means social provocation and transgression, but it also has something to do with human purity, fragility, vulnerability. Practicing it, I actually discovered that you can wear nudity and it's a kind of garment. It doesn't mean that people can see who you really are when you perform naked."[15] (Collod 2009)

Ähnlichkeiten und Differenzen der Wahrnehmung von *nudity* und der Performance von Un/Dressing in den 60er Jahren und heute werden in diesem Statement evident.

Die *Bewegung*, die einfach nur Haltungen zeigt und Handlungen ausführt, war das zentrale Thema von Halprins Performance: Nicht eine Idee von Tanz oder vorgegebenen Tanz-Bewegungen, nicht ein bestimmter Tanz-Stil waren Ausgangspunkt ihrer choreographischen Arbeit, sondern Bewegungen, die durch spezifische *tasks* – durch Aufgabenstellungen und *Anordnungen* – ausgelöst und geformt sind. Dabei war dies nicht etwa ein rein konzeptueller oder formalistischer Ansatz. Die Idee der Handlung – eine Bewegung, die eine Aufgabe *vollzieht* und nicht *darstellt* – folgte vielmehr der Idee einer Gestalt, die Anna Halprin durch ihre langjährige Bekanntschaft mit der Gestalttherapie von Fritz Perls für ihre Auffassung von Tanz entwickelte.[16] Halprin gab ihren Tänzern die Anweisung: „No rehearsing, no planning, no trying to figure out, no analysis. Just deal and express what's there right now." (Ross 2007, 182). Nur so sei es möglich, jede Handlung, jede *response*-Situation mit einer hohen Intensität für Gegenwärtigkeit, für das Hier und Jetzt zu erfüllen.

Auch der zweite und der dritte Abschnitt von „Parades and Changes" waren von spezifischen und sehr einfachen *tasks* bestimmt. Im Teil „Paper Dance" lautet die Anweisung:

---

15 Halprins Performance ist historisch im Kontext der Tanz- und Performance Art-Szene (der Judson-Church-Künstler) in New York und in Kalifornien zu betrachten; und ebenso im Kontext eines sozialen Wandels, der sichtbar wurde durch die Aktionen der Schwulen- und Queer-Bewegung.

16 Zur Begegnung Anna Halprins mit Fritz Perls vgl. Ross 2007, 162 ff. Ross führt auch die „Undress-Dress"-Szene aus „Parades and Changes" auf eine Erfahrung Halprins in ihrer ersten Begegnung in einer Gruppensitzung mit Fritz Perls zurück – s. Ross 2007, 175 f.

„Make ten single sounds on the paper. Crumble the paper for sixty counts, then tear cautiously, listening to your sounds. When you have enough, collect a large bundle of paper as you can, and exit." (Halprin 1995, 102)

Auf der Bühne zerreißen die nackten Tänzerinnen und Tänzer lange Bahnen von braunem dünnen Packpapier, werfen die Fetzen in die Luft, bewegen sich in den Papierwolken: Es ist eine Aktion, deren Bewegung des Reißens und Werfens, und deren *sound*, im Rascheln, Knistern, an- und abschwellend den Raum auffaltet. Anna Halprin hatte ein Jahr vor der Uraufführung von „Parades and Changes", 1964, in Berkeley zusammen mit Allan Kaprow und Lawrence Ferlinghetti ein „Paper" betiteltes „Event" gezeigt. Das Modell eines Papiertanzes lässt sich dabei bis zu den Einflüssen der Bauhaus-Ästhetik auf die amerikanische Performance Avantgarde zurückverfolgen: mit Xanti Schawinskys „Papierballett" (1936/37).[17] Ihre frühen Stücke bewegten sich im Kontext der frühen Arbeiten der *performance art* und der Fluxus-Experimental-Art, im Kontakt mit Künstlern wie Allan Kaprow oder La Monte Young.[18] Halprin wandte sich jedoch von Kaprows *performed acts*, von seiner Idee der Happenings ab, da sie sie zu konstruiert fand, zu „clever".[19] Das Ende des „Paper Dance" mündet wiederum in eine „Parade": Die Tänzer sammeln die Papierstücke ein, raffen sie an ihren Körper, Stück für Stück. Die Tätigkeit des Einsammelns, Aufhebens und Aufräumens dauert so lange, bis alle Papierstücke – zuvor im Raum verteilt, fliegend – in Bündel um die nackten Körper gefaltet sind. Die Tänzer bewegen sich langsam, paradierend, vorsichtig gehend, an die Rampe vor wie bizarre Skulpturen: irreguläre Gestalten, Fächerformen, in denen sie beinahe verschwinden. Sie sind verwandelt in Papier-Körper-Raum-Figuren, poetisch und fremdartig.

Parades: Choreographie als Anordnung und An-Proben von Objekten

Körpertransformationen geschehen auch im dritten Abschnitt der Performance, und wiederum sind es *tasks*, die von den Tänzerinnen und Tänzern vollzogen werden: Zunächst verteilen sie in Reihen längs über die Bühne eine Serie von heterogenen Dingen, die aus Büros, aus Garten- und Freizeit stammen:[20] Plastikschläuche, Papier-Lampenschirme, Stoffe, Paravents,

---

17 Vgl. Pawelke 2005, 153 f.; zu Anna Halprin in Verbindung mit dem Bauhaus vgl. auch Pawelke 2005, 235 ff.
18 Vgl. Worth / Poynor 2004, 38.
19 „I never wanted to call events Happenings like Kaprow. I wanted whatever I did to be organic, not clever." Zit. nach Ross 2007, 238.
20 Zu den Objekten gehören vor allem auch Dinge, die sich im Umfeld der Bühne der jeweiligen Aufführungen befinden: ein mobiles Setting von „objets trouvés".

Abb. 2 „Paper Dance" aus *Parades and Changes*. Foto: Coni Beeson

Gummistiefel, Eimer, Abendkleider, *high-heel* Schuhe und Schwimmflossen, eine unübersichtliche chaotische Ansammlung des Disparaten. Die Aufgabe lautet, dass jedes Objekt einmal von den Performern „angezogen" und in die „Parade" aufgenommen wird. Ein seltsamer „Dressing-Undressing"-Prozess beginnt: Langsam und konzentriert behängen, bedecken, umkleiden sich die Performer mit den Dingen. Sie bewegen sich in beständiger Parade, in einem bedächtigen, ja sorgfältig den Raum ertastenden Gehen vor und rück, oder seitwärts über die Bühne. Sie gehen, asymmetrisch, je in einer Reihe und agieren nicht in einem Gestus des Vorführens-Zeigens, d.h. sie bewegen sich nicht als Tänzer/Schauspieler. Ihre Bewegung zeigt vielmehr ein auf sich selbst bezogenes Tun: in einem *response* zwischen den Körpern und den Dingen.

Auch hier gibt es – nach dem anfänglichen Im-Raum-Zerstreuen der Objekte – abschließend die Aktion des Aufräumens, des Abräumens, eines *clearing the space*. Und auch hier besteht die Beendigung der Parade in einer Handlung, in der Körper-Skulpturen entstehen (wie schon in „Paper Dance"). Sämtliche im Raum befindliche Objekte werden an und über die Gestalt von zwei der sechs Tänzer gelegt: Es ist ein langsames Anlegen, Drapieren, Überkleiden, Arrangieren, Bestecken und Bestücken der Figur, bis zuletzt alle Dinge um die Gestalt und auf sie getürmt sind. Diese

Abb. 3 Rana Halprin and John Graham in *Parades and Changes*, Polen 1965. Foto: Hank Kranzler

Körper-Skulpturen stehen wie bizarr verfremdete Müll-Ständer im Raum, bewegen sich – immer noch in Parade – wie wandelnde Vogelscheuchen, eher noch: wie jene prekären, mit dem Plastikmüll der Abfallgesellschaft beladenen Sammler in den nächtlichen Metropolen – in New York, in Buenos Aires – durch den leeren Raum. Und doch wirken diese bizarren Objekt-Assemblagen zugleich spielerisch. Sie verkörpern eine Zeit-Figur in mehrfacher Hinsicht: eine Zeitlichkeit, die in der Duration des Tuns, das dieses Verwandeln der Körper in Anspruch nimmt, Gestalt gewinnt; und eine andere Zeitlichkeit in der Schichtung der „verbrauchten" Zeit, die, den Gebrauchsobjekten inhärent, nun über die Körper der Tänzer gelegt wird, bis sie wie wandelnde Palimpsest-Architekturen, die ein Re-Play aus den Resten der Konsum-Gesellschaft in sich versammeln, durch den Zu-schauer-Raum abgehen. Assoziationen wie diese werden beim Betrachten dieser Performance hervorgerufen. Sie erhalten eben deshalb Spielraum und die Evidenz einer ästhetischen Erfahrung, weil der Ansatz von Anna Halprins Konzept gerade *nicht* auf die Darstellung, auf eine Repräsentati-on, eine Allegorisierung von sozialen oder politischen Fragen ausgerichtet ist. Das Politische und Subversive ihres Konzepts von Tanz-Performance besteht im Insistieren auf der Aktion als *Handlung* und auf der Qualität ihrer Ausführung. Das Prinzip der *task-oriented improvisation* ist ausge-richtet auf die einfache, direkte, lucide Ausführung einer Anweisung, um

genau daraus körperliche und kinetische Erfahrungen und Explorationen
zu gewinnen, die in einer Reproduktion von Tanzbewegungen (im Sinne
erlernter Codes) ausgeschlossen sind:

> „The idea of these ‚tasks' was to set up a structure or an object and
> to explore the physical possibilities that it offered. [...] in this way
> we were able to enrich our corporeal and kinetic imaginations di-
> rectly – without recourse to external referents (literary or psycho-
> logical) as had been the case up until then in most dance practices."
> (Worth / Poynor 2004, 37)

So erläutert Simone Forti, die als erste Tänzerin der Judson-Church-Grup-
pe Kontakt mit Anna Halprin aufnahm und durch sie beeinflusst wurde,
Halprins Idee von Bewegung. Die Paraden und die Verwandlungen sind
nicht „theatralisch". Die *task-performance* Halprins lässt vielmehr den
Dingen und den Handlungen den (Spiel-)Raum, den sie einnehmen: „The
functional exchanges of people and objects on stage as the actual material
of performance." (Ross 2007, 185). Immerhin aber geschehen diese Handlungen doch auf einer Bühne, einem Schauplatz des Zeigens. Es sind immer
(noch) Paraden vor einem Publikum; anders und doch auch vergleichbar
den Défilés einer Modenschau auf dem Laufsteg oder der „Bühne" einer Galerie. Diese strukturelle „Theatralität"[21], die eine Performance wie „Parades
and Changes" allein durch ihren Darstellungsrahmen noch bestimmt (und
in der gerade auch ihre subversive Sprengkraft bestand), wurde von Anna
Halprin in der Folge reformuliert, und durch andere *settings*, beispielsweise ihre Ritual-Tänze im Freien, ersetzt. Halprin – deren Lebensthema
„Changes" und „Transformation"[22] war und ist – veränderte und übertrug
ihre frühen Arbeitsweisen in zwei wesentlichen Punkten: Sie nannte ihre
Vorgehensweise mit Tänzern nicht mehr „Improvisationen" (wiewohl sie
immer noch improvisatorisch waren), sondern „Explorationen"; und sie
veränderte ihr Konzept von Partizipation, indem sie von Performance-
Settings, die immer noch von einer Performer-Zuschauer-Konstellation
ausgingen, mehr und mehr zu Aktionen und Ritualen, die alle Beteiligten
als Akteure einschlossen, überwechselte.[23] Ihre Differenzierung zwischen
den Konzepten von Improvisation und Exploration begründete Halprin in
einem Interview mit Nancy Stark Smith:

21 So vermerkt Yvonne Rainer, die mit Anna Halprin in Kalifornien arbeitete, noch bevor sie eine
(Bühnen-)Performance sah: „When I actually did see a performance I was surprised at the the-
atricality of her work and I realized that the way she worked was always a preparation for find-
ing material that could be transformed into a more theatrical kind of genre." Vgl. Ross 2007,
151.

22 So untertitelt sie auch die Sammlung von autobiographischen Texten und Interviews in „Moving Towards Life" mit: „Five Decades of Transformational Dance": A. Halprin, a.a.O.

23 Zu Halprins Arbeiten, seit Gründung des Tamalpa-Instituts, ihren Aktionen und Ritualen von
Tanz als *healing art*, auf die ich hier nicht eingehen kann, vgl. Ross 2007; Land / Schorn / Wittmann 2009.

> „What I called ‚dance explorations' was different because we would take a specific idea – you might take space or you might take time, you might take force – and we would work with a *very* specific focus and then we would explore what are the possibilities around working with space, for example. And in the process of exploration, we would come up with information that then later on I began to call 'resources'. But 'exploring' was much more focussed and more controlled than 'improvising'." (Halprin 1995, 191)

Der eigentlich revolutionäre Ansatz, den Halprin mit dem Konzept der "Exploration" und der Arbeit mit *resources*, mit ihren Grenzen und Möglichkeiten verband, bestand in seiner politischen Reichweite: Sie betonte, dass sie nach und nach Systeme zu erforschen begann, um die Verknüpfung von Ursache und Wirkung, von *cause and effect* und damit die habitualisierten und automatisierten Handlungsweisen und Wahrnehmungen auszusetzen:

> „The next step was to find a way to separate the elements we were using [...] We were using objects and props and space in a deterministic way. I wanted to isolate these elements. I began to work with a system where all these things became independent of cause and effect." (Ross 2007, 151)

Genau in dieser "Teilung" von Handlung und Effekt bzw. Funktionalität besteht das Potential der *tasks* und „Explorationen" in Halprins Bewegungskonzept: Die Ausführung der Aufgabe, das „Tun", in Konzentration auf das Geschehen, steht im Vordergrund; nicht das *Ergebnis* einer Anweisung, sondern die Art und Weise des Vollzugs der Handlung. Die Berichte von zeitgenössischen Künstlern, dass auf diese Weise kinetische Prozesse verbunden mit kinästhetischer Wahrnehmung von Bewegungen möglich wurden, wie es dies vorher im Tanz nicht gab, ist aus diesem Konzept nachvollziehbar. Halprin führte eine *Poesie des Handelns* in die Geschichte der Tanzperformance ein.

Re-Plays – zwischen Performance und Mode

„Parades and Changes": ein Blick von der Performance Anna Halprins auf vergleichbare Strukturen der „Mode nach der Mode". Wie lassen sich Querungen zwischen den Feldern einer Handlungs-Kunst und der Performance von Avantgarde-Mode beschreiben? Welche Analogien, Inversionen stellen sich her im Feld von Praktiken des Körper-Zeigens und einer Politik des Raumes?

Die Re-Inszenierungen des je wieder Aktualisierten bestimmen sowohl die Szenen der Mode als auch der zeitgenössischen *dance performance art*, die sich auf die Avantgarde der 60er Jahre und der Postmoderne beziehen. Für beide gilt eine Re-Play-Praxis; man kann von einer „Mode" des *re-enactments* sprechen: einerseits im *replay* der „Parades and Changes" in der *performance art*, als auch im *remix* und *reset* im Mode-Design, in den Erscheinungsformen zwischen *catwalk*, Galerie/Museum, Straße und Internet-Foren. Vielleicht bietet die deutlichste Querverbindung zwischen „Parades" und Mode-Laufsteg das Spiel von Verhüllen-Zeigen – jene Geste, die Theater und Mode im Zeichen der Maskerade immer neu erfinden. In einem neo-avantgardistischen Spiel – sowohl der Performance (wie bei Anna Halprin) als auch der Mode seit den 80er Jahren – geht es dabei jedoch nicht mehr um die Differenz von Sein und Schein, um Illusion und die verschobenen Grenzen von Echt/Natürlich und Künstlich. Wenn Mode, wie Elizabeth Wilson formuliert, „sich selbst parodiert" (Wilson 1989, 20) sich karnevalistisch als „Ironie der Moderne" (Wilson 1989, 20) präsentiert und ihre Strategien selbst zum Thema der Performance macht, so ist dieses Konzept nicht weit von der Ökonomie eines Zeigens in einer Performance wie Anna Halprins „Parades and Changes". Jene Akte, die sich auf Transformationen konzentrieren, indem sie deren Prozesse nicht etwa mystifizieren und verschleiern, sondern als Handlungen, als Tätigkeiten in Zeit und Raum ausstellen, *konstituieren* die Performance und ihre je neue, vergängliche, unwiederholbare Ereignishaftigkeit. Sind jene Akte und Aktionen, das im Hier und Jetzt vollzogene Handeln – wie die „Undressing-Dressing"-Passage in „Parades and Changes" – nicht (spielerische) Übertragungen jener Vorgänge, die bislang durch Grenzen (des „obscene") in ein *vor* und *hinter* der Bühne zerteilt waren: die An- und Auskleidungen, als Verwandlungen, in den Künstler- oder Mode-Garderoben jenseits der Vorführung/ Aufführung? Die „Mode nach der Mode" hat – sehr viel später als die *performance art*, jedoch in vielerlei *changes* und *parades* – die Dekonstruktion und Dissimulation ihrer Verbergungs- (und Darbietungs-) Strategien in den Mittelpunkt einer Ästhetik des „Innen-nach-Außen" gestellt: körperlich-räumlich. Seien es die unverarbeiteten Nähte oder die Heftfäden der Schnitte, die nach außen gekehrt sind; seien es die ungeschönten Körper der Mannequins und Models, die in den Medien der Photographie (oder des Films), wie z.B. in den Photographien Jürgen Tellers, die Körperspuren der Verwandlungen und die *changes* eines Heroin-*looks* in Szene setzen. Die Spuren der Herstellung, die Ökonomie der Arbeit und Verarbeitung prägt sich sichtbar in die (Selbst-)Darstellung der Mode und ihrer „Models" ein. Gerade darin spielt sie, in ihrer Bewegung im Raum, zwischen Vergänglichkeit und einem *replay*, sozusagen ihrer eigenen Wieder-Holung aus dem (Mode-)Museum. So, wie die Mode ihre Strategien, Raum-Konzepte und Körperbilder und ihre *investments* in einem beständigen Transformations- und Re-Kombinationsspiel evident macht, so hebt auch das *task*-Prinzip von Halprins Performance die Mechanismen von Performance und Bühne, von Spiel und Handeln ins Licht der Wahrnehmung. Auch hier geht es um eine Verschiebung von Sichtbarkeit – Unsichtbarkeit: Die Theatersituation, ihre Ökonomie von Transparenz und Opazität, von Zeigen und Verbergen, wird in eine Szenerie der Sichtbarkeit und der Öffnung der „Maschine" überführt. *Changes* passieren *auf* und nicht hinter der Bühne, als Handlung, Bewegung, im Kleidertausch, Aufräumen und Transportieren, in (Inter-)Aktion und „Arbeit". Es ist ein Tun und Zeigen, das nicht nur mit Dingen, Objekten und den damit verbundenen Handlungen operiert, sondern damit auch „space, time, spectatorship" transformiert als „work with the mundane". (Ross 2007, 158). Nicht Tiefe, nicht Repräsentation oder Referenz einer symbolischen Handlung, sondern eine komprimierte Raum-Zeit-Erfahrung zeigt sich in der Performance: „one gets an accelerated view of everyday life", in den „simple attitudes" und Aktionen von „Parades and Changes". (Ross 2007, 182). Wie das Zeigen der *anderen* Seite in einer neo-avantgardistischen Mode – in ihren Raumpolitiken – arrangiert Halprin Visibilität als eine Geste des *defacement*:

> „Well, we made everything absolutely visible. The stage was completely visible, stripped of curtains, flats. The light sources were completely visible, movements were everyday movements that everybody could identify with. They were task oriented. Like 'build a scaffold and when you've built it, go up to the top'. [...] So that was unfamiliar, people would get charged up. Emotionally insecure." (Halprin 1995, 8)

Geschieht etwas ähnliches, wenn Mode sich jenseits der Ökonomien des Passenden, Tragbaren, Schönen/Hässlichen bewegt? In Bewegung, in *recyclings-* und *trash-looks*, die an den Grenzen der Toleranz paradieren, wie die befremdlichen Objekt-Art-Skulpturen in „Parades and Changes"? Oder in neuen *settings* – Räumen und Internet-Szenen –, die auch einen anderen Begriff von Herstellung, Material und Exposition mit sich bringen? Die Szenen der *performance* art und der Mode scheinen einander fern – und treten doch, an den äußersten Rändern ihrer Räume und ihrer Material-Aktionen, in ähnlichen *displays* und Re-Plays auf: In Ästhetiken, die ein subversives Potential in die sozialen und ökonomischen Festlegungen, Institutionen und Diskurse von Kunst und/oder Mode eintragen: Irritationen der Blickordnungen ebenso wie die Unterminierung der Gebrauchsformen von Stoffen, Körpern, Räumen. Damit öffnet sich – aus diesem Zeitprinzip des *accelerated view of everyday life* – eine gegenläufige Raum-Zeit-Erfahrung: So stehen die Objekte, Hüllen, Körper und Handlungen – als choreographierte Dinge – in Räumen, angeordnet wie ein objet trouvé, wie von Duchamps geliehen oder entwendet. Sie öffnen – im besten Sinn von „Handlung" als Spiel – die Zeit-Raum-Wahrnehmung in eine *Verlangsamung*, inmitten der gewohnt raschen Vergänglichkeit des Modischen.

Literatur

Arns, Inke / Horn, Gabriele (Hg.) (2007): History Will Repeat Itself. Strategien des Reenactment der zeitgenössischen (Medien-)Kunst und Performance. Katalog, Frankfurt am Main: Revolver

Barthes, Roland (1986): „Rhetorik des Signifikats: Die Welt der Mode", in: Silvia Bovenschen (Hg.): Die Listen der Mode. edition Suhrkamp 1318. Frankfurt am Main: Suhrkamp, S. 291-308

Bippus, Elke / Mink, Dorothea (Hg.) (2007): Fashion Body Cult. Mode Körper Kult.Schriftenreihe der Hochschule für Künste Bremen, Stuttgart: 3. Arnoldische Verlagsbuchhandlung

Bovenschen, Silvia (1986): Die Listen der Mode. edition Suhrkamp 1318. Frankfurt am Main: Suhrkamp

Brandstetter, Gabriele (1998): „Spiel der Falten. Inszenierte Plissee bei Mariano Fortuny und Issey Miyake". In: Lehnert, Getrud (Hg.): Mode, Weiblichkeit und Modernität. Berlin: Edition Ebersbach, S. 165-193

Collod, Anne (2009): Programmheft der Aufführung von „Parades & Changes, Replays", 21./22.8.2009, „Tanz im August", HAU (Hebbel am Ufer) in Berlin

Clark, Judith (2005): Malign Muses: When Fashion Turns Back. London: Victoria and Albert Museum

de Certeau, Michel (1988): Kunst des Handelns. Aus dem Französischen von Ronald Voullié, Berlin: Merve

Dünne, Jörg / Günzel, Stephan (Hg.) (2006): Raumtheorie. Grundlagentexte aus Philosophie und Kulturwissenschaften. Frankfurt am Main: Suhrkamp

Esposito, Elena (2004): Die Verbindlichkeit des Vorübergehenden: Paradoxien der Mode. Frankfurt am Main: Suhrkamp

Evans, Caroline (1999): „Mutability and Modernity: the 1990". In: Wollen, Peter (Hg.): Addressing the Century. 100 years of Art and Fashion. London: Hayward

Halprin, Anna (1995): Moving Toward Life. Five Decades of Transformational Dance. In: Kaplan, Rachel (Hg.): Middletown: Wesleyan University Press

Land, Ronit / Schorn, Ursula / Wittmann, Gabriele (Hg.) (2009): Anna Halprin. Tanz. Prozesse. Gestalten. München: K. Kieser Verlag

Lehnert, Gertrud (1996): Mode. Models. Superstars. Köln: DuMont Verlag

Lehnert, Getrud (Hg.) (1998): Mode, Weiblichkeit und Modernität. Berlin: Edition Ebersbach

Link-Heer, Ursula (1998): „Die Mode im Museum oder Manier und Stil (mit einem Blick auf Versace)“. In: Gertrud Lehnert (Hg.): Mode, Weiblickeit, Modernität. Berlin: Edition Ebersbach Verlag, S. 140-164

Loschek, Ingrid (1984): Mode im 20. Jahrhundert. Eine Kulturgeschichte unserer Zeit. München: Stiebner Verlag

Löw, Martina (2001): Raumsoziologie. Frankfurt am Main: Suhrkamp

Martin, Richard / Koda, Harold (1989): The Historical Mode: Fashion and Art in the 1980's. New York: Fashion Institute of Technology

McNeil, Peter (2008): "Libertine Acts. Fashion and Furniture". In: Potvin, John (Hg.): The Places and Spaces of Fashion, 1800-2007. New York / London: Routledge, S. 154-165

Pawelke, Sigrid (2005): Einflüsse der Bauhausbühne in den USA. Regensburg: Roderer Verlag

Potvin, John (2008): The Places and Spaces of Fashion, 1800-2007. New York/London: Routledge

Richard, Birgit (Hg.) (1998): Die Hüllen des Selbst. Mode als ästhetisch-medialer Komplex. Kunstforum International, Band 141, 1998

Ross, Janice (2007): Anna Halprin. Experience as Dance. Berkeley / Los Angeles / London

Simmel, Georg (1986): „Die Mode“. In: Bovenschen, Silvia (Hg.): Die Listen der Mode. edition Suhrkamp 1318. Frankfurt am Main: Suhrkamp, S. 179-207

Thönnissen, Grit (10.4.2010): Tote Tiere sind kein Tabu. Gleich zwei Berliner Modeschulen haben kürzlich Workshops zum Thema Pelz veranstaltet. In: Der Tagesspiegel Nr. 20583

Vinken, Barbara (1994): Die Mode nach der Mode. Geist und Kleid am Ende des 20. Jahrhunderts. Frankfurt am Main: Fischer-Taschenbuch-Verlag

Vinken, Barbara (1998): „Mannekin, Statue, Fetisch“. In: Richard, Birgit (Hg.): Die Hüllen des Selbst. Mode als ästhetisch-medialer Komplex. Kunstforum International, Band 141, S. 144-154

Vischer, Friedrich Theodor (2005) [zuerst 1879]: Mode und Cynismus. Beiträge zum Verständnis unserer Culturformen und Sittenbegriffe. Mit einem Nachwort versehen von Neumann, Michael (Hg.), Berlin: Kadmos Kulturverlag

Wagner, Monika (2006): „Schlitze, Schmutz und Flecken. Ruinenästhetik in Kunst und Mode“. In: Steffen Bogen / Wolfgang Brassat / David Ganz (Hg.): Bilder, Räume, Betrachter. Festschrift für Wolfgang Kemp zum 60. Geburtstag. Berlin: Reimer, S.422-435

Wilson, Elizabeth (1989): In Träume gehüllt. Mode und Modernität. Aus dem Englischen von Renate Zeschitz, Hamburg: Ernst Kabel Verlag

Worth, Libby / Poynor, Helen (2004): Anna Halprin. London/New York: Routledge / Taylor & Francis

Abbildungen

Abb. 1: Worth, Libby / Poynor, Helen (1004): Anna Halprin. London / New York: Routledge / Taylor & Francis, S. 79

Abb. 2: Land, Ronit / Schorn, Ursula / Wittmann, Gabriele (Hg.) (2009): Anna Halprin. Tanz. Prozesse. Gestalten. München: K. Kieser Verlag. Titel

Abb. 3: Halprin, Anna (1995): Moving Toward Life. Five Decades of Transformational Dance. Kaplan, Rachel (Hg.): Middletown: Wesleyan University Press, S. 94

Petra Leutner

Die unheimlichen Räume des Rockes

Die Problematik des Verhältnisses von Körper, Mode und Raum wird im Folgenden am Beispiel des Rockes untersucht. Der Rock gerät dabei weniger in modischer Hinsicht in den Blick, als vielmehr als ein geschlechtlich konnotiertes Kleidungsstück, das auf bestimmte Weise das Verhältnis zwischen weiblichem Körper und Raum definiert.

Mehrere Schritte sind für die Untersuchung nötig. Um zu klären, wie die Beziehung zwischen Kleidung und Raum überhaupt konzeptionalisierbar ist, bedarf es zunächst einer bestimmten Auffassung des Raums, die anhand neuerer Theorien entwickelt werden soll. Zum zweiten geht es um die Frage der geschlechtsspezifischen Zuweisung von Räumen und um die weiblich konnotierte Räumlichkeit des Rocks. Im nächsten Schritt entfaltet der Text ein Dispositiv männlicher Macht unter Berücksichtigung von Freuds Begriff des „Unheimlichen" und stellt die These auf, dass Raum, weiblicher Körper und Ausübung von Macht durch die Zuschreibung eines Kleidungsstücks miteinander verbunden werden können. Abschließend werden Beispiele der aktuellen weiblichen Aneignung des Rockes durch verschiedene Strategien der Mode diskutiert.

Räume

Das Tragen von Kleidern ist eine komplexe soziale Tatsache; sie bringt vielfältige Aspekte ins Spiel. Kleidung – und Mode allemal – lässt sich niemals nur im Hinblick auf praktische Funktionen erklären. Wenn man allein auf Funktionalität achtet, läuft man Gefahr, im Namen einer vermeintlichen Zweckrationalität die unbewussten, mehrdeutigen oder symbolischen Aspekte zu verfehlen. Schon Flügel hat auf diese Zusammenhänge hingewiesen (Flügel 1986, 209).

Auch Räume konstituieren sich als komplexe Gegebenheiten buchstäblicher und symbolischer, praktischer und ästhetischer, gesellschaftlicher und individueller Natur. In Philosophie, Soziologie und Kunstgeschichte wurden zahlreiche Raumkonzeptionen unterschieden. Sie können an dieser Stelle nicht alle diskutiert werden. Es sei nur ein häufig zitiertes Beispiel erwähnt, nämlich, dass man über lange Zeit hinweg die dem Alltagsbewusstsein sehr plausible Vorstellung des Raumes als „Behälter" oder „Container" präferierte (Löw 2001, 27). Mit ihr verbunden war die Vorstellung, den Raum, orientiert an der Zentralperspektive, als ein sich dem Betrachter öffnendes, homogenes Gebilde zu sehen, auf dessen Folie Gegenstände und Körper verteilt werden konnten.

Schon bei oberflächlicher Betrachtung lässt sich allerdings vermuten, dass Räume nicht einfach nur als füllbare Behältnisse gedacht werden können. Man muss vielmehr feststellen, dass ihre Konzeptionalisierung auf historisch variierenden Wahrnehmungsdispositiven beruht, die abhängig sind von spezifischen Praktiken und von unbewussten symbolischen Zuschreibungen. Zudem erscheinen sie als flexible, offene Gebilde. So verstand Martin Heidegger den Raum als bewegliche Einheit vom Verb „räumen" her und schrieb: „Räumen ist Freigabe von Orten" (Heidegger 1983, 9). Und André Masson formulierte: „Ein richtig verstandener Raum umfasst ein großes Spiel von Öffnungen, Zirkulationen, Wechselbeziehungen und Durchdringungen" (Kemp 1996, 7).

Auch die Soziologin Martina Löw konzipiert Räume als bewegliche Formationen; ihrer Auffassung nach bilden sie sich als Wechselwirkung von Handlungen und Strukturen (Löw 2001, 158ff.). Sie werden zum einen durch „Spacing" der agierenden Personen abgesteckt und differenziert, was bedeutet, dass Räume nicht einfach vorgegeben sind. Laut Löw werden sie zum anderen im Akt der Wahrnehmung synthetisiert und konturiert und bilden im selben Moment Eröffnung von realem Raum und Aktualisierung einer spezifischen Konstruktion. So definierte Räume haben also nichts mehr vom Prinzip des „Containers". Sie sind flexibel, mobil, durch Praktiken oder zeichenhaft vermittelt und werden nicht notwendig nur materiell, sondern auch auf der Basis von Geflechten der Macht und von Blickregimen konstituiert. Räume werden damit nicht mehr verstanden als statische Gefäße, sondern als Felder, die beweglich sind und sich durch gesellschaftliche Praktiken verschieben können.

Michel de Certeau geht sogar noch einen Schritt weiter (de Certeau 1988, 218ff.) Für ihn lassen sich Räume vor allem durch Aufdeckung und Erfassung der in ihnen eingelagerten Praktiken, Beziehungen und Sichtachsen dechiffrieren. Diese Praktiken konstituieren und durchziehen zugleich den Raum als ein unsichtbares Geflecht wie die Alarmanlagen in Kriminalfilmen, die mit bloßem Auge nicht wahrzunehmen sind, aber dann von den Verbrechern, die einen Überfall planen, künstlich sichtbar gemacht werden. Selbst wenn Räume sich als „Gefäße" objektivieren (z. B. durch Architektur), erschöpfen sie sich nicht in ihrer Vergegenständlichung. Räume

müssen vielmehr „gelesen" werden im Verhältnis zu den sie konstituieren-
den Praktiken (de Certeau 1988, 180ff.).

Man darf nun weiterhin davon ausgehen, dass es auch ein spezielles Verhältnis zwischen Körperlichkeit und Raum gibt, das im Rahmen von Körperpraktiken vermittelt wird. Löw stellt in dem Zusammenhang die These
auf, Körperbegriffe stünden ihrerseits im Wechselverhältnis mit den jeweils
gängigen Konzeptionen des Raums. So könne man schließen, dass etwa der
Vorstellung vom Raum als Behälter der Gedanke entspreche, der Körper
sei ebenfalls behältnisförmig konstruiert, während in der zeitgenössischen
Kunst ein Körperbegriff auszumachen sei, der eher im Austausch mit der
umgebenden Situation verstanden werde (Löw 2001, 115). Was die konkreten Körperpraktiken im Raum betrifft, weist Pierre Bourdieu darauf hin,
dass Körperpraktiken Räumlichkeit im Verlauf ihrer Aktualisierung über
die Instanz des Habitus schaffen (Bourdieu 1997, 166). Als die vergesell-
schaftete Person und als soziale Seite des Körpers hält der Habitus Körperpraktiken als nicht explizites Verhaltensreservoir bereit, die Körper und
Raum in eine Einheit bringen.

Wie das einzelne Subjekt im Verlauf von Handlungen Räume schaffen
kann, die wiederum auf den Körper zurückwirken, schildert Löw anhand
der Praktiken des Spacing, wenn eine Frau „am Strand" plant, sich ohne
Oberteil in die Sonne zu legen (Löw 2005, 251). Sie muss sich im unmar-
kierten Gelände sowohl einen Bezirk sichern als auch die jeweiligen Blickräume abschätzen; dabei verändert sich ihre Körperhaltung im Moment
der Entblößung in dem Maße, in dem sie der besonderen Räumlichkeit und
der Situation des Beobachtetwerdens ausgesetzt ist.

Körperbewegung, Blickkontrolle und räumliche Markierung bilden also
eine Einheit, die Raum generiert und zugleich den Körper „zurichtet", indem fremde Blicke vorweggenommen werden. Dabei muss man dem Umstand Rechnung tragen, dass das Auge ein Fernsinn ist und Blicke somit
Entfernungen tendenziell überbrücken können. Deshalb gewinnen gerade
symbolische Grenzen, die den Blick leiten oder verbieten, ihn aber nicht
wirklich aufhalten können, große Bedeutung. Sie sind schwer kontrollier-
bar und bedürfen der Absicherung – gegebenenfalls durch Strategien der
Macht (was Löw nicht explizit sagt). Analog zu der Praxis der Raumkon-
stitution im *unmarked space* kann man sich vorstellen, dass auch das Tragen spezifischer Kleidung sowohl reale als auch symbolische Absicherung
schaffen kann im Rahmen gesellschaftlich ausdifferenzierter Blickregime,
die unter anderem durch Geschlechterordnungen vorgeprägt sind.

Weibliche Räume

Den beiden Geschlechtern wurden in der Geschichte nach Maßgabe der jeweiligen Geschlechterrollen unterschiedliche Räume zugeordnet. Die Ver-

teilung war asymmetrisch: Männer hatten – unter Berücksichtigung ihrer gesellschaftlichen Position – die freie Wahl und konnten über Räume verfügen, während Frauen keineswegs so souverän Raum definieren durften. Männern war der öffentliche Raum weitgehend vorbehalten (Bourdieu / Dölling / Steinrücke 1997, 222), Frauen mussten sich mit Innenräumen begnügen, und ihr Bewegungsradius war eingeschränkt. Im Haus wiederum gab es für Frauen meist keine eigenen Räume, wie Virginia Woolf schildert (Woolf 1992, 5). Vorhandene Zimmer mussten geteilt werden mit anderen Familienmitgliedern und Gästen und erlaubten den Frauen keine ungestörte Arbeit. Sich hinauszuträumen hatte Methode: Man denke an den von Josef Breuer und Sigmund Freud geschilderten Fall der Anna O., die am Fenster saß, aus der Ferne Musik hörte, zugleich aber zu Hause ihren kranken Vater pflegen musste – und in diesem Moment traten bei ihr körperliche Krankheitssymptome auf, die Breuer und Freud als Hysterie diagnostizierten (Breuer 1999, Nachtragsbd., 238). Im Wien um die Jahrhundertwende zum 20. Jahrhundert wurde der Wunsch nach Freiräumen gegebenenfalls durch entsprechende Symptome maskiert.

Das neben der Zuweisung von Räumen bis in die Körperlichkeit hinein regierende Verbot der Bewegungsfreiheit wird deutlich etwa in Annette von Droste-Hülshoffs Gedicht „Am Turme":

„Wär ich ein Jäger auf freier Flur, / Ein Stück nur von einem Soldaten, / Wär ich ein Mann doch mindestens nur, / So würde der Himmel mir raten; / Nun muß ich sitzen so fein und klar, / Gleich einem artigen Kinde, / Und darf nur heimlich lösen mein Haar, / Und lassen es flattern im Winde." (Droste-Hülshoff 1973, 68f.)

Eine zugleich symbolische und reale körperliche Intervention soll hier *Freiraum* schaffen: das Fliegenlassen der Haare im Wind, das eine tatsächliche Vergrößerung des Körpervolumens und ein Symbol für die freie Bewegung und Eroberung des Raums darstellt.

Auch im Bereich von Blickregimen hatten Frauen lange Zeit nur fremd bestimmte, keine „eigenen" Räume. Wie Donna Haraway gezeigt hat, waren sie nicht aktives Subjekt flexibler Blickräume, sondern passiv verortete Figur auf dem Tableau männlicher Herrschaftsbeziehungen (Haraway 1995, 80ff.).

Die Räumlichkeit des Rockes

Das Sich-Kleiden stellt eine Alltagspraxis dar, die unmittelbar am Körper statthat. Wenn Strümpfe, Röcke usw. an- oder ausgezogen werden, ist dies eine Handlung von körperlicher Intimität, die sich in unserer Kultur in geschützten Räumen vollzieht.[1] Der Körper seinerseits besitzt räumliche Ausdehnung, damit ist bei getragener Kleidung ein Verhältnis zum Raum folglich schon gegeben. Zudem machen Kleider den Körper zum Schauplatz, formen ihn und geben ihm mehr oder weniger Volumen. Die Kleidung wird den geschlechtsspezifischen Habitus bestätigen oder travestieren, sie schiebt sich als Hülle zwischen Körper und Außenwelt. So bringt jedes Kleidungsstück eine bestimmte räumliche Ausdehnung und die entsprechende Körperhaltung sowie spezifische Bewegungen hervor. J.C. Flügel führt diese Situation räumlicher Gestaltwerdung durch Kleider näher aus, indem er schreibt, die Kleidung fungiere als das Haus, das wir mitnehmen können (Flügel 1986, 258). Die Kleidung beherbergt und umschließt dabei nicht nur den Körper, sondern sie kann selbst Raum schaffen. Es sind minimale, variable Räume, die man mit sich herumtragen kann. Wie die Schnecke ihr Haus oder die Schildkröte ihren Panzer herumträgt, trägt der Mensch künstliche Räume, die an die Stelle von körperlich gewachsenen Schutzräumen treten können. Flügel weist zudem darauf hin, ein Kleidungsstück bedürfe der angemessenen Proportion im Verhältnis von Raum und Körper: Eine Schleppe an einem repräsentativen Gewand hebe nur dann die Ausstrahlung und Bedeutsamkeit der Trägerin hervor, wenn sie weder zu lang noch zu kurz geraten sei (Flügel 1986, 228).

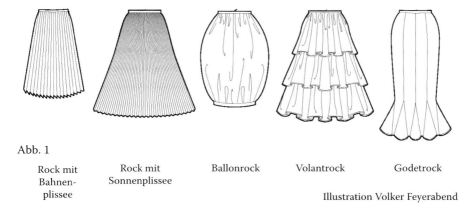

Abb. 1

Rock mit Bahnenplissee   Rock mit Sonnenplissee   Ballonrock   Volantrock   Godetrock

Illustration Volker Feyerabend

Man kann also Kleidungsstücke im Hinblick auf die entstehende Silhouette und ihr Verhältnis zum Raum voneinander unterscheiden (Leutner 2004, 295ff.). Flügel bezeichnet die Vergrößerung des Körpervolumens, wie bereits dargelegt, als „Erweiterung des Körper-Ichs". Ohne darauf näher einzugehen, erwähnt er als vestimentäres Instrument dafür explizit den Rock, (Flügel 1986, 224f.). Dieser Gedanke soll hier aufgenommen und weiter-

---

1   Vergleichbar ist diese Intimität mit der verwandten Situation beim Schminken vor dem Spiegel; vgl. Gehring 2006, 84.

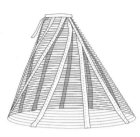

Abb. 2   Stahlkrinoline, 1857   Stahl-Leinen-Krinoline,
                                  ca. 1865m 40 Reifen, Saumweite 3 m
                                      Illustration Volker Feyerabend

geführt werden. Der Rock gibt dem Körper der Frau mehr Volumen und vermag ihn so tatsächlich und symbolisch zu erweitern. Er schließt in all seinen Varianten im Gegensatz zur Hose den Raum zwischen den Beinen (Abb. 1). Indem dieser Bereich überdeckt wird, gibt der Rock dem Körper eine geschlossene Form und verleiht der optischen Erscheinung im Raum mehr Gewicht. Die Skulpturalität bewirkt, dass die Beine der Rocklänge entsprechend mehr oder weniger sichtbar sind. Ob Krinoline, Turnüre, A-Form, Bleistiftform, Faltenrock, Tulpenrock, Fächerrock: gemeinsam ist ihnen die geschlossene Form, die Raum für sich beansprucht. Die räumliche Erweiterung kann wie beim Reifrock sogar durch kompliziertes Gestänge unterstützt werden (Abb. 2) oder der schwebende Stoff des Rockes nimmt einerseits die Bewegung der Beine, andererseits die der Umwelt auf und bringt sie in eine räumliche Einheit. Er überträgt dabei Körperbewegung in eine skulpturale Form und macht zum Beispiel auch den Wind sichtbar. Falten können diese Effekte verstärken. Ein Beispiel dafür lieferte der berühmte Ausschnitt aus dem Film *The Seven Year Itch* von Billy Wilder[2], in dem Marylin Monroes Rock über einem Lüftungsschacht in die Höhe weht. Wenn die ungeschützten Beine darunter zu sehen sind, zeigt sich zugleich die Ungeschütztheit der Trägerin in diesem Kleidungsstück, das im Gegensatz zur Hose an der Unterseite weit geöffnet ist.

Wegen dieser unterschiedlich weiten Öffnung, die die Beine ungeschützt hervorkommen lassen kann, und aufgrund der Tatsache, dass die verschiedenen Formen des Rocks die Körperbewegung mehr oder weniger hemmen, wird der Trägerin des Rocks eine bestimmte Art des Gehens nahegelegt. So behindert der Rock sogar noch beim Minirock die Beweglichkeit

2   Billy Wilder: *The Seven Year Itch*, 1955, 105 Minuten.

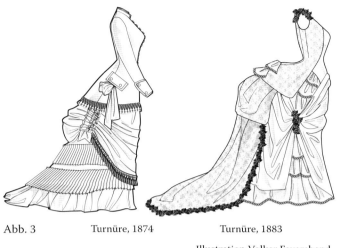

Abb. 3   Turnüre, 1874   Turnüre, 1883

Illustration Volker Feyerabend

der Trägerin oder gibt ihr zumindest eine genderspezifische Art der Bewegung vor.

Der Rock – erfunden als Schnurwickelrock um 1370 v. Chr. – schafft im Verlauf seiner Entwicklung die vestimentäre weibliche Gestalt als Teil des Habitus durch die skulpturale Erweiterung des Körper-Ichs wie auch durch Unterbindung der Beweglichkeit. So vergrößerte der ab dem 15. Jahrhundert in zahlreichen Varianten, zum Beispiel als Verdugado oder Krinoline auftretende Reifrock durch die für das Gegenüber unsichtbar am Unterrock getragenen Stäbe und Paniere optisch das Körpervolumen und schränkte zugleich die Beweglichkeit der Trägerin ein. Der Unterleib erhielt dabei eine in verschiedener Richtung ausgewölbte, zeltartige Form. Die damit verbundene Einschränkung des Gehens und Sitzens stellt eine Art konventioneller Fessel durch Kleidung dar. Die im 19. Jahrhundert meist in Ensembles getragene Turnüre hatte ebenfalls die optische Erweiterung zur Folge, betonte aber die Figur am Gesäß (Abb. 3). Eine andere Erweiterung der Gestalt, nämlich durch fließende Röcke und Gewänder in kunstvoller und spielerischer Inszenierung, ließ sich beobachten am Einsatz des rockartigen Gewands und des Kleids im Ausdruckstanz zu Beginn des 20. Jahrhunderts. Hier sollte nun nicht das starre Gestänge, sondern die Bewegung die Räumlichkeit zur Geltung bringen; und auch in dieser Hinsicht wird vom Rock wiederum eine bestimmte Art des Gehens hervorgebracht. Dabei kommen etwa Falten besonders gut zur Geltung, denn sie unterstützen Ausdruck und Beweglichkeit bei jeder Rocklänge und sorgen sehr deutlich für eine Erweiterung des Körper-Ichs. Der enge, am Körper anliegende Rock und der Tulpenrock dagegen modellieren den unteren Teil des Körpers als eine schmale bzw. figurbetonte Silhouette und erlauben

241

jeweils nur kleine Schritte, so dass ein die Hüften wiegender Gang erfor-
derlich ist.

Der Rock definierte folglich den „weiblichen" Raum auf zweierlei Weise.
Er gab der Figur zum einen eine geschlossene Form und „erweiterte" damit
die Ausdehnung des Körpers. Zum anderen schrieb er je nach historischer
Ausprägung und Schnitt bestimmte Bewegungsarten vor. Er schränkte die
Bewegungsfreiheit ein und moderierte das Fortkommen, da jede Form
einen spezifischen Gang erforderte und das Falles des Stoffs nach unten
gewahrt werden musste, damit die Öffnung nicht die Beine oder die Oberschenkel freigab.

Abb. 4: Nobuyoshi Araki: Ohne Titel, 1993, s/w Fotografie auf Barytpapier

Die Bedeutung des Verhältnisses von weiblichem Körper und Raum für
die gesellschaftliche Imagination demonstriert eine vermeintlich ganz andere Praktik aus Japan, die nämlich den weiblichen Körper – sei er bekleidet oder unbekleidet – zu einem Minimum an Volumen schrumpfen lässt.
Während der Rock zwar Bewegungsfreiheit einschränkt, aber den Körper
potentiell erweitert, hebt die japanische Bondage-Kunst die Bewegungsfreiheit partiell oder vollständig auf (Abb. 4). In ihr wird die Frau zu einem
Gegenstand im Raum, eingesponnen wie das Beuteobjekt einer Spinne, das
keinen Anspruch mehr auf Raum erheben kann. Der japanische Künstler
Nobuyoshi Araki sagt dazu: „Kinbaku ist eine traditionelle Kunstform in

Japan, die Elemente aus der Kunst der Verpackung mit der des Blumensteckens vereint. Ich kann den Körper einer Frau fesseln, aber nicht ihren Geist. Das Fesseln wird zur Umarmung"(Araki 2008).

Die Negierung des weiblichen Raums kommt hier so sehr zu sich selbst, dass Bondage ambivalent erscheint, weil die sichtbare Fessel die körperliche Stillstellung und Vergenständlichung deutlich und explizit zur Schau stellt.[3]

Blickräume der Macht

Vor dem Hintergrund der Zuschreibung von Räumen und Kleidern öffnet der Rock einen weiteren Problemhorizont. Er verbirgt durch seine luftige und zugleich geschlossene Form den weiblichen Schoß, indem er ihn großzügig umhüllt. Dieser Umstand machte den Rock in der Geschichte der Kleidung so erfolgreich, denn das Tragen des Rocks lässt sich einschreiben in die Mechanismen eines Geschlechterdispositivs, das auf die Sicherung männlicher Macht ausgerichtet ist. In diesem Rahmen verhilft es nämlich dem männlichen Blick dazu, sich die Hoheit über den Raum zu sichern. Der Rock war ein Mittel, dieses Dispositiv zu unterstützen und den von Sigmund Freud diagnostizierten Kastrationskomplex zu verdrängen. Dieser Effekt ist zentral für das Verständnis der kulturgeschichtlichen Erfolgsgeschichte des Rockes.

Um diese Argumentation zu entfalten, werden wir zunächst der Theorie Freuds folgen. Freud behauptet bekanntlich, das Verhältnis zwischen den Geschlechtern werde durch den männlichen Kastrationskomplex dominiert (Freud 1999 Bd. XIV, 23f.). Es sei vorausgeschickt, dass Freud bei seinen Analysen die Gegebenheiten des weiblichen und männlichen Körpers zum Ausgangspunkt seiner Theorie machte und den männlichen Körper als die Norm verstand, an der sich der weibliche zu messen hatte. Er naturalisierte die hinter seiner eigenen Betrachtung sich verbergende, historisch variable Gender-Konstruktion, eine Vorgehensweise, die inzwischen von vielen Theoretikerinnen kritisiert und korrigiert wurde (Vinken 1992, 8ff.) Die historische Kontingenz seiner eigenen Einsichten vermochte Freud folglich nicht zu reflektieren. Im folgenden soll der Rückgriff auf das Kastrationstheorem dazu dienen, ein Erklärungsmodell für den Erfolg des Rocks als eines weiblich konnotierten Kleidungsstücks innerhalb eines bestimmten Dispositivs zu liefern, ohne damit die Geltung dieses Theorems darüber hinaus zu behaupten.

Freud führte aus, der Anblick des weiblichen Geschlechtsteils rufe bei dem kleinen Jungen Kastrationsangst hervor (Freud 1999 Bd. XIV, 23f.). Der kleine Junge befürchte, dass der Vater ihm auch so etwas antun könn-

---

3   Es sei nur am Rande erwähnt, dass Bondage auch in die Mode Eingang fand, zu sehen etwa in Outfits von Lady Gaga oder bei Stéphane Rolland, Spring/Summer 2009.

te, wie es offensichtlich der Mutter widerfahren sei. Er verdränge diesen unangenehmen Gedanken, entwickle jedoch unbewusst Angst vor dem weiblichen Geschlecht. Der Kastrationskomplex wird von Freud an anderer Stelle mit dem Phänomen des Unheimlichen in Verbindung gebracht. Er beschreibt das Unheimliche so:

> „... wenn dies wirklich die geheime Natur des Unheimlichen ist, so verstehen wir, daß der Sprachgebrauch das Heimliche in seinen Gegensatz, das Unheimliche übergehen lässt, denn dies Unheimliche ist wirklich nichts Neues oder Fremdes, sondern etwas dem Seelenleben von alters her Vertrautes, das ihm nur durch den Prozeß der Verdrängung entfremdet worden ist." (Freud 1999 Bd. XII, 254).

Das vertraute Heimliche kehrt wieder, doch die Wiederkehr verwandelt es in etwas Entstelltes und Erschreckendes. Freud legt weiterhin dar, gerade das weibliche Geschlechtsteil werde ihm von vielen Männern als unheimlich beschrieben. Er führt dies darauf zurück, dass man den Mutterleib zwar als schützenden Raum imaginiere, doch dass der Junge später am sichtbaren Geschlecht die Empfindung der Kastrationsangst entwickle, die damit ein visuelles Zeichen bekomme. Die Angst kehre bei dem Anblick immer wieder zurück bzw. hinterlasse das ambivalente Gefühl des Unheimlichen.

Man kann aus heutiger Sicht festhalten, dass innerhalb des Dispositivs einer Geschlechterordnung, die auf der Sicherung männlicher Herrschaft durch Unterwerfung der Frau beruht, die Kastrationsangst und die Vorkehrungen, mit ihr umzugehen, einen wichtigen und wirksamen Baustein bilden. Im Zusammenhang mit der kulturellen Bedeutung des Rocks tritt diese Bedeutung hervor. Solange der Zusammenhang von Kastrationsangst und deren Vermeidung innerhalb des Dispositivs männlicher Vorherrschaft wirksam ist, impliziert der Rock als Platzhalter ebenso die beiden Aspekte des Heimeligen und des Unheimlichen. Zunächst verschont er den Mann vor dem beängstigenden Anblick. Die Frau begegnet dem männlichen Blick innerhalb dieses Dispositivs im Sinne vestimentärer Konventionen, indem sie den Rock trägt. Die weiträumige Umhüllung, einhergehend mit der Schließung des Raums zwischen den Beinen, setzt die bedrohlichen Rückschlüsse aus. Der Rock überspielt etwas, damit dem männlichen Blick der Kastrationsschreck erspart bleibt, und stiftet stattdessen einen mehrdeutigen Raum. Er erlaubt die visuelle Orientierung und räumt die Blickhoheit ein, indem der störende insinuierte „leere Fleck" weiträumig maskiert oder gar voluminös drapiert wird. Der Rock schafft damit einen Raum, um etwas zu verbergen, wo es laut Freud nichts zu verbergen gibt.

Für den männlichen Betrachter besteht die Ambivalenz in dem Wissen: unter dem Rock wartet einerseits die Kastrationsdrohung, andererseits befindet sich dort mütterlich besetztes Terrain, das mit Fürsorge assoziiert wird. Jedes Schwingen des Rockes kann Angst erzeugen, ebenso wie Lust oder Begehren. Es ist diese spannungsvolle Doppelung, die dem Rock – und in dieser Hinsicht auch dem Kleid – aus Sicht der männlichen Zuschreibung unter den Kleidungsstücken eine außergewöhnliche Stellung verleiht. Er schafft einen durch und durch ambivalenten, einen begehrten und zugleich angstbesetzten, also insgesamt unheimlichen Raum. Der Rock als Signifikant steht ebenfalls für Ambiguität: einerseits für die beruhigende Verhüllung, andererseits für den beunruhigenden Verweis auf das darunter Verborgene, das ihm metonymisch anhaftet.

Dass der Rock niemals zum männlichen Kleidungsstück in der westlichen Kultur geworden ist, lässt sich auf diese Weise erklären. In Kulturen, die rockähnliche Gewänder als männliche Beinkleider tragen, wird der Frau dafür noch mehr Verhüllung zugemutet, zum Beispiel zusätzlich die des Gesichts. Oder es erfolgt eine radikale Verbannung in den häuslichen Bereich und damit das strenge Verbot der Entfaltung im Raum. Die Hose allerdings – ob mit Schamkapsel wie im 16. Jahrhundert oder als enge Blue Jeans heute – betont im Gegensatz zum Rock den Bereich zwischen den Beinen, macht die Oberschenkel und den Schoß der Form nach sichtbar und wird deshalb zur gängigen „Verhüllung des männliches Geschlechts" (Wolter 2001, 1), das dieses im Moment der Verbergung ausstellt. Die Frau in Hosen bleibt für lange Zeit ein Tabu, da sie eine Grenze übertritt, indem sie die Form der Schenkel und des Schoßes sichtbar macht.

Die kulturelle Bedeutung der Hose-Rock-Unterscheidung mit all ihren Konnotationen äußert sich selbst noch in neueren Statements. Von dem französischen Literaturwissenschaftler Roland Barthes etwa ist eine Liste überliefert, in der er Dinge nennt, die er liebt und die er nicht liebt; was er nicht liebt sind zum Beispiel: „Frauen in langen Hosen." (Barthes 1978, 127). Als Kleidungsstück dient der Rock dem männlich geprägten Dispositiv und bleibt, solange er durch Kleiderordnung oder Konvention zwangsverordnet ist: ein Schutzschild vor dem Auslösen der Kastrationsangst und doch zugleich ihr metonymischer Platzhalter.

Die gesellschaftliche Bedeutung des Rocks war also auch die Inszenierung eines doppelten Raums, um dem männlichen Blick Freiraum zu gewähren und ihn zu entlasten. Der Rock ist insofern analog zu dem Raumbegriff von Löw unter dieser Voraussetzung ein „Spacing" des Mannes, der sich Blick- und Raumhoheit sichert und die Bewegung der Frau sowie ihren Habitus kontrolliert. Es entstand allerdings dabei ein Raum, an dem weibliche Ohnmacht und weibliche Macht sich begegneten. Denn für die Frau wiederum eröffnet der Rock einen kleinen Raum, eine Erweiterung des Körper-Ichs und zugleich eine symbolische Ermächtigung der Person.

Aneignung des Rockes und Aneignung des Raums

Gerade mit seinem signifikanten, räumlichen Spiel von Aufdeckung und Verbergung ist der Rock, wie das Kleid, in der westlichen Kultur typisches

Zeichen des Weiblichen. Rock und weiblicher Habitus sind miteinander verschmolzen. Im Erwachsenwerden eines Mädchens ist das Tragen des Rocks eine zentrale Einübung von Gender – ebenso wie das Nichttragen des Rocks bei einem Jungen. Erst vor diesem Hintergrund versteht man die Provokation, die der Minirock bedeutete. Das Skandalon des weiblichen Beins kam für lange Zeit einer Drohung gleich. Die Beine wurden nun ab Mitte der 60er Jahre des 20. Jahrhunderts oberhalb des Knies sichtbar und betonten die Oberschenkel-Partie.

Die Eroberung der Hose als weibliches Kleidungsstück stellte zudem das Tragen des Rocks zur Disposition. Diese Veränderung bedeutet durch die Wahlmöglichkeit freie Verfügung über das Tragen des Rocks und im selben Moment die mögliche Aneignung des Raums im Tragen der Hose. Bedeutet die Eroberung der Hose nun das Ende des Rocks? Die französische Schauspielerin Isabelle Adjani, die einen algerischen Vater hat, sagte zu Beginn des Jahres 2010 anlässlich einer Preisverleihung: „Der Rock ist ein Bekenntnis, um den Krieg gegen Frauenhass zu gewinnen, eine Gegen-Burka." (Hamburger Abendblatt, 10.2.2010, 32).

Das Haus des Rocks lässt sich heute unterschiedlich gestalten und bewohnen. Der Raum unter dem Rock bleibt intim, aber nicht mehr tabu. Es gibt Beispiele in der modernen Literatur, die den Rock als Behausung darstellen. In der Verfilmung von Günter Grass' Roman *Die Blechtrommel* von Volker Schlöndorff[4] ist schön zu sehen, wie eine Kriegskrinoline gleich mehrmals zum schützenden Haus wird. Beim ersten Mal versteckt sich ein auf der Flucht befindlicher Soldat darunter. Die dabei gezeugte Tochter wird später ihrerseits Mutter; ihr Sohn Oskar Matzerath wird zweimal jenen Rock der Großmutter als Zufluchtsort aufsuchen, wobei er kundtut, dass er eigentlich gerne im Mutterleib geblieben wäre. Solche Nutzung als Behausung ist eine Ausformulierung der möglichen Bedeutungen des Rocks, die immer schon in seinem Imaginationsfeld angelegt war.

Als eine Weiterung des Rocks ist auch das Kunstwerk „Everyone I have ever slept with 1963-95" der britischen Künstlerin Tracey Emin aus dem Jahre 1996 zu verstehen. (Abb. 5a und 5b) Das Werk besteht aus einem blauen Zelt, an dessen Innenwand die Namen von Personen aufgeführt sind, mit denen Emin im Bett lag, sowohl von Geliebten wie auch von Verwandten, etwa von ihrer Großmutter (Elliot 2008, 28). Emin deutete ihr Zelt als eine sehr weibliche Form; sie orientierte sich an Iglus und Höhlen. Doch man kann das Werk auch lesen als ausgelagerten Rock: Die Künstlerin stellt ihren Rock als selbständig gewordenen, begehbaren Raum auf und gibt ihm zurück, was unter der Last der männlichen Zuschreibung verloren zu gehen drohte: selbst bestimmte Sexualität und Fürsorglichkeit.

Eine ironische Aneignung des Rocks im Bereich der Mode ist der „Minicrini" von Vivienne Westwood aus der Frühjahrs-Sommerkollektion

---

4   Volker Schlöndorff: *Die Blechtrommel*, 1978/79, 136 Minuten.

Abb. 5a: Tracey Emin: Everyone I Have Ever Slept With 1993-1995 (1996), Innenansicht
Abb. 5b: Tracey Emin: Everyone I Have Ever Slept With 1993-1995 (1996), Außenansicht
(The Tracey Emin Museum at 221 Waterloo Road, 1996) (siehe Farbtafeln 17 und 16)

1986. Sie übernahm die Form einer steifen, ausgestellten Krinoline, ließ sie jedoch weit über dem Knie in der Länge eines sehr kurzen Minirocks abschneiden. Diese Krinoline zeigt fast das komplette Bein. Auch Junya Watanabe widmete sich dem Motiv des Reifrocks. Er präsentierte in seiner Kollektion Herbst / Winter 1997 Kleider und Röcke mit eingezogenen Drahtreifen. Das Motiv der Behausung wiederum greifen die Röcke in Hussein Chalayans berühmter Kollektion „After Words" (2000/2001) auf. Die darin vorgestellten Röcke, die für die moderne, mobile Frau gedacht sind, können zu Möbelstücken umfunktioniert werden. Die Räume des Rocks verwandeln sich dabei in praktische Gegenstände im Raum. Die aktuelle Sommerkollektion 2011 von Raf Simons thematisiert ebenfalls die räumliche Ausdehnung von Kleidern. Seine Röcke wölben sich zu außergewöhnlich gerundeten, voluminösen Formen bis hin zu Kugeln. Sie entfernen sich von der körperlichen Silhouette hin zu eigenständigen Gebilden im Raum.

Der Rock ist ein kulturelles Zeichen des Weiblichen. In seinen verschiedenen Ausprägungen erschuf er wie das Kleid die Skulpturalität der Figur und diente der Erweiterung des weiblichen Körper-Ichs. Außerdem bestimmte er die Fortbewegung und Hervorbringung ganz bestimmter Bewegungen.

Solange der Rock durch Kleiderordnung und Konvention vorgeschrieben war, konnte er dazu dienen, innerhalb des Gender-Dispositivs den Bewegungsradius der Frau auf das „weibliche Maß" zu beschneiden. Das Dispositiv sicherte damit die männliche Hoheit über den Raum durch eine über den Rock vermittelte Kolonisierung der Körpertechniken. Der Rock manifestierte damit unter anderem eine Instanz des „Spacing" des Mannes, der über die Fremduniformierung seine Macht sicherte und die Herrschaft über den weiblichen Körper markierte. Teil dieser Strategien war es, gleichsam ein Schutzschild am Körper des anderen Geschlechts zu installieren und sich auf diesem Wege auch die Hoheit über den Raum der Blicke zu sichern, indem der Rock eine undeutliche Körperform modellierte und so vor dem Kastrationsschreck schützte.

Der Rock wurde Ort der Ohnmacht, aber auch der verleugneten Macht der Frau, denn die vorgeschriebene optische Neutralisierung des Schoßes bedeutete auch, dass hier Potential zur Ermächtigung befürchtet wurde, das zu negieren war. Zugleich aber blieb ein kleiner, minimaler Raum, der der Frau gehörte und Unruhe stiften konnte. Der Rock ist nach Einführung des Minirocks und der Wahlmöglichkeit zwischen Rock und Hose in unzähligen Variationen verfügbar. Er dient heute dem Spacing der Frau, die mit den früheren Tabus spielen kann. Zugleich entsteht realer Raum durch Bewegungsfreiheit.

Die Analyse der Beziehung von Körper, Kleidung und Raum zeigt am Beispiel des Rocks, dass getragene Kleidung wesentlich zum „Spacing", zur Schaffung von Räumen beitragen kann. Sei es durch Fremdbestimmung des Körpers über Kleiderordnungen und Konvention, sei es durch Selbstbestimmung und freiwillige Wahl. Der bekleidete Körper ist nicht nur Schauplatz sondern aktiver Part im räumlichen Spiel.

Literatur

Barthes, Roland (1978) [zuerst 1975]: Über mich selbst. München: Matthes & Seitz

Bourdieu, Pierre (1997): „Die männliche Herrschaft". In: Dölling, Irene / Kraiss, Beate (Hg.): Ein alltägliches Spiel. Geschlechterkonstruktion in der sozialen Praxis. Frankfurt am Main: Suhrkamp, S. 153-217

Bourdieu, Pierre im Gespräch mit Irene Dölling und Margareta Steinrücke (1997): „Eine sanfte Gewalt". In: Dölling, Irene / Kraiss, Beate (Hg.): Ein alltägliches Spiel. Geschlechterkonstruktion in der sozialen Praxis. Frankfurt am Main: Suhrkamp, S. 218-230

Breuer, Josef (1999) [zuerst 1895], „Beobachtung I. Frl. Anna O.". In: Sigmund Freud: Gesammelte Werke, Nachtragsband. Hg. von Angela Richards unter Mitwirkung von Ilse Gruber-Simitis, Frankfurt am Main: Fischer, S. 221-243

De Certeau, Michel (1988) [zuerst 1980]: Die Kunst des Handelns. Berlin: Merve

Droste-Hülshoff, Annette von (1971) [zuerst 1844]: Werke. Hg. v. Günther Weydt und Winfried Woesler, München: Winkler 1973, S. 68f.

Elliot, Patrick (2008): "Becoming Tracey Emin". In: Elliot, Patrick / Schnabel, Julian: Tracey Emin 20 Years. Edinburgh: National Galleries of Scotland

Feyerabend, F.V. / Ghosh, Frauke (2008): Fashion, Shapes & Styles. Formen und Stile der Mode. München: Stiebner

Flügel, J.C. (1986) [zuerst 1930]: „Psychologie der Kleidung". In: Bovenschen, Silvia (Hg.): Die Listen der Mode. Frankfurt am Main: Suhrkamp, S. 208-263

Freud, Sigmund (1999) [zuerst 1919]: „Das Unheimliche". In: ders.: Gesammelte Werke Bd. XII. Hg. v. Anna Freud / Ernst Bibring / Ernst Kris, unter Mitwirkung von Marie Bonaparte, Frankfurt am Main: Fischer, S. 227-268

Freud, Sigmund (1999) [zuerst 1925]: „Einige psychische Folgen des anatomischen Geschlechtsunterschieds". In: ders.: Gesammelte Werke Bd. XIV. Hg. v. Anna Freud / Ernst Bibring / Ernst Kris, unter Mitwirkung von Marie Bonaparte, Frankfurt am Main: Fischer, S. 19-30

Gehring, Petra (2006): „Das Gesichtsbild als Akt". In: Janecke, Christian (Hg.): Gesichter auftragen. Argumente zum Schminken. Marburg: Jonas Verlag, S. 79-95

Hamburger Abendblatt: „Rock gegen Burka", 10.2.2010, S. 32

Haraway, Donna (1995): „Situiertes Wissen". In: dies.: Die Neuerfindung der Natur. Frankfurt am Main: Campus, S. 73-97

Heidegger, Martin (1969): Die Kunst und der Raum. L'Art et l'espace. St. Gallen: Erker

Kemp, Wolfgang (1996): Die Räume der Maler. Zur Bilderzählung seit Giotto. München: Beck

Leutner, Petra (2004): „Oberflächen mit Körper: Haut und Frisur in den Minilooks 2003". In: Janecke, Christian: Haar tragen. Eine kulturwissenschaftliche Annäherung. Köln / Weimar / Wien: Böhlau, S. 291-305

Löw, Martina (2001): Raumsoziologie. Frankfurt am Main: Suhrkamp

Löw, Martina (2005): „Die Rache des Körpers über den Raum. Über Henri Lefebvres Utopie und Geschlechterverhältnisse am Strand". In: Schroer, Markus (Hg.): Soziologie des Körpers. Frankfurt am Main: Suhrkamp, S. 241-270

Turner Wilcox, Ruth (1969): The Dictionary of Costume. London: B.T. Batsford Ltd.

Vinken, Barbara (1992): „Dekonstruktiver Feminismus: eine Einleitung". In: Vinken, Barbara (Hg.): Dekonstruktiver Feminismus. Literaturwissenschaft in Amerika. Frankfurt am Main: Suhrkamp, S. 7-29

Wolter, Gundula 2001 [zuerst 1991]: Die Verpackung des männlichen Geschlechts. Berlin: Aufbau Taschenbuch Verlag

Woolf, Virginia (1992) [zuerst 1929]: „Ein eigenes Zimmer". In: dies.: Ein eigenes Zimmer. Drei Guineen. Essays. Leipzig: Reclam, S. 5-112

Internet

Araki, Nobuyoshi (2008): Interview mit Dagmar von Taube, 3.5.2008. www.welt.de/kultur/article1959654/Noboyushi_Araki_langweilt_sich_beim_Sex.html Stand: 1.4.2010

Filme

Schlöndorff, Volker: Die Blechtrommel, 1978/79, 136 Minuten

Wilder, Billy: The Seven Year Itch, 1955, 105 Minuten

Abbildungen

Abb. 1: Illustration Volker Feyerabend 2011, nach: Feyerabend, F.V. / Ghosh, Frauke (2008): Fashion, Shapes & Styles. Formen und Stile der Mode. München: Stiebner, S. 25 und S. 29. Copyright Volker Feyerabend; www.volker-feyerabend.com

Abb. 2: Illustration Volker Feyerabend, 2011; Bildzitat nach Ruth Turner Wilcox (1969): The Dictionary of Costume, London: B.T. Batsford Ltd, S. 237; Copyright Volker Feyerabend; www.volker-feyerabend.com

Abb. 3: Illustration Volker Feyerabend 2011; Copyright Volker Feyerabend; www.volker-feyerabend.com

Abb. 4: Nobuyoshi Araki: Ohne Titel, 1993, s/w Fotografie auf Barytpapier, Copyright des Künstlers, mit freundlicher Genehmigung des Museums für Moderne Kunst, Frankfurt am Main

Abb. 5a+b: Tracey Emin: Everyone I Have Ever Slept With 1993-1995; Installation 1996; zwei Fotos der Künstlerin aus: Patrick Elliot / Julian Schnabel: Tracey Emin 20 Years. Edinburgh: National Galleries of Scotland 2008, S. 28; Copyright: VG Bild-Kunst, Bonn 2011

Katharina Tietze

Zwischendecke
Über einen Mantel von Martin Margiela

> „Im Anfange war die Bekleidung. Der Mensch suchte Schutz vor den Unbilden des Wetters, Schutz und Wärme während des Schlafes. Er suchte sich zu bedecken. Die Decke ist das älteste Architekturdetail." Adolf Loos (Loos 2007, 88)

Abb. 1 Duvet-Coat, 1999

Gegenstand meiner Überlegungen ist ein Mantel des belgischen Designers Martin Margiela[1], der „Duvet-Coat" aus der Herbst/Winterkollektion 1999/2000. Es handelt sich um eine voluminöse weiße Daunendecke mit ab-

---

1   Margiela ist einer der einflussreichsten Designer der letzten beiden Jahrzehnte. Korrekt muss man von Maison Martin Margiela sprechen, er hat immer das Team in den Vordergrund gestellt und ist als Person nicht in Erscheinung getreten. Mittlerweile hat er das Label verlassen und damit seinem Team übergeben.

nehmbaren Ärmeln, also kein zugeschnittenes, dreidimensionales Kleidungsstück, sondern eine Decke. Der Mantel hat keinen Verschluss, er kann mit
einem Gürtel zusammengehalten werden. Er existiert in zwei unterschiedlichen Längen, bis zum Knie oder bis zum Knöchel reichend. Die Oberkante
der Decke wird um den Hals gelegt und bildet so einen überdimensionalen
Kragen. Der Mantel ist mit unterschiedlichen Plaids kombinierbar, die wie
eine Tagesdecke darüber gelegt werden können: einer Plastikplane, einer
Wolldecke oder einem Überwurf aus Jeansstoff. Der Duvet-Coat wirkt zu-
allererst warm, gemütlich wie ein Federbett. Er ist voluminös, die Trägerin
kann sich darin verstecken, sie kann ihn drapieren, offen oder geschlossen
tragen, den Kragen hoch stellen oder weit herunterklappen. Material und
Schnitt machen ihn zu einem Hybrid zwischen Mantel und Decke.

Anhand dieses Kleidungsstückes, des Bettdecken-Mantels, möchte ich
den Übergang von Kleidung zu Architektur untersuchen. Der Text entwick-
kelt in vier verschiedene Richtungen Überlegungen zu dieser Bewegung
von innen nach außen, gewissermaßen von der zweiten zur dritten Haut.
Erstens verfolge ich den Übergang von der Decke zum Mantel. Zweitens interessiert mich die Sonderform des Hausmantels und drittens die Tatsache,
dass der Mantel weiß ist. Und der abschließende Teil beschäftigt sich mit
dem Verhältnis von Schlafzimmer und öffentlichem Raum.

Von der Decke zum Mantel

Etymologisch kommt das Wort Mantel aus dem lateinischen *mantellum*,
von Hülle, Decke. Der Übergang von der Zwei- in die Dreidimensionalität
ist für die Mode grundlegend. Kleidung wird ja zumeist aus einer zweidi-
mensionalen textilen Fläche zugeschnitten und dann zu einer dreidimensionalen Hülle zusammengefügt, so wie ein Gebäude in Grundrissen und
Schnitten geplant wird.

Mäntel in der uns heute bekannten Form setzen sich als Männerkleidung
nach 1800 durch, einer Zeit, in der durch den Einfluss englischer Mode und
im Anschluss an die Französische Revolution die körpernahe männliche
Kleidung in gedeckten Farben aufkommt. Erst knapp hundert Jahre später
werden nach und nach einzelne Kleidungsstücke durch die Frauenmode
adaptiert. Bis dahin trugen Frauen Tücher oder Capes über ihren Kleidern.
Diese Entwicklung hat mit den unterschiedlichen Möglichkeiten der Geschlechter, sich im öffentlichen Raum zu bewegen, zu tun. Erst wenn Frau-
en auch reisen können, Sport treiben usw., brauchen auch sie einen Mantel,
also ein Kleidungsstück, das nicht nur vor Witterungseinflüssen, sondern
auch vor Blicken schützt. Mäntel markieren den Übergang vom Haus auf
die Straße. Sie bilden ebenso wie die darunter getragene Kleidung eine Hülle für den menschlichen Körper. Ihre wichtigste Funktion ist es, zu wär-
men. Dafür werden traditionell meist Tierfelle verwendet. An die Stelle von

Pelzen sind aus ethischen Gründen heute zunehmend Daunenmäntel und -jacken getreten. Daunen sind ein optimaler Wärmespeicher. Mit Daunen gefüllte Schlafsäcke oder Jacken halten über die gespeicherte Luft auch im tiefsten Winter warm. Zugleich entsteht ein Volumen, das sich einerseits dem Körper anschmiegt, aber auch den Körper verschwinden lässt. So hält der Mantel genauso warm wie ein Federbett.

Margiela hat sich auch in anderen Kollektionen mit dem Übergang von der Fläche in die Form beschäftigt. So druckten er und sein Team in der Kollektion Frühjahr/Sommer 1996 Fotografien von Kleidungsstücken auf Stoff und verarbeiteten diesen zu Kleidung. Damit wurde ein irritierender Trompe-l'œil-Effekt erzeugt. Mit den *Flat Garments* (Frühjahr/Sommer 1998) entstand eine Serie von Kleidungsstücken, die sich vollständig flach legen lassen. Margiela thematisiert das Spannungsverhältnis von Zwei- und Dreidimensionalität auch in der Präsentation des Duvet-Coats, in der Fashionshow wie auch in der Ausstellung zum 20jährigen Jubiläum des Labels Maison Martin Margiela im Haus der Kunst in München. Da wird der Mantel zur Projektionsfläche für verschiedene Muster, die Körperhülle geht quasi im Ornament auf.

Neben Margiela haben sich auch andere Modedesigner mit dem Thema der Bettdecke beschäftigt. So die Holländer Viktor & Rolf in ihrer Kollektion *Bedtime Story* vom Herbst/Winter 2005. Hier fungieren rote Satinsteppdecken als Mäntel, sie erinnern an königliche Prunkbetten. Die Gesichter der Models werden gerahmt von weißen Kissen mit Spitzenborten. Darauf sind die Haare so montiert, als wären die Models soeben aus der waagerechten Lage im Bett auf den Laufsteg gestellt worden. Hier wird die Frau in den üppigen Spitzen zum stillgestellten Ausstellungsstück, das wie eine Puppe schlafen gelegt wird. Der ästhetische Ausgangspunkt der Gestaltung sind luxuriöse textile Bettausstattungen und der ironische Verweis auf deren historische Zuschreibung an das weibliche Geschlecht.

Auch der japanische Designer Junya Watanabe entwirft 2009 für seine Herbstkollektion Daunenmäntel. Die Oberfläche der *Soft Sculptures* ist aus glänzendem schwarzen Nylon, und im Gegensatz zu Margiela dekliniert er eindrucksvoll die vielfältige Gestaltung des Volumens per Schnittkonstruktion.

Auch wenn die Schmuckfunktion in der Mode meist im Vordergrund steht, wird in aktuellen Kollektionen über Zitate von Decken und Schlafsäcken zudem die Schutzfunktion der Kleidung thematisiert und damit die Frage, inwieweit Kleidung auch Behausung sein kann.

Haus-Mantel

Eine Sonderform des Mantels stellt der Hausmantel dar, ein Kleidungsstück, dass man seit dem 17. Jahrhundert zu Hause trug und ablegte bzw.

gegen Straßenbekleidung tauschte, bevor man sich in die Öffentlichkeit begab. Nach dem zweiten Weltkrieg übernahm zunehmend der Bademantel seine Funktion. Die prominenteste Beschreibung eines Hausmantels stammt von Denis Diderot. Der französische Philosoph beschreibt 1772 die „Gründe, meinem alten Hausrock nachzutrauern."

> „Warum habe ich ihn nicht behalten? Er passte zu mir, ich passte zu ihm. Er schmiegte sich jeder Wendung meines Körpers an; er hat mich nie gestört; er stand mir so gut, dass ich mich ausnahm, wie von Künstlerhand gemalt. Der neue, steif und förmlich, macht mich zur Schneiderpuppe." (Diderot 2010, 3)

Während er mit dem Ärmel des alten Mantels auch Staub wischen konnte, verlangt der neue nicht nur eine andere Haltung, sondern auch eine andere Umgebung. So wird nach und nach nicht nur die Tapete ausgewechselt, sondern auch der Schreibtisch und sogar die Zeichnungen an der Wand. Der Mantel ruft nach einem neuen Interieur, beides, Haus und Hausmantel, muss zueinander passen[2]. Ein Luxusproblem, oder wie Diderot schreibt: „Die Armut hat ihre Freiheiten, der Reichtum seine Zwänge." Gerade bei Kleidungsstücken, die nur innerhalb des Hauses getragen werden, wird deutlich, wie sehr Einrichtung und Kleidung zusammengehören, zu einer Behausung verschmelzen.

Weiße Wäsche

Margielas Mantel ist weiß. Weiße Mäntel trägt man vielleicht im Skiurlaub, aber in der Stadt sind sie ein ungewöhnlicher Anblick. Welche Bedeutung hat diese Farbe, die sonst eher für Wäsche oder Sommerkleider gewählt wird?

Die Farbe wird von Maison Martin Margiela oft verwendet. In ihren Ateliers und Shops sind die Möbel mit weißen Hussen versehen und das Verkaufspersonal trägt weiße Kittel. Damit entsteht der Eindruck einer Laborsituation, in der die im Entstehen begriffene bzw. fertig gestellte Kollektion im Fokus liegt. Die Kleider werden wie in einem modernen Galerieraum durch die neutrale Farbe gerahmt. Für Margiela ist Weiß aber nicht nur eine Farbe der Reduktion, Neutralität und Konzentration, sondern er schätzt auch, dass weiße Dinge durch Abnutzungserscheinungen Zeit abbilden. Diese Spuren erzeugen ganz unterschiedliche Weißtöne, sozusagen schmutziges Weiß. Im Gegensatz dazu werden weiße Textilien auch mit Sauberkeit, Reinheit, und Unschuld assoziiert, Zuschreibungen, die aus dem 19. Jahrhundert stammen. In dieser Zeit wurden erstmals weiße Brautkleider getragen und gefüllte Schränke mit weißer Bett- und Tischwäsche waren der Stolz einer Hausfrau. Dass es mehr und mehr weiße Bettwäsche

---

2 Dieses Phänomen ist als Diderot-Effekt sogar in die Konsumforschung eingegangen.

gab, hatte auch hygienische Gründe, damit wurde makellose Sauberkeit demonstriert, denn sie konnte gekocht und gebleicht werden.

Die Beschreibung eines überwältigenden Eindrucks von Weiß findet sich im Roman *Das Paradies der Damen* von Émile Zola. In der Geschichte über eines der ersten Kaufhäuser von Paris Mitte des 19. Jahrhunderts beschreibt Zola die blendende Wirkung einer vollkommen in weiß ausgeführten Dekoration.

> „Nichts als Weiß, alle weißen Artikel aus sämtlichen Rayons, eine Schwelgerei in Weiß, ein weißes Gestirn, dessen stetiges Strahlen zunächst blendete, so dass man in diesem unvergleichlichen Weiß keine Einzelheiten unterscheiden konnte." (Zola 2004, 511)

Im Berlin der 1920er und 30er Jahre gibt es ebenfalls Verkaufsaktionen in den großen Kaufhäusern, für die ausschließlich weiße Produkte wie Textilien und Porzellan dekoriert wurden, die so genannten „Weißen Wochen". Hier kippt die Unschuld der Farbe in das konsumistische Begehren, das „Habenwollen" angesichts einer unendlichen Menge von Produkten. Die Bedeutung von Weiß wird ambivalent. Zola vergleicht den Eindruck mit einem weißen Bett und spielt damit auch auf die sexuelle Konnotation von Reinheit und Unschuld an:

> „Man hätte meinen können, ein großes weißes Bett harre hier wie im Märchen in seiner jungfräulich unberührten Riesenhaftigkeit auf die weiße Prinzessin, die eines Tages allmächtig im weißen Brautschleier daherkommen sollte." (Zola 2004, 512)

Eine aktuelle Interpretation eines weißen Bettes stammt vom Künstler Félix González-Torres. Bei der Arbeit *untitled* von 1991 handelt es sich um das Foto eines leeren Doppelbettes, in dem offensichtlich zwei Menschen in blütenweißer Bettwäsche geschlafen haben. Die Abbildung wurde auf einem Billboard, einer Werbewand, im öffentlichen Raum in New York aufgestellt. Diese Arbeit schuf González-Torres nach dem AIDS-Tod seines Lebensgefährten, und sie kann also als ein öffentliches Statement zum Thema Sexualität und Verlust gelesen werden. Mit dem weißen Bett plakatiert der Künstler eine intime Situation und legt damit deren gesellschaftspolitische Bezüge frei.[3] Das textile Weiß ist aus dem intimen Bereich von Unterwäsche und Schlafzimmer in den öffentlichen Raum gewandert und sichtbar geworden.

---

3   Auch John Lennon und Yoko Ono benutzten das weiße Bett für ein politisches Statement. In ihrer Bed-in Performance protestierten sie 1969 von ihrem Doppelbett aus gegen den Vietnamkrieg.

Katharina Tietze

Schlaf-Zimmer

Auch die französische Künstlerin Sophie Calle interessiert sich für die Intimität des Bettes. In ihrer ersten großen Arbeit (*The Sleepers*, 1980) lud sie Menschen ein, acht Stunden in ihrem, Sophie Calles, Bett zu schlafen. Einzige Bedingung war, dass sie ein paar Fragen beantworteten und sie die Schläfer fotografieren durfte. So wurde das Bett der Künstlerin quasi für eine Woche nicht kalt. Nachbarn, Freunde und Fremde lieferten sich schlafend der Künstlerin und damit anschließend auch der Betrachterin bzw. dem Betrachter aus. Mit der Vorstellung, ein Bett, die Bettwäsche, die Körperwärme zu teilen, imaginiert und realisiert die Künstlerin ein Höchstmaß an Intimität.

Warum irritiert diese künstlerische Arbeit wie auch ein Bettdeckenmantel, wo es doch heute nur noch wenige Bereiche gibt, die nicht in der Öffentlichkeit abgebildet, diskutiert, medialisiert werden?

Das Bett scheint ein Bereich der Intimsphäre zu sein, ein Ort, an dem wir die Kontrolle aufgeben, wo wir uns verstecken können, von Krankheiten genesen und wo es nicht darauf ankommt, leistungsfähig und frisch zu sein.

Historisch ist das Schlafzimmer aber erst in der Moderne zu einem intimen Ort geworden.

Bis weit ins Mittelalter hinein gab es Schrankbetten, die mit ihren hölzernen Betthimmeln und den sie umschließenden Vorhängen ein Haus im Haus bildeten. Sie standen nicht in gesonderten Schlafzimmern, sondern im Wohnraum, und es war auch nicht selbstverständlich, daß jeder sein eigenes Bett besaß.

Bei Hof, wie es Norbert Elias am Beispiel Ludwig XIV. beschreibt, befindet sich das Schlafzimmer des Königs im Mittelpunkt des Hauses und der zeremoniellen Rituale. Im Barock empfing man auch in bürgerlichen Häusern Freunde und Bekannte im Schlafzimmer und nahm dort kleine Speisen ein (Benker 1984, 36). Erst im Klassizismus wurden Wohn- und Schlafzimmer getrennt, und im Biedermeier wurde letzteres endgültig ein Raum, der dem Ehe- bzw. dem Elternpaar vorbehalten bleibt und für andere Familienmitglieder tabu ist.

Nicht nur ein Bett zu haben, sondern auch ein Schlafzimmer, ist heute das Merkmal einer Wohlstandsgesellschaft. Die Künstlerin Lucy Orta hat mit ihrer *Refuge Wear* untersucht, inwieweit sich Kleidung und Behausung verschmelzen lassen, und bezieht sich damit auf die Bedürfnisse von Obdachlosen. Sie entwirft Mäntel, die auch als Zelte oder Schlafsäcke dienen können. Die Ästhetik dieser textilen Objekte erinnert an moderne Notunterkünfte, wie sie in Katastrophengebieten eingesetzt werden. Orta visualisiert mit ihren Arbeiten politische und gesellschaftliche Probleme und untersucht gleichzeitig Fragen von Sichtbarkeit und Unsichtbarkeit im öffentlichen Raum. „Es hat auch mit der Idee zu tun, dass du dich mithilfe deines Schutzraumes, von wo aus du eine gute Aussicht nach draußen hast, für den Rest der Welt undurchsichtig machst." (Orta 2009, 166).[4] In einer existentiellen Situation fallen Haus und Mantel in eins, wird der Mantel zum Zelt, zur Behausung.

Intimität – Öffentlichkeit

Ein Mantel von Martin Margiela ist der Anlass, über das Verhältnis von Intimität und Öffentlichkeit nachzudenken. In seinem Buch *Verfall und Ende des öffentlichen Lebens. Die Tyrannei der Intimität* beschreibt Richard Sennett am Beispiel von Paris und London, wie im Verlauf der letzten 250 Jahre öffentliches Leben im Sinn von gesellschaftlichem und politischem Engagement und Nutzung des öffentlichen Stadtraumes zurückgedrängt wurde durch die Aufmerksamkeit und das Interesse, das das Selbst erregt. Ein Indikator dafür ist für ihn auch die Kleidung. Insofern ließe sich sagen, dass der Duvet-Coat einen weiteren Höhepunkt in dieser Entwicklung markiert. Er bezeichnet eine Intimität, die nach Wärme und Wohlbehagen verlangt und sich nach innen richtet, anstatt sich gesellschaftlichen Herausforderungen zu stellen.

---

4   Dies ist nur ein Beispiel für eine ganze Reihe von künstlerischen Auseinandersetzungen zum Thema temporäre Behausungen in den letzten Jahrzehnten. Zu nennen wären zum Beispiel der polnische Künstler Krzysztof Wodiczko mit seiner Arbeit *Homeless Vehicles* oder die *Moving Clothes* von Nada Sebestyén.

Katharina Tietze

Literatur

Benker, Gertrud (1984): Bürgerliches Wohnen. München: Verlag Callwey

Diderot, Denis (2010): Gründe, meinem alten Hausrock nachzutrauern. Berlin: Friedenauer Presse, S. 3-12

Loos, Adolf (2007): Das Prinzip der Bekleidung. In: Loos, Adolf: Warum ein Mann gut angezogen sein soll. Wien: metroverlag, S. 88-97

Lucy Orta im Gespräch mit Heinz-Norbert Jocks (2009). In: Kunstforum International. Bd. 197, 2009, S. 165-175

Schlittler, Anna-Brigitte und Tietze, Katharina (Hg.) (2009): Kleider in Räumen. Winterthur: alataverlag

Sennett, Richard (1986): Verfall und Ende des öffentlichen Lebens. Die Tyrannei der Intimität. Frankfurt: Fischer Taschenbuch

Ullrich, Wolfgang (2003): Vom Klassizismus zum Fertighaus. In: Ullrich, Wolfgang und Vogel, Juliane (Hg.): Weiss. Frankfurt: Fischer Taschenbuch, S. 214-230

Zola, Émile (2004): Das Paradies der Damen. Frankfurt: Fischer Taschenbuch

Abbildungen

Abb. 1 Martin Margiela: *Duvet-Coat*, 1999 fotografiert von Anders Edström für das Magazin *purple fashion*.

Gertrud Lehnert

Théâtre(s) de la mode: Moderäume und Modepuppen

In der Geschichte der Dinge, die in den letzten Jahren an Bedeutung zunimmt, spielen Puppen eine bedeutende Rolle. Sie sind besondere Dinge, unvergleichbar allen anderen. Puppen laden mehr als andere unbelebte Objekte dazu ein, sie als lebendig zu phantasieren. Sie haben Augen und schauen uns an; sie haben Körper, die – wenn auch meist nur annäherungsweise – den menschlichen gleichen, vor allem dann, wenn sie bekleidet sind. Ständig verschwimmen der Wahrnehmung die Grenzen zwischen dem Lebendigen und dem Unlebendigen. Denn Puppen werden nicht nur als lebendig wahrgenommen, sie erzeugen selbst die Täuschung, d.h. die Illusion der Lebendigkeit.

Puppen sind Simulacra des Lebendigen – nicht im postmodernen Sinne als Kopie, zu der es kein Original gibt. Gemeint ist vielmehr die ursprüngliche Bedeutung: Bild, Traumbild, Spiegelbild, Nachbildung oder Simulation. Nachahmen, so schreibt Aristoteles in der *Poetik*, sei den Menschen angeboren. Wir lernen durch Nachahmung, und

> „außerdem freuen sich alle Menschen an den Nachahmungen. (...) Was wir nämlich in der Wirklichkeit nur mit Unbehagen anschauen, das betrachten wir mit Vergnügen, wenn wir möglichst getreue Abbildungen vor uns haben (...)." (Aristoteles 1961, 27)

Das ist so, weil Nachahmen immer mit einer Form des (Wieder-)Erkennens verbunden ist, so rudimentär dieses auch sein mag.

Wenn Aristoteles auch von Kunst spricht, so lassen sich seine bekannten Ausführungen über die Nachahmung doch ohne weiteres auf Puppen übertragen. Puppen werden selbst als reduzierte, oft nur angedeutete Nachahmungen sofort als Modell des Menschlichen wahrgenommen. Deshalb ist, ungeachtet der physischen Mängel des leblosen Objekts Puppe – der oft im Material nur skizzierten, rein auf die Kleidung hin funktionalisierten Körper – die Faszination des unbelebten Objekts, das Leben vorspiegelt und deshalb auch unheimlich sein kann,[1] ungebrochen. Man denke an Puppen mit kultischen Funktionen, an die Automaten des 18. Jahrhunderts, die sich literarisch in E.A. Poes Erzählung *Maelzels Schachspieler* oder E.T.A. Hoffmanns *Sandmann* niederschlugen, an die Puppen von Bellmer oder de Chirico, und schließlich an die Geschichte der Modepuppen und der Kinderpuppen.

Als dingliche Nachahmung und Repräsentation des Lebendigen besitzen Puppen aber auch eine ganz eigentümliche Ambivalenz. Puppen repräsentieren das Leben als Modell, ein schöneres, vollkommeneres, dauerhafteres Leben, gerade weil es nicht lebendig ist.

In der Mode spielen Puppen schon lange eine wichtige Rolle. Als Vorläuferinnen der Modejournale wurden Puppen samt ihrer Garderobe an Höfe oder Städte geschickt; als Kinderspielzeug vermittelten und vermitteln sie das Wissen um modische Kleidung im Kinderzimmer, als Schaufensterpuppen[2] stellen sie die neuesten Moden der Öffentlichkeit aus, und im Museum dienen sie als dreidimensionale Körper für die vergangenen und gegenwärtigen Moden. Die grundlegende Beziehung von Puppen und Mode wird zwar oft konstatiert, insbesondere im Zusammenhang mit der seit über 50 Jahren weltweit erfolgreichen Barbie von Mattel, aber sie ist bislang noch kaum (kultur-, mode)wissenschaftlich untersucht worden.[3] Puppen und Raum und damit auch die Räumlichkeit von Puppen sind m.W. bislang kein Gegenstand der Forschung.

Im Folgenden reflektiere ich den Zusammenhang von Puppen, Mode und Raum in kulturhistorischer, speziell modehistorischer Perspektive. Meine Thesen lauten, (1) dass Puppen und Mode ihre je spezifische Räumlichkeit besitzen, die strukturell aufeinander bezogen sind, (2) dass Modepuppen als Simulacren anschaulich machen, wie Kleidung als Mode funktioniert. Roland Barthes zufolge ist ein Simulacrum die Rekonstitution eines Objekts, die dessen im „natürlichen Objekt" verborgene oder unverständliche Strukturen zum Vorschein bringe – ihm das Intelligible zufüge –, und zwar einerseits als naturgetreue Nachahmung, die auf der Analogie der Erscheinung beruht, andererseits aufgrund der von Barthes als strukturalistische Tätigkeit beschriebenen Mimesis, die auf der Analogie der Funktionen gründe (Barthes 2000, 217). Beides lässt sich auf Puppen übertragen: sie funktionieren über die Analogie der Erscheinungen und über die Analogie der Funktionen.

---

1   Vgl. Freud (1970) über „Das Unheimliche".
2   Vgl etwa: Schneider 1995,Thull/Moch 2007; Mannequins 1996, Richman 2006
3   Eine der ersten gründlichen Untersuchungen ist Peers 2004. Vgl. auch Lehnert 1998; ferner das Barbie-Kapitel in Lehnert 1996. Über Barbie sind immer wieder interessante Studien erschienen, so etwa Lord 1995; Rand 1995; Warnecke 1995. -- Bücher über Puppen für Sammlerinnen dokumentieren vor allem Geschichte, Materialität und Wert der Puppen, sie sind wichtige Fundgruben für die Geschichte der Puppen. Vgl. beispielsweise Cieslik 1979; Ehret 1980.

Nach grundsätzlichen Überlegungen zum Verhältnis von Puppen und Mode im ersten Teil ergänze ich meine Ausführungen im zweiten Teil mit drei Beispielen:

1. dem *Théâtre de la mode* von 1945,

2. zeitgenössischen Modepuppen für erwachsene Sammlerinnen am Beispiel der Firma Tonner,

3. den niederländischen Designern Viktor & Rolf, die seit Beginn ihrer Karriere in sehr unterschiedlicher Weise programmatisch mit Puppen und mit der Vertauschung von Puppe und Frau arbeiten – und die Raum sehr strategisch einsetzen.

Puppen

Der kulturpessimistische und phallus-fixierte Sigmund Freud vertrat die Auffassung, kleine Mädchen spielten mit Puppen als Kindersatz, um die Entwicklung zur reifen Weiblichkeit einzuüben (Freud 1972, 286). Für die reife Weiblichkeit ist laut Freud ausschlaggebend, dass die Frauen ihren Penisneid umwandeln in den Wunsch nach einem Kind. So spielt das Mädchen mit der Puppe, also einem Ersatz für das erwünschte Baby, das seinerseits ein Ersatz ist für das in Freuds entschieden einseitiger Perspektive „Eigentliche" schlechthin – für den Penis. Der dem Mädchen fehlt. Und dessen Fehlen ja angeblich das größte Trauma des kleinen Mädchens darstellt.

Abb. 1 Mädchen mit Puppe aus dem *Moniteur de la Mode*

Gertrud Lehnert

Die Puppen selbst erzählen eine andere Geschichte,[4] von denen Freud offenbar nichts ahnte.Denn er spricht ausschließlich von der Erfindung der *Kinder*puppe seit der „Entdeckung des Kindes" im 18. Jahrhundert. Und er verabsolutiert dieses junge Segment der Puppengeschichte.

Ohne Zweifel: Auch vorher spielten Kinder mit Puppen. Aber Puppen waren keineswegs per definitionem ein Kinderspielzeug, im Gegenteil: Ursprünglich dienten Puppen häufig kultischen Zwecken, später waren sie Spielzeug, Lerngegenstand und Sammelobjekte für Kinder und Erwachsene. In der Neuzeit waren die schönsten Puppen für Erwachsene gemacht, und noch im 19. Jahrhundert waren Puppen für Kinder und für Erwachsene oft identisch.

Puppen können nicht nur völlig unterschiedliche Formen, sondern auch ganz unterschiedliche Funktionen haben (von der kultisch-religiösen über das Kinderspielzeug bis zum Menschenmodell, das sich als Projektionsfläche anbietet). Puppen sind besondere Objekte innerhalb der Kulturgeschichte der Dinge. Man kann sie anfassen, bewegen, man kann sie anziehen. Sie sind nicht nur visuell, sondern auch haptisch wahrnehmbar. Sie besitzen etwas Sinnliches, das vielen anderen Objekten fehlt. Sie schauen uns an. Mit einer – nicht auf Puppen bezogenen – Wendung von Lorraine Daston könnte man sagen, sie seien „things that talk" (Daston 2008). Als Simulacra des Lebendigen lösen Puppen unterschiedlichste Phantasie, Emotionen und Ambivalenzen aus. Man kann alles auf sie projizieren; sie wehren sich gegen keine Zuschreibung. Und doch könnte man vermuten, dass sie ihr eigenes, verborgenes Leben führen – nachts, wenn alle schlafen, wird nicht nur der Nussknacker wach, um den Mausekönig zu bekämpfen ...

Ich möchte vorläufig thesenhaft zwei wesentliche Bedeutungen bzw. Funktionen von Puppen unterscheiden. (1) Als Spiegelung und Projektionsfläche für Selbstentwürfe repräsentieren sie das eigene Andere; das entspricht, vereinfacht gesagt, einer narzisstischen Praxis. (2) Als Illusion eines echten Gegenübers können sie das ganz Andere gegenüber dem Eigenen repräsentieren; hier kommt der Wunsch nach Alterität (oder deren Illusion) ins Spiel.

Modepuppen

Seit dem späten Mittelalter dienten Puppen (Pandoras) als Modevermittlerinnen zwischen den Höfen der Aristokratie. Man weiß nichts Konkretes über sie, ihre Größe, ihre Materialität und Beschaffenheit, nur, dass sie vollständig bekleidet waren und ihre Kleidung die Nachahmung anregen sollte;

4 Ich möchte nicht so weit gehen wie Tawada (2000), die von einer „Puppenschrift" spricht, damit aber eigentlich nur den Zeichencharakter bestimmter Puppen und den mit ihnen verbundenen kulturellen Praktiken meint.

einige sollen lebensgroß gewesen sein. Französische Könige (z.B. Heinrich IV.) oder Aristokraten sandten ihren künftigen Gattinnen solche Puppen, um den ungebildeten Ausländerinnen klarzumachen, wie sie sich als künftige Fürstinnen von Frankreich zu kleiden und zu schmücken hätten (z.B. Peers 2004; Ehret 1980; Cieslik 1979) – das war nicht nur anschaulicher, sondern viel sinnlicher, als jede Zeichnung hätte sein können.

Noch immer gibt es Modepuppen für erwachsene Sammlerinnen. Sie werden in der Regel durch unterschiedliche Moden – vergangene wie aktuelle – charakterisiert, erhalten ihren Charakter durch ihre Kleidung. Als Miniaturmodell erfüllen sie stellvertretend Wunschphantasien; sie ermöglichen das Durchspielen von Lebensentwürfen zumindest in modischer Hinsicht. Schon kleine Mädchen lernen bekanntlich mit Hilfe von Puppen, welche Bedeutung Kleidung hat, denn Anziehen und Ausziehen gehört zu den Ritualen, die man mit fast jeder Puppen beständig praktizieren kann, auch wenn es sich nicht um eine Modepuppe handelt und die konkrete Kleidung gar nichts Besonderes ist.

Jean-Jacques Rousseau schreibt 1762 im 5., der Erziehung eines Mädchens gewidmeten Buch des *Emile*:

> „Beobachtet einmal, wie ein Mädchen den Tag mit seiner Puppe verbringt, wie es ständig die Kleidung ändert, sie hundertmal an- und auszieht, ständig neue Möglichkeiten von gut- und schlechtzusammenpassendem Schmuck ausprobiert (...) Bei dieser ewigen Beschäftigung vergeht unmerklich die Zeit. Es vergisst die Mahlzeiten, es hungert mehr nach Putz als nach Brot. Aber, werden Sie sagen, die Kleine schmückt doch ihre Puppe und nicht sich selbst. Ohne Zweifel. Sie sieht die Puppe und nicht sich selbst, denn sie kann noch nichts für sich selber tun; sie ist noch nicht entwickelt, sie hat weder Talent noch Kraft, sie ist noch gar nichts; sie geht ganz in ihrer Puppe auf; in sie legt sie ihre ganze Eitelkeit. So bleibt es aber nicht. Es kommt der Moment, in dem sie selbst ihre Puppe ist." (Rousseau 1993, 397)[5]

Rousseau deutet die Puppe als Objekt der narzisstischen Selbstverliebtheit des Mädchens, der späteren Frau, denn das einzige, was das Kind interessiert, ist in Rousseaus Augen die Kleidung. Die Puppe erzieht das Kind zur korrekten Kleidung, es macht das Kind früher oder später selbst zur Modepuppe. Exemplarisch wird die Idee der Austauschbarkeit von Puppe und Mädchen vorgeführt, und zwar in beide Richtungen. Die Puppe steht für das Mädchen, das Mädchen für die Puppe. Das ist das entscheidende Potential von Puppen: die unheimliche Austauschbarkeit des Simulacrums mit dem Lebendigen.

Das Motiv des Mannes, der sich seine Traumfrau schafft (Pygmalion), ist sehr alt. Was die Männer in solchen Mythen (und in kulturellen Machtver-

---

5   Einige Details der Übersetzung wurden von mir verändert.

hältnissen wie denen, in denen Rousseau schreibt und die er anthropologisch verallgemeinert) an der künftigen Frau interessiert, ist ihre erotische Begehrbarkeit. Diese wird unter anderem durch ihre Kleidung und ihren davon beeinflussten femininen Habitus erzeugt und ist in dieser Perspektive letztlich eine Folge ihrer narzisstischen Selbstverliebtheit. (Falls die Puppe das Kind richtig erzieht, wird sie es – so hofft Rousseau – vor den Abstrusitäten der Mode bewahren und ihr statt dessen zeigen, wie sich „natürliche", anmutige Weiblichkeit ausbildet.) Von hier bis zu Charles Baudelaires „Éloge du maquillage" ist es nur ein kleiner Schritt: Baudelaire schätzt Frauen nur dann, wenn sie sich mit Hilfe von Schminke und Kleidung zu möglichst künstlichen Objekten ausstaffiert haben, d.h. wenn sie sich möglichst weit von der Natur entfernten. Denn Natur ist für ihn schlecht und hässlich. Den Adel der Zivilisiertheit besitzt nur das Künstliche – das Puppenhafte. Die Dinge verkehren sich: der (weibliche) Mensch wird zur Puppe.[6]

Man könnte weiterhin poststrukturalistisch mit Lacan (Lacan 1966) argumentieren, dass die Mädchen mit Hilfe ihrer Puppen einüben, sich selbst zum Phallus herzurichten. Denn in seiner Theorie werden die Frauen zum Phallus, weil sie ihn nicht haben. So möchte ich aber nicht argumentieren, denn diese Theoretisierung vereinseitigt Mode und das weibliche Verhältnis zur Mode auf einen einzigen Aspekt, der letztlich dem rein sexuell verstandenen Fetischismus subsumierbar ist.[7] Er mag eine Rolle spielen – aber wenn überhaupt, ist er nur einer unter vielen Aspekten, die die Mode ausmachen. Anders als Barbara Vinken (Vinken 2001), die hier unter anderem an Benjamin anschließt, sehe ich Mode nicht primär als Inszenierung des Fetisch Weiblichkeit. Demzufolge möchte ich auch nicht mit dem Argument operieren, dass die Puppe tendenziell ein Fetischobjekt wäre. Denn dieses analytische Konzept basiert auf der psychoanalytisch hypostasierten Sexualisierung aller menschlichen Beziehungen, auch zu Objekten, und diese Sexualisierung wiederum basiert auf der Idee einer grundlegenden Heterosexualität / Heteronormativität. Auch wenn Vinken implizite kulturelle Normen zu dekonstruieren sucht, bleibt sie Normen von Heteronormativität in ihrem Konzept des Fetischismus und der Konzeption von Objekten als pure Fetischobjekte (also Substituten in sexualisierter Bedeutung) verhaftet. Als kritisches Argument gegenüber bestimmten kulturellen Praktiken in bestimmten Kontexten (wie der Heteronormativität Rousseaus oder Baudelaires) ist ihre Argumentation zweifelsfrei wichtig und keineswegs von der Hand zu weisen. In der Verabsolutierung zum Struk-

---

6   Das lässt sich überspitzt zusammenfassen: Frauen sind in dieser Perspektive nur interessant, wenn sie sich zu Puppen machen, oder, wie Vanessa Osborne argumentiert (Osborne 2009), Frauen machen sich im Austausch mit Puppen zur Ware. Das trifft zu, muß aber genauer differenziert werden, denn es trifft nur auf bestimmte Praktiken in bestimmten kulturhistorischen Kontexten zu, nämlich dem bürgerlich-kapitalistischen.

7   Hartmut Böhme faßt Fetischismus weiter, bezieht sich jedoch in seinen kursorischen Anmerkungen zur Mode leider ausschließlich auf Vinken.

turmerkmal von Mode *tout court* oder auch vom menschlichen Verhältnis zu Puppen taugt sie jedoch nicht. Puppen haben, wie die Mode, vielfältigere Funktionen und ein nahezu unausschöpfliches Potential.

Puppen, Körper, Mode, Raum

Kleidung wird erst durch ihren modischen Gebrauch zur Mode, womit eine Vielzahl von Praktiken gemeint ist, wie das Entwerfen, Herstellen, Vermarkten, Beschreiben, Aufführen von Kleidern in allen erdenklichen Kontexten zwischen Défilé und Street Style.

Zur Aufführung bedarf sie der Körper, vornehmlich lebendiger menschlicher Körper, die den Kleidern entweder eine Dreidimensionalität geben, die sie nicht immer von allein haben, oder ihnen ermöglichen, die ihnen eigene Dreidimensionalität zu entfalten. Menschen eröffnen Kleidern die Dimension der Bewegung. Der Dialog zwischen Körper und Kleid realisiert Mode als ephemeres Ereignis und damit als reine Präsenz. Erst danach wird Mode zum lesbaren Zeichen.

Im Ineinander und Miteinander der räumlichen Gebilde Körper und Kleid entsteht zudem eine spezifische Räumlichkeit, der ModeRaum, der sich in stets wechselnden Perspektiven präsentiert, sich faltet und entfaltet, Zwischenräume entstehen lässt oder im Gegenteil ignoriert, und von den Betrachterinnen und Betrachtern einen Wechsel von Nähe und Distanz einfordert bzw. diesen Wechsel herstellt.[8]

Aber auch Puppenkörper bieten der Kleidung das Potential zum Entfalten ihrer Dreidimensionalität, und auch sie vermögen Kleider idealtypisch vorzuführen: paradoxerweise gerade weil sie nicht den Schwankungen des Lebendigen unterworfen sind, sondern sich dem Lebendigen beugen und seine Idee zum Bild erstarren lassen, das Dauer zu haben zumindest verspricht. Mehr noch: Puppen lenken nie von der Kleidung ab, sondern stellen sie in den Mittelpunkt. Denn Puppenkörper sind im Vergleich zum Puppengesicht meist eher rudimentäre, gleichsam abstrahierte, meist entsexualisierte Skizzen in Materie. Der Körper einer Puppe mit Ziegenlederbalg aus dem 19. Jahrhundert ist sowenig realistisch und so wenig anziehend wie eine unbekleidete Schaufensterpuppe erotisch attraktiv ist.

Nicht nur die Kleidung bedarf des Körpers, umgekehrt: Puppenkörper bedürfen der Kleidung, um als Körper sinnvoll zu scheinen – was der Kleidung eine konkurrenzlose Hauptrolle verschafft. Entsprechend anders sieht die Räumlichkeit der Mode am Puppenkörper aus, der eher als Gerüst denn als Dialogpartner fungiert: sie wird statisch, sie steht für sich. Obgleich der menschliche Körper im besten Falle Dialogpartner des Kleides

---

8   Ich habe mich in diesem Punkt anregen lassen von Winters Aufsatz über die Wirkung der Skulptur (Winter 1985).

und nicht bloßes Gerüst ist, ist das Grundprinzip doch in beiden Fällen vergleichbar.

Daraus lässt sich folgern: Die Puppen führen Mode nicht nur vor, sie werden zu dem, was sie sind, nur mit Hilfe ihrer Moden, sie *sind* ihre Moden. D.h.: Modepuppen führen vor, wie ModeKleidung idealiter funktioniert: ModeKleidung bringt performativ hervor, was sie inszeniert. Hier entsteht ein Zirkel: denn umgekehrt wird Kleidung erst durch Inszenierung zur Mode. Modepuppen machen zudem modellhaft deutlich, wie das Verhältnis Kleid – Körper – Raum ist:

* Kleider sind räumliche Kreationen.
* Kleider benötigen Körper, um ihre Räumlichkeit zu entfalten.
* Die Körper dienen der Kleidung als Dialogpartner. Im Falle der Puppen würde ich das dahingehend modifizieren, als sie weniger Dialogpartnerinnen denn Stichwortgeberinnen sind.

Wahrnehmung

Ein Grundprinzip von Mode ist das Spiel mit Wahrnehmung, ist die Herausforderung der Wahrnehmung, die darin liegt, den Blick zwischen Belebtem und Unbelebtem – oder auch zwischen verschiedenen Schichtungen und Faltungen des Unbelebten – schweifen und unentschieden zu lassen, im Erzeugen von Verwirrung, von *trompe-l'œil*. Puppen setzen das auf einer weiteren Spiraldrehung noch pointierter in Szene, weil es hier ja nur noch die Illusion von Lebendigkeit gibt. Das Simulacrum zwingt zu einer Auseinandersetzung mit der Unbelebtheit der Puppe und ihrer phantastischen oder imaginären Belebung. Darüber hinaus nötigt sie zu einer Auseinandersetzung mit Räumlichkeit, weil die Wahrnehmung von Puppen in besondere räumlichen Dynamiken verwickelt ist. Puppen sind dreidimensionale räumliche Objekte, und Kleider sind auf ihre Weise räumlich. Kommt beides zusammen, entsteht eine neue spezifische Räumlichkeit, deren Dynamik immer in Relation zum menschlichen Körper entsteht: die Größe oder Kleinheit des Puppen-Körpers, seine Dicke und Dünne - alles wird in Bezug zum eigenen Körper der Betrachterin/des Betrachters wahrgenommen. Das ist räumliche Wahrnehmung bzw. Wahrnehmung spezifischer räumlicher Konstellationen. Die eigene Gestalt der Wahrnehmenden wird durch das imaginäre, aber materiell-räumlich zweifelsfrei vorhandene Gegenüber relativiert, in Frage gestellt oder bestätigt. So lässt sich das Fazit ziehen: Modepuppen machen den Prozeß der Wahrnehmung selbst thematisch.

Raum und Ort

Ein dynamisch verstandener Raum konstituiert sich, wie in der Einleitung ausgeführt, im Zusammenspiel von Menschen, Wahrnehmung, Dingen und Bewegung. Raum wird leiblich wahrgenommen, wir befinden uns im Raum und spüren seine Weite oder Enge und seine Atmosphäre[9]. Die Anordnung von Objekten und die Bewegung von Wahrnehmenden und Objekten im Raum ermöglichen der menschlichen Synthesefähigkeit die Wahrnehmung von Raum (Löw 2001). Gegenüber dem Raum als abstrakter Grundlage wäre ein Ort ein begrenzter, stabiler, klar lokalisierbarer Teil des Raumes, verwurzelt und verwurzelnd (Augé 1992). Orte können freilich unterschiedlich „besetzt", d.h. verwendet und mit Atmosphären versehen werden (Fischer-Lichte 2004, Lehnert 2011a). Der Puppenraum nun als Modell-Raum, als Raum *en miniature* macht Raum zum begrenzten, stabilen, überschaubaren Ort und rettet uns vor der unbeherrschbaren Dynamik, die dem Raum sonst anhaftet. Als stabiler Ort scheint Raum beherrschbar. Das beruhigt.

Ein solcher Ort kann freilich leicht mit Bedeutung versehen und damit zum „erlebten Raum" werden, wie ich es in der Einleitung skizziert habe: ein Raum, der sich dem konkreten Ort anlegt, ihn – oft vorübergehend, real oder mental – im Gebrauch zu etwas anderem macht und ihn damit wieder Grenzen überschreiten läßt. Damit wird er erneut der Beherrschung entzogen: er wird zum unbegrenzten Phantasieraum der Miniatur und der Mode.

So im Falle des *Théâtre de la mode*, das 1945 mit seinen Puppen, Moden und Kulissen den Mythos von Paris als Hauptstadt der Mode re-inszenierte. Damit wurde der Ort der Ausstellung zu einem „théâtre de la mode".

Théâtre de la mode

1944 begann die *Entraide Française* in Kooperation mit der *Chambre Syndicale de la Haute Couture Française* unter der Leitung von Lucien Lelong und Robert Ricci in Paris mit der Planung einer Couture-Show, die in Ermangelung von Material in Miniaturformat realisiert wurde.[10]

---

9   Hermann Schmitz spricht von Gefühlsräumen und leiblichen Räumen. Er leitet das Raumerleben also vom leiblichen Befinden und Empfinden ab. Der. Weite des Raums = sich ausdehnen. Hermann Schmitz unterscheidet Weiteraum, Richtungsraum und Ortsraum. Im Weiteraum ergießen sich Stimmungen und Atmosphären, die noch nicht gerichtet sind. Sie werden vom Subjekt aufgrund der strukturellen Ähnlichkeiten zwischen Leib und Raum leiblich erfahren, das heißt, sie entstehen nicht im Subjekt, sondern es taucht gleichsam in sie ein. Schmitz 1998; Schmitz 1981; Schmitz 1995.

10   Zum Folgenden siehe die Kataloge von 1945 (Le Théâtre de la mode, 1945) und 1990 (Théâtre de la mode, 1990).

Abb. 2 Eliane Bonabel, die „Erfinderin" der Puppen

Pariser Couturiers entwarfen und fertigten Modelle der neuesten Mode für ca. 68 cm große Puppen, die speziell für diese Präsentation entworfen und hergestellt wurden. Verschiedene Künstler entwarfen Bühnenbilder, in denen die Puppen entsprechend inszeniert wurden, so Jean Cocteau oder Christian Bérard. Das Ziel dieser aufwändigen Präsentation Pariser Mode *en miniature* war, das französische Selbstbewusstsein nach der langen Besatzung wieder aufzubauen und Frankreich und der Welt zu zeigen, dass Paris nach wie vor die Hauptstadt der Mode sei. Und natürlich sollte die Wirtschaft angekurbelt werden. Es war kurz nach der Befreiung von Paris von den deutschen Truppen – was aber die Lebensverhältnisse in der Stadt mitnichten verbessert hatte, ganz im Gegenteil. Der Krieg ging weiter, die Rationierungen des Lebensnotwendigen waren schlimmer denn je, ganz zu schweigen von Luxus. Von Mode konnte nur die Rede sein, wenn man enorm viel Kreativität und Unkonventionalität aufwandte. Und das tat man in Paris, wo nicht nur die Designer selbst, sondern auch die modebewussten Frauen sich alles Mögliche einfallen ließen und eine teilweise ziemlich schräge Mode aus fast nicht vorhandenem Material realisierten.

Die Ausstellung wurde von März bis Mai 1945 im Pariser Palais Marsan, Musée des Arts Décoratifs gezeigt, sie wanderte dann unter anderem nach London, Leeds, Barcelona, Kopenhagen und Stockholm. 1946 erlebte sie große Erfolge in New York, danach u.a. in San Francisco. Dann wurden Puppen, Kostüme und Szenarien im Maryhill Museum, Washington, eingelagert und so gut wie vergessen. 1990/91 erlebten sie ein hinreißendes Come Back: das Pariser Musée des Arts et de la Mode und anschließend das Metropolitan

Museum of Art, New York, zeigten das restaurierte *Théâtre*, und ein schöner Katalog (*Théâtre de la mode*, 1991) offerierte nicht nur Fotos von der rekonstruierten Ausstellung, sondern auch speziell für ihn aufgenommene Fotos von den Puppen und eine umfassende Dokumentation über die Herstellung der Puppen und Bühnenbilder.

Die Puppen waren nicht naturgetreu, sondern hatten Körper aus Drahtgeflecht und nur modellierte, nicht bemalte Köpfe – so wurde gar nicht erst der Eindruck übergroßer Wirklichkeitstreue angestrebt, sondern im Gegenteil ein künstlerischer Effekt, der von den Dekorationen unterstützt wurde. Diese waren oft weniger naturgetreu, als dass sie die künstlerischen Auffassungen ihrer Gestalter manifestierten. Gleichzeitig werden auf diese Weise die Kleider und Accessoires in den Mittelpunkt gerückt – und damit wurde der Prozeß der Präsentation und Wahrnehmung von Mode selbst offengelegt. Denn wenn Modekleider auch Körper benötigen, so neigen sie doch auch dazu, die Körper zu transzendieren oder zu ignorieren.

Zugleich jedoch gewannen die Puppen in ihren Kleidern ein Eigenleben. Sie wirkten und wirken immer noch aufgrund ihrer Posen und aufgrund ihrer Ausstaffierung sehr lebendig. Der Effekt oszilliert zwischen der Verzauberung durch die graziösen Gestalten und die Detailtreue ihrer kostbaren Kleider und Accessoires einerseits und dem künstlerischen Verfremdungseffekt der transparenten Drahtkörper und der gesamten Inszenierung andererseits. Die Puppen vermögen Bewegung zu suggerieren, obgleich sie statisch sind: sie wirken auf die Wahrnehmung wie ein Bild, das laut Lessing den „fruchtbaren Augenblick" einfängt, der ein Vorher und ein Nachher ahnen

Abb. 3 Damen in der modischen Öffentlichkeit: Frühjahrs-/Sommermode 1946, links von Hermès, rechts von Balmain

lässt. Bewegung gehört zur Konstitution von Raum, neben der Anordnung der Dinge. Die Puppen sind unbeweglich, aber sie können Bewegung suggerieren oder ahnen lassen.

Fotograf David Seidner, der viele der Bilder für den Ausstellungskatalog zur Ausstellung des *Théâtre de la mode* 1990 aufgenommen hat (die speziellen – auch spezifisch räumlichen - Inszenierungen für den Katalog, nicht die Puppen in den Szenarien), thematisiert die Schwierigkeiten dieser Arbeit: fragile Drahtpuppen in Moden von 1946 zu fotografieren und dabei die Proportionen herauszuarbeiten. Wie kann man die Puppen dazu bekommen, in natürlichen Posen zu stehen? Er sei oft kurz davor gewesen, das Handtuch zu werfen. Wie im Theater habe er regelrechte Proben durchgeführt. Und er spielt mit der Idee, dass Puppen nachts zu einem eigenen Leben erwachen:

> „(...) I realized that these dolls were not really miniatures but a group of beings in their own right who did exactly as they pleased, and I stopped resisting. Some, of course, were charming and cooperative, others capricious. Some were sophisticated, others provincial. Some were so convincing that it was frightening to watch them come to life under the lights, and some were just impossible." (Théâtre de la mode 1990, 132)

Seidner spricht von einem „magic theatre" und dessen besonderem Zauber: „A strange kind of parenthesis on an extended reality took place". Die Rollen verkehren sich: Der Fotograf ist das Stilleben, die Puppen sehen ihn an.

Der Katalog

Die Ausstellung der 1940er Jahre und der originale Katalog zielten auf die Re-Plazierung von Paris als Zentrum der Mode, als „théâtre du monde", wie es im euphorischen einleitenden Text von Thierry Maulnier heißt. Die Pariser Mode sei nicht in eine beliebige andere Stadt verpflanzbar, kommentiert er die vorhergegangenen Versuche der deutschen Besetzer, die Haute Couture nach Deutschland zu zwingen. Paris habe dem immer widerstanden, und es würde ohnehin nicht funktionieren: Paris besitze „le plus grand pouvoir émissif uni au plus intense pouvoir absorbant", hier herrsche eine „électricité particulière".

1990 wurde die schlafende Schöne geweckt und ins kulturelle Gedächtnis aufgenommen. Damals ging es natürlich mehr um die ästhetische Präsentation der zauberhaften Installationen von Puppen und Kleidern, und das macht auch der Katalog deutlich. Der ästhetische Eindruck war für die Gegenwart von 1990 wichtiger als die modepolitischen Implikationen, denn diese waren längst Geschichte. Der Geschichte lässt der Katalog Gerechtigkeit widerfahren, aber sie bestimmt die Haupt-Absicht der Inszenierung nicht mehr. Der Mythos von Paris als der Stadt der Mode schlechthin hatte freilich seinen Zauber in dem vergangenen halben Jahrhundert nicht verloren; er trug zweifellos erheblich zum Erfolg der Ausstellung bei. Denn nicht nur die Kleider selbst, sondern auch alle Dekorationen evozierten dieses mythische Paris, das integraler Bestandteil des Modesystems sogar heute noch ist. Und dieser Mythos wurde in Ausstellung und Katalog von 1990 affirmiert.

Die Szenarien

Abb. 4 Szenario mit der Rue de la Paix von Louis Touchagues

Die Szenarien wurden von verschiedenen Künstlern entworfen; der künstlerische Leiter war Christian Bérard. Die Kulissen zeigen „typische" Pariser Orte[11]. Von zentraler Bedeutung ist die Rue de la Paix als einer der Alltags-Laufstege der Mode:

> „Les rues de Paris ont leur élégance du matin et leur rite particulier. On porte des tailleurs ou des petites robes selon qu'on fait des courses ici ou là. La Rue de la Paix qu'a choisie Touchagues pour y faire évoluer ses élégantes poupées, a une tradition à soutenir. Universellement connue, Symbole par la consonnance de son nom et par sa réputation, des plus belles heures de Paris, la Rue de la Paix appartient à la Petite Histoire d'une grande ville." (Le Théâtre de la mode, 1945; keine Seitenzahlen)

---

11 Erst kürzlich inszenierte Sonia Rykiel ihre H&M-Kollektion (Unterwäsche) in einem gigantischen Event, auf den mich Alicia Kühl aufmerksam gemacht hat. Im Grand Palais waren Landmarks von Paris in verkleinertem Maßstab aufgebaut worden, durch die Models auf riesigen Wagen fuhren, sich wie in einem Sex-Lokal räkelten und ihre Wäsche präsentierten. Das war nicht nur das Paris der Mode, sondern auch das touristische Klischee von Paris als Stadt der Erotik.

Abb. 5 „Longchamps Fleurs" von Jacques Fath   Abb. 6 Théâtre de la mode

Es wird gleichzeitig die Illusion eines konkreten Raums geschaffen, der Mythos Paris wachgerufen und – in der Gestaltung der Szenarien – die aktuelle Kunst aufgerufen. Mode und Kunst werden geschickt enggeführt, ein *effet du réel* wird erzeugt – und zugleich, aufgrund der Gestaltung der Puppen und Bühnenbilder, ästhetische Distanz.

Neben den Tagesszenen gibt es abendliche Installationen mit Abendroben, und schließlich ein Theater – der Höhepunkt des Ganzen.

Theater als Metapher: die Welt wird bekanntlich spätestens seit Renaissance und Barock eine Bühne: „All the world's a stage / and all the men and women merely players", sagt Jacques in Shakespeares „As You Like It" (Akt II, Szene 7). Auch die Mode spielt in einem Theater und spielt Theater: Sie ist (auch) Theater. Sara Schneider (1995) betont in ihrem Standardwerk zur Schaufensterpuppe, daß Schaufenstergestaltungen oft als Theater bezeichnet werden. Der Theatervergleich, so Schneider, sei um so bestechender, als das Theater des 20. Jahrhunderts neben der textorientierten Version auch die Version kenne, die Menschen und Dinge interagieren lässt[12].

Der Clou bei der Inszenierung des *Théâtre de la mode* ist, dass auf der Bühne kein Stück, sondern ausschließlich zauberhafte Abendroben aufgeführt werden. Die Mode selbst wird aufgeführt bzw. die Mode führt sich selber auf. Es gibt keinen anderen Inhalt mehr. Die Ausstellung inszeniert in einer *mise-en-abyme* ihr eigenes Programm oder besser gesagt: sich selbst.

12   Auch den Wechsel von Akteuren zu Publikum und vice versa, so in Schaufenstern mit lebenden Models (Schneider 1995).

Mode als kulturelles Gedächtnis

Das *Théâtre* der 1940er wollte aktuelle Mode im In- und Ausland zeigen und die modische Produktion und Konsumption anregen. Es leistete noch etwas anderes: Es übergab die Moden der 1940er Jahre der Nachwelt. In der Puppenversion überlebten sie als kostbare Anschauungsobjekte der materiellen Kultur und als historisches Dokument einer vergangenen Mode, das detailgetreuer als jedes getragene Kleid re-inszeniert werden konnte. Die Modenschau als Puppen-Modenschau zielt von vornherein auf Musealisierung und schlägt damit die Brücke zwischen der aktuellen Modepraxis, die auf Inszenierung, Begehren, Nachahmung und Akzeptanz zielt, und der Dauerhaftigkeit, die der Mode bekanntlich nicht von vornherein eigen ist, ihr im Gegenteil widerspricht. Als das *Théâtre* zum ersten Mal gezeigt wurde, zeigte es aktuelle Moden, die „in" waren und/oder sein wollten. Als es 45 Jahre später erneut gezeigt wurde, war es historisches Dokument und jenseits aller Dichotomisierung von In und Out. Dennoch kann man vermuten, dass die Schau Begehren auslöste, auch 1990 noch: nach dem Zauber der Miniaturen, nach deren atemberaubender Perfektion bis ins kleinste Detail, nach dem Ideal von Schönheit und Glamour - und vielleicht auch einer Mode, die aus dem Elend rettet und die schrecklichsten Ereignisse der Weltgeschichte ungeschehen oder unwichtig zu machen scheint. *Vive la mode – pour toujours!*

Théâtre de la mode re-visited: Tyler Wentworth und die Tonner Doll Company

Der US-amerikanische Puppenhersteller Robert Tonner legte in den späten1990er Jahren 19 Modelle des *Théâtre de la mode* wieder auf – für das zentrale Modell seiner Modepuppenserie, Tyler Wentworth. Erstaunlicherweise werden die Namen der originalen Designer nicht genannt, wenn auch die Firmenwebsite kleine Abbildungen der Originalmodelle neben den Tonner-Modellen zeigt. Nur die Namen der Originalkleider werden genannt.

Das hat vermutlich damit zu tun, daß in der rudimentären Biographie, die der Puppe Tyler Wentworth beigegeben ist, sie selbst Modedesignerin ist.[13] Juliette Peers führt aus, dass die Strategie, Modepuppen mit einer eigenen Geschichte zu versehen und sie wie echte Personen zu präsentieren, nicht erst mit Barbie erfunden wurde, sondern schon im Frankreich des 19. Jahrhunderts üblich war. Das findet hier seine Bestätigung.

Für das *Théâtre de la mode* wurden die Kleider von der Tonner Doll Company noch einmal verkleinert, um den fast 40 cm großen gertenschlanken

13   http://www.tonnerdoll.com/tdlm.htm

Abb. 7 Originale Puppe im Kostüm von Jacques Fath mit dem
Namen *Longchamps Fleuri*, davor die Replik des Fath-Kostüms
an einer Puppe der Robert Tonner Doll Company (siehe Farbtafel 18)

Puppen zu passen. Also eine zweimalige Verkleinerung, fast wie „die Puppe in der Puppe" – oder besser noch: eine *mise-en-abyme*, wie sie so typisch für Puppen ist. Das originale *Théâtre* stellte modellhaft die zeitgenössische Mode in Miniaturformat vor, es ahmte also etwas nach – wenn auch etwas, was es in dieser konkreten Gestalt noch nicht gab, sondern geben sollte; insofern nahm es in der Nachahmung etwas vorweg, diente als Spiegel der Zukunft. Tonners *Théâtre* verkleinert den Maßstab erneut und weist eine im Puppenmaßstab vergleichbare schneiderische Perfektion auf wie die Moden von 1945: die Spirale dreht sich und macht deutlich, wie Mode funktioniert und wie sie Dauer erhält. Im einen wie im anderen Falle sind die Puppen identische Modelle: Nur die Mode macht das Individuum. Anders als die Drahtpuppen von 1945 sind die Tonner-Puppen allerdings völlig jedes Kontextes beraubt, denn die Puppen kommen ohne Kulissen und einzeln, sie werden nicht einmal im Netz auf den Präsentationsfotos der Firma räumlich in speziellen Szenerien arrangiert. Darin manifestiert sich ein entscheidender Unterschied. Hier wird eine spezifische Weise kulturellen Erinnerns in Szene gesetzt, indem die Modelle vollkommen enträumlicht und entkontextualisiert werden, um in der relativ gesichtslosen Tonner-Geschichte re-kontextualisiert zu werden. Die Puppen und vor allem die Kleider sind Einzelerscheinungen mit einer vagen Erinnerung an die Pariser Mode der 1940er Jahre, so dass die kulturelle Erinnerung selbst vage bleibt und ohne weiteres als nostalgische Sehnsucht nach Eleganz und Schönheit in die US-amerikanische Puppensammlerinnen-Gegenwart übertragen werden kann. Anders gesagt: Es bleibt der Mythos der Pariser Mode und ihrer

Eleganz, dessen schwaches Echo zu vernehmen ist. Eine konkrete Re-Kontextualisierung findet nur auf einer anderen Ebene – der der Produktion und Vermarktung der Marke Tonner – statt, und zwar insofern, als diese Serie im Kontext etlicher Puppen-Serien steht, die Moden vergangener Zeiten reinszenieren (häufig am Beispiel von Filmfiguren): 20er Jahre, 40er Jahre, 50er Jahre. Was geschieht hier? Historische Moden werden scheinbar anschaulich und buchstäblich physisch erfahrbar am Modell vermittelt. Das ist zumindest die Absicht. Es wird eine Sehnsucht in den Sammlerinnen geweckt und stellvertretend tatsächlich auch ein wenig erfüllt, eine Sehnsucht, die sich als historische Neugier und Bildungshunger legitimieren kann, aber vor allem auf die vermeintlich heile Welt von vermeintlich absoluter Eleganz und Schönheit zielt.

Modepuppen dieser Art – so teuer sie sind – erlauben es erwachsenen Sammlerinnen, sich Designer-Mode wenigstens *en miniature* leisten zu können, die im wirklichen Leben für sie selbst vielleicht nicht erschwinglich wäre – eine kompensatorische Funktion also. Sie ermöglicht außerdem das Spiel mit vielen unterschiedlichen Stilen, auch historischen, das im wirklichen Leben zu aufwändig wäre oder überhaupt nur in der Puppenwelt Spaß macht. Spiel eben, das nicht Wirklichkeit werden muß und perfekt zu den Ermöglichungsgesten und Versprechungen der Mode passt, die als ästhetisches Spiel und als Spiel mit Identitäten aufgefasst werden kann. Hier ist das Spiel stellvertretend zu spielen. Das wird ergänzt durch die These der Kulturwissenschaftlerin Juliette Peers (2004), Modepuppen verkörperten eine ausgeprägte Feminität, die in den heutigen Lebensbedingungen realen Frauen kaum mehr möglich sei, nach denen sie aber eine Sehnsucht besäßen.

Die Tonner-Modelle aus dem *Théâtre de la mode* sind mittlerweile nicht mehr lieferbar. Anscheinend waren sie nicht erfolgreich genug, denn die Serie wird nicht fortgesetzt. Statt dessen machen die Tonner-Puppen eine Entwicklung durch, die schon bei Barbie vor Jahrzehnten zu beobachten war: Sie werden banaler, Feinheit und Eleganz gehen zugunsten gröberer Show- und Sex-Effekte zurück, die Qualität von Design und Kleidung ist nicht mehr die gleiche wie die vor einem Jahrzehnt.

The House of Viktor & Rolf [14]

Die beiden niederländischen Designer Viktor Horsting und Rolf Snoeren, die ihre Karrieren als Mode-Künstler anfingen, bevor sie ihre Modelle als verkäufliche Kollektionen produzierten, zeigten von Anfang an eine Obsession mit Puppen und mit dem Spiel der Austauschbarkeit zwischen Lebendem und Unbelebtem. Ihre erste Modenschau 1996, anlässlich der Gründung ihres Labels, inszenierten sie mangels Geld als Puppen-Schau (Evans 2009).

---

14   So auch der englische Originaltitel des Buches über Viktor und Rolf von Evans / Frankel 2009.

Später ließen sie von allen aktuellen Kleidermodellen Miniaturen anfertigen, die speziell für sie produzierten, 70 cm großen Puppen angezogen wurde. Die Puppen stellen eine Hybridbildung dar. Die Köpfe aus Biskuitporzellan haben Gesichter wie die französischen Kleinkindpuppen (Bébés) des 19. Jahrhunderts, die Körper entsprechen dagegen älteren Kinderpuppenkörpern. Und die Kleider sind erwachsen. Das Ergebnis ist in hohem Maße irritierend. Durch die Gegenüberstellung mit den Menschenmodels in den gleichen Kleidern in Ausstellungsräumen werden zudem divergierende Effekt verstärkt: einerseits der Effekt einer Imitation des Lebendigen, andererseits der Kontrast zum Lebendigen und damit die Betonung der Artifizialität. Hybridität wird als Prinzip der Mode und als Grundstruktur des Verhältnisses von Körper und Kleid ausgestellt und zelebriert.

Die Puppen wiederum wurden 2008 in der Londoner Barbican Gallery in einem überdimensionalen – sechs Meter hohen – Puppenhaus ausgestellt. Das wiederum spielt an auf das Image der Designer, die ihre Website unter dem Titel *The House of Viktor & Rolf* als virtuelles Schloß präsentieren, in dem man herumgehen und unterschiedliche Räume aufsuchen kann: die

Abb. 8 und 9 Das Puppenhaus von Viktor & Rolf in der
Barbican Gallery, London (Abb. 8 siehe Farbtafel 19)

Eingangshalle mit Freitreppe, das Archiv, den Parfum-Raum, den Salon, in dem man die aktuellen und vergangenen Modenschauen als Videos ansehen kann. „The House of" ist mehrdeutig, es bezeichnet eine (noble) Familie in ihrer Generationenfolge, deren Stammsitz, aber auch eine Firma – und mit dieser Mehrdeutigkeit und der Überlagerung von Realem (Firma) und Imaginärem (Familienstammsitz) spielen Viktor & Rolf, allgemeiner: mit der wirtschaftlichen Pragmatik in Kombination mit der das Kitschige streifenden Nostalgie nach etwas möglicherweise ganz und gar Unzeitgemäßem. Das manifestiert sich auch in der Villa bzw. dem Schloß; ganz eindeutig lässt es sich bezeichnenderweise nicht benennen. Die räumliche Gestaltung des virtuellen Innenraums (nur den sieht man) wäre wohl in der Realität so wenig realisierbar wie die berühmten *Carceri* des Piranesi oder Borges' geschriebene Bibliothek von Babel, denn offenbar ist einfach ein und dieselbe Ansicht aneinander gespiegelt, so dass eine Endlosansicht des immer Gleichen entstehen würde, würde sie am Rande nicht beschnitten und uns damit die Sicht versperrt (http://www.viktor-rolf.com/_en/_ww/index.htm).

Darüber hinaus spiegeln sich Puppenhaus und virtuelles Schloß imaginär ineinander. Und im Puppenhaus entfaltet sich eine weitere Hypertrophierung. Wenn ein Puppenhaus üblicherweise die Miniaturversion eines Hauses ist, meist im Maßstab 1:12 oder 1:10, so vergrößern Viktor & Rolf dieses Miniaturmodell wieder auf ein Maß, das keinem üblichen Puppenhaus entspricht, ohne damit schon so groß wie ein richtiges Haus zu sein. Ein Spiel mit wechselnden Größen und Proportionen also, wie wir es aus Lewis Carroll's Klassiker *Alice's Adventures in Wonderland* kennen. Man könnte mit Gilles Deleuzes Thesen über *Alice* (1993) argumentieren, dass hier die Dynamik der ständigen Veränderung in der Dialektik von Groß und Klein gefasst werde. Das Paradox des ‚reinen Werdens', so Deleuze, und dessen „Fähigkeit, dem Gegenwärtigen auszuweichen", manifestiere sich in der Identität beider Sinnrichtungen: Groß und Klein, Künftiges und Vergangenes, Mehr und Wenig, Ursache und Wirkung. Abstrahiert man vom Gegenstand der Betrachtungen des Philosophen, dann passen diese auf frappierende und von Deleuze zweifellos unvorhergesehene Weise zur Mode, zu ihrer grundsätzlichen Heterogenität und Kontingenz, zu ihren Bildern und Selbstbildern und zu ihren paradoxen Praktiken, die doch immer dasselbe meinen: Mode.

Noch dazu werden die Puppen im Puppenwohnhaus (das keinerlei Einrichtung besitzt) wiederum so präsentiert wie in einer Modenschau oder im Fotostudio – eine weitere Spiraldrehung, eine weitere getäuschte und dann doch wieder stimmige Erwartung, denkt man an das Haus der Designer in der virtuellen Welt. Darüber hinaus bilden im umgebenden Ausstellungsraum – dem realgroßen Raum – lebensgroße Modepuppen einen Kontrast zur in sich schon nicht schlüssigen Puppenwelt. Auch Gaston Bachelard (1975) betont den Wechsel und das Hin und Her zwischen ma-

Abb. 10 Das Puppenhaus von Viktor & Rolf in der Barbican Gallery, London (siehe Farbtafel 20)

teriell unterschiedlichen Objekten und Räumen und der Wahrnehmung, die wandern muß, damit das Kleine als klein und das Große als groß erlebt werden könne. Für Bachelard ermöglicht die Miniatur als Entdeckung des Kleinen in der gewöhnlichen Welt infolge einer a-logischen, poetischen Veränderung des Blicks. In der Miniatur werde das Große gefunden; darin manifestiere sich das Arbeiten des Raums im menschlichen Inneren, das durch Größenwechsel gekennzeichnet sei.

Das Spiel mit Größen ist charakteristisch für sämtliche Entwürfe der beiden Designer mit den hohen ästhetischen Ansprüchen: Sie blähen Kleider auf, schrumpfen die Körper, lassen sie wieder wachsen ... So ist auch in

Abb. 11 und 12 Viktor & Rolf, Bedtime Story / Bedtime Story mit Puppe

Viktors & Rolfs Inszenierungen alles in Bewegung oder bringt zumindest die Wahrnehmung in Bewegung. Ergebnis dieser Dynamik ist Verwirrung. Auch diese Inszenierungen mit ihrer Provokation herkömmlicher Wahrnehmungsmodi lassen sich lesen als visuelle Kommentare zum Modesystem, das – paradoxerweise um seinen Status quo zu bewahren – ständig mit dem Unerwarteten, mit dem Wechsel der Perspektiven und Proportionen spielt und dessen Grundprinzip Hybridität ist. Und ganz offensichtlich wird hier ständig mit Raum und Räumlichkeit als Konstituenten der Mode gespielt: der Phantasie vom Raum als Ort und mit der Räumlichkeit der Modekleidung selbst, die die Körper transzendiert, indem sie sich eigengesetzlich ausfaltet und den Körper nur noch als Dialogpartner oder Stichwortgeber benötigt.

Keine Feier des menschlichen Körpers findet hier statt, nein: eine Feier des Modekörpers. Der sich im Puppenkörper ebenso gut, ja besser manifestiert als im Körper der lebenden Frauen.

Russian Doll, Russische Puppe war der Titel einer der spektakulären Schauen der beiden niederländischen Konzeptmode-Macher (W 1999/2000). Hier wird der Effekt umgekehrt. Model Maggie Rizer steigt in einem einfachen kurzen Jutekleid auf eine Drehscheibe, wo sie unbeweglich stehen bleibt, während die Designer sie mit einer Schicht von Kleidung nach der anderen bekleiden. Am Ende steht da eine Juteglocke mit einer Rose am Ausschnitt, die ebenso groß ist wie der Kopf des Models – das einzige, was man von ihr überhaupt noch sehen kann.

"We will always cherish that feeling of fashion as an escape from reality"[15], ist eine programmatische Aussage der Designer. Das ist die eine Seite. Die andere ist die einer modernen, hochintellektuellen Selbstreferentialität und -reflexivität, die im Spiel strategisch die eigenen Verfahren ausstellt und zur Erscheinung bringt. Die beiden Seiten schließen sich nicht aus.

Puppenräume als Heterotopien

Puppenräume sind Räume innerhalb und außerhalb unserer Welt. Als besondere Orte sind sie Teil der Welt, in der wir leben; zugleich sind sie daraus ausgegrenzt: Wir können sie nur in der Phantasie bzw. mit den Augen betreten, niemals in ihnen wohnen. Trotzdem sind sie begrenzte, fixierte Orte. Sie können als spezifische Variante dessen gedeutet werden, was Foucault als Heterotopie beschreibt: im Gegensatz zu Utopien *wirkliche Orte*, die in die Einrichtung der Gesellschaft als Gegenplazierungen hineingezeichnet sind. Zugleich besitzen Puppenräume grundsätzlich eine unwirkliche Qualität, da sie in der Regel nicht wirklich betretbar sind, sondern nur in der Imagination. Anders als Jorge Luis Borges' Stadt der Unsterblichen

---

15   Welcome to the Dollhouse, 15. Juni 2008, New York Times Magazine (http://www.nytimes.com/2008/06/15/magazine/15style-matter-t.html?_r=1) 30. April 2010, 11.00 Uhr.

(in der Erzählung *Der Unsterbliche*), von Göttern für eine den Menschen unbekannte und gänzlich unbegreifliche Spezies erbaut, sind sie von Menschen als Modell menschlicher Orte und Lebensweisen erfunden – und werden sie gerade als Modell in ihrer Unbetretbarkeit irreal und unerreichbar. Wir können *in* diesen Orten nicht leben, aber wir können *mit* ihnen leben und glauben, sie zu verstehen, obgleich sie sich immer entziehen. Wir können sie besuchen, aber niemals darin verweilen.

Jacques Lacan entdeckt im Spiegelstadium ein Modell der menschlichen Selbstwahrnehmung. Man kann das wörtlich nehmen oder nicht, aber als Modell ist es heuristisch fruchtbar: Lacan erläutert, wie das Kleinkind sich zum ersten Mal im Spiegel erblickt und erkennt, dass es getrennt von der Welt ist. Es erblickt aber nicht sich, wie es *ist*, sondern wie es vielleicht sein wird, tatsächlich: wie es glaubt zu sein. Es hat ein Bild von den Menschen, die es sieht, und glaubt, es wäre wie sie. So nimmt es sich nicht als das hilflose Kleinkind wahr, das es ist, seiner Glieder nicht mächtig, sondern vielmehr als vollständige, erwachsene, handlungsfähige „Gestalt". Es nimmt sich wahr als Ideal oder als Wunschbild: es verkennt sich, indem es sich erkennt, aber – vielleicht – in kreativem Sinne. Das ist eine der Funktionen von Modepuppen, ähnlich der von Modeillustrationen oder Schaufenstern: Sie funktionieren wie Spiegel, in denen man nicht unbedingt sieht, was man ist –, sondern eine Möglichkeit, eine Phantasie, einen Traum (ganz gleich, ob der abschreckend oder anziehend ist).

Literatur

ABCDE-Magazine – Viktor & Rolf par Viktor et Rolf. Première Décennie 2003

Aristoteles (1961): Poetik. Ü. Olof Gigon. Stuttgart: Reclam

Augé, Marc: Non-Lieux. Introduction à une anthropologie de la surmodernité. Paris: Seuil 1992 (dt. Übers.: Orte und Nicht-Orte. Vorüberlegungen zu einer Ethnologie der Einsamkeit. Frankfurt am Main: Fischer 1994)

Bachelard, Gaston (1975): Poetik des Raums. Übers. V. Kurt Leonhard. München: Ullstein

Bachtin, Michail (1980): „Die groteske Gestalt des Leibes". In: Otto F. Best (Hg.): Das Groteske in der Dichtung, Darmstad: WB, S. 195-2002

Barthes, Roland (2000): „Die strukturalistische Tätigkeit". In: Texte zur Literaturtheorie der Gegenwart, hg. und kommentiert von Dorothee Kimmich, Rolf Günter Renner, Bernd Stiegler. Stuttgart: Reclam, S. 215-223

Barthes, Roland: „L'effet de réel" (1968). In: *Communications* 11, S. 84-89

Baudelaire, Charles (1976): „Le Peintre de la vie moderne". In: Œuvres complètes, Bd. II, hg. Claude Pichois, Paris: Gallimard, S. 683-724

Baudrillard, Jean (1982) [Orig. 1976]: Der symbolische Tausch und der Tod. A. d. Frz. v. Gerd Bergfleth, Gabriele Ricke, Ronald Vouillé, München: Mattes & Seitz

Böhme, Hartmut (2006): Fetischismus und Kultur. Eine andere Theorie der Moderne. Reinbek: Rowohlt

Böhme, Gernot (1995): Atmosphäre. Essays zur neuen Ästhetik. Frankfurt/M.: Suhrkamp

Borges, Jorge Luis (1974): Die Bibliothek von Babel. Erzählungen Aus dem Spanischen von Karl August Horst und Curt Meyer-Clason. Stuttgart: Reclam

Caillois, Roger (1960) [1958]: Die Spiele und die Menschen. Maske und Rausch. Stuttgart: Schwab

Cieslik, Jürgen und Marianne (1979): Puppen, Europ. Puppen 1800-1930, München: Mosaik

Daston, Lorraine: „Introduction. Speechless", in: Lorraine Daston (Hg.): Things That Talk. Object Lessons from Art and Science, New York: Zone Books 2008, S. 9-24

Deleuze, Gilles (1993): Logik des Sinns. Aus dem Frz. Von Bernhard Dieckmann. Frankfurt/M.: Suhrkamp

Ehret, Gloria u.a. (1980): Puppen. München: Battenberg (Battenberg Antiquitäten Kataloge)

Evans, Caroline / Frankel, Susannah (2009): Viktor & Rolf. München: Wilhelm Heyne Verlag

Evans, Caroline (2009): „Einführung". In: Evans, Caroline/Frankel, Susannah (Hg.): Viktor & Rolf. München: Wilhelm Heyne Verlag, S. 10-21

Fischer-Lichte, Erika (2004): „Performative Räume". In: Dies., Ästhetik des Performativen. Frankfurt/M.: Suhrkamp, S. 188-200

Foucault, Michel (2002): „Andere Räume". In: Aisthesis. Wahrnehmung heute oder Perspektiven einer anderen Ästhetik, hg. Karlheinz Barck, Peter Gete, Heidi Paris, Stefan Richter, Leipzig: Reclam, S. 34-46

Freud, Sigmund (1970) [1919]: „Das Unheimliche". In: Studienausgabe Bd. IV: Psychologische Schriften, Frankfurt/M.: Fischer, S. 241-274

Freud, Sigmund (1972): „Über die weibliche Sexualität" (1931). In: Studienausgabe Bd. V: Sexualleben, S. 273-292

Hahn, Hans-Peter (2005): Materielle Kultur. Eine Einführung, Berlin: Dietrich Reimer Verlag

Huizinga, Johan (1997) [1938]: Homo ludens. Vom Ursprung der Kultur im Spiel. Reinbek: Rowohlt

Lacan, Jacqes (1966): „Le stade du miroir comme comme formateur de la fonction du Je telle qu'elle nous est rélevée dans l'experience psychanalytique" (1966). In: ders., Ecrits, Paris 1966, S. 93-100 (dt.: „Das Spiegelstadium als Bildner der Ichfunktion", in: ders., *Schriften*, Bd. I, Berlin, Quadriga, 1986, S. XX-XX)

Lammer, Christina (1999): Die Puppe. Eine Anatomie des Blicks. Wien: Verlag Turia + Kant

Lefebvre, Henri (2006): „Die Produktion des Raums" (1974). In: Raumtheorie. Grundlagentexte aus Philosophie und Kulturwissenschaften, hg. Jörg Dünne und Stephan Günzel. Frankfurt/M.: Suhrkamp, S. 330-342

Lehnert, Gertrud (1996): Mode. Models. Superstars, Köln: DuMont Buchverlag

Lehnert, Gertrud (1998): „Es kommt der Moment, in dem sie selbst ihre Puppe ist – Von modischen Körpern, Frauen und Puppen". In: Mode, Weiblichkeit und Modernität, hg. v. Gertrud Lehnert. Dortmund: Edition Ebersbach, S. 86-106

Lehnert, Gertrud (2001): „Der modische Körper als Raumskulptur". In: Theatralität und die Krisen der Repräsentation, hg. Erika Fischer-Lichte. Stuttgart: Metzler, S. 528-549

Lehnert, Gertrud (2001): „Sur la robe elle a un corps... oder: Die Fiktionalität der modischen Körper". In: Irene Antoni-Komar (Hg.): Moderne Körperlichkeit. Körper als Orte ästhetischer Erfahrung. Bremen: dbv, S. 126-151

Lehnert, Gertrud (2006): „Die Kunst der Mode – Zur Einführung". In: Die Kunst der Mode, hg. Gertrud Lehnert. Oldenburg: dbv, S. 10-25

Lehnert, Gertrud (2010): „Gender". In: Berg Encyclopedia of World Dress and Fashion, Vol. 8: West Europe. Oxford: Berg Publishers , S. 452-461

Lehnert, Gertrud (Hg.) (2011): Raum und Gefühl . Der Spatial Turn und die neue Emotionsforschung, Bielefeld: Transcript Verlag

Lehnert, Gertrud (2011a): „Raum und Gefühl". In: Lehnert (2011), S. 9-25

Lessing, Gotthold Ephraim (1987): Laokoon oder Über die Grenzen der Malerei und der Poesie. Stuttgart: Reclam

Löw, Martina (2001): Raumsoziologie. Frankfurt/M.: Suhrkamp

Lord, M.G. (1995) : Forever Barbie. An Unauthorized Biography of a Real Doll. New York : Avon Books

Ansgar Nünning (Hg.) (1998): Metzler Lexikon Literatur und Kulturtheorie. Ansätze, Personen, Grundbegriffe. Stuttgart: Metzler

Mannequins. Schaufensterpuppen aus der Sammlung des Hermann Götting (1996). Museum für Angewandte Kunst Gera, 10.12.1996-2.2.1997

Osborne, Vanessa (2009): „The Logic of the Mannequin: Shop Windows and the Realist Novel". In: John Potvin (Hg.): The Places and Spaces of Fashion, 1800-2007, London, New York: Routledge, S. 186-199

Peers, Juliette (2004): The Fashion Doll from Bébé Jumeau to Barbie, Oxford, NY: Berg Publishers

Potvin, John (ed.) (2009): The Places and Spaces of Fashion, 1800-2007, London, New York: Routledge

Rand, Erica (1995): Barbie's Queer Accessories, Durham, London: Duke University Press

Richman, Stephen M. (2006): Mannequins. Atgen, PA: Schiffer Publishing

Rousseau, Jean-Jacques (1993): Emil oder Über die Erziehung, übers. Ludwig Schmidts, Paderborn usw.: Ferdinand Schöningh

Schmitz, Hermann (1998) [1967]: System der Philosophie, Bd 3: Der Raum, Erster Teil: Der leibliche Raum, Bonn: Bouvier

Schmitz, Hermann (1981) [1969]: System der Philosophie, Zweiter Teil: Der Gefühlsraum, Bonn: Bouvier

Schmitz, Hermann (1995): „Choriologie (Der Raum)". In: Ders.: Der unerschöpfliche Gegenstand. Gründzüge der Philosophie, Bonn: Bouvier, S. 275-320

Schneider, Sara K. (1995): Vital Mummies. Performance design for the show-window mannequin. New Haven, Conn.: Yale University Press

Tawada, Yoko (2000): Spielzeug und Sprachmagie in der europäischen Literatur. Eine ethnologische Poetologie, Tübingen: Konkursbuchverlag

Le Théâtre de la mode (1945), Paris: S.E.M.P.

Théâtre de la mode (1991), hg. Susan Train. New York: Rizzoli in Cooperation with the Metropolitan Museum

Thull, Stefan/Moch, Josef (2007): Mochfiguren 1907-2007. Eine Erfolgsgeschichte von 100 Jahren. Köln: Mochfiguren GmbH

Vinken, Barbara (2001): „Transvestie – Travestie: Mode und Geschlecht". In: Annette Jael Lehmann (Hg.): Un/Sichtbarkeiten der Differenz. Beiträge zur Genderdebatte in den Künsten. Tübingen: Stauffenburg, S. 273-288

Warnecke, Dieter (1995). Barbie im Wandel der Jahrzehnte. Ein ausführliches Handbuch für Liebhaber und Sammler, München: Wilhelm Heyne Verlag

Welcome to the Dollhouse, 15. Juni 2008, New York Times Magazine (http://www.nytimes.com/2008/06/15/magazine/15style-matter-t.html?_r=1) 30. April 2010, 11.00 Uhr

Winter, Gundolf (1985): „Distanz. Zu einer medialen Grundbedingung der Skulptur". In: Modernität und Tradition. FS Max f. Imdahl. München: Wilhelm Fink Verlag, S. 271-287

Internet

http://www.viktor-rolf.com/_en/_ww/index.htm, Zugriff 8. Mai 2011, 11 Uhr)

Abbildungen

Abb. 1: Le Moniteur de la Mode. (co) Staatliche Museen zu Berlin, Kunstbibliothek/Sammlung Modebild, Lipperheidesche Kostümbibliothek

Abb 2: Eliane Bonabel, die „Erfinderin" der Puppen. Aus: Théâtre de la mode (1991), hg. Susan Train. New York: Rizzoli in Cooperation with the Metropolitan Museum, S. 31

Abb. 3: Frühjahrs-/Sommermode 1946. Aus: Théâtre de la mode (1991), hg. Susan Train. New York: Rizzoli in Cooperation with the Metropolitan Museum, S. 86

Abb. 4 Rue de la Paix. Szenario von Louis Touchagues. Aus: Théâtre de la mode (1991), hg. Susan Train. New York: Rizzoli in Cooperation with the Metropolitan Museum, S. 73

Abb. 5: Links: *Longchamps Fleuri* von Jacques Fath, rechts: ein Modell von Pierre Balmain. Aus: Théâtre de la mode (1991), hg. Susan Train. New York: Rizzoli in Cooperation with the Metropolitan Museum, S. 73

Abb 5: Théâtre de la Mode. In: Le Théâtre de la mode (1945), Paris: S.E.M.P., S. 97

Abb 6: Théâtre de la Mode, aus: Théâtre de la mode (1991), hg. Susan Train. New York: Rizzoli in Cooperation with the Metropolitan Museum, S. 23

Abb. 7: Puppen (wie Abb. 5) aus Théâtre de la mode (1991), S. 97, davor die Tonner-Puppe mit der Replik des Kostüms von Fath, Foto: Rymarowicz

Abb. 8, 9, 10: Das Puppenhaus von Viktor & Rolf. Mit freundlicher Genehmigung der Barbican Gallery, London

Abb. 11 und 12: Viktor & Rolf, Bedtime Story, aus: Evans, Caroline/ Frankel, Susannah (2009): Viktor & Rolf. München: Wilhelm Heyne Verlag, S. 167 und 170

Autorinnen und Autoren

Susanne Beckmann, geboren 1962 in Sao Paulo, studierte Malerei und Kunst am Bau an der Akademie voor Toegepasten Kunsten in Maastricht. Von 1988 bis 2003 war sie als freie Künstlerin in Belgien, Maastricht, Aachen, Berlin und Thessaloniki tätig. Im Anschluß daran wurde sie Mitherausgeberin von Modesearch.de, einem Netzwerk für Mode, Design, Modehandwerk und Fashiontouren, dessen alleinige Herausgeberin sie seit 2007 ist. Die Onlineplattform enthält seit 2006 auch einen journalistischen Teil mit Rezensionen und Dokumentationen zu Modeausstellungen. Weitere Tätigkeitsfelder sind Laufstegfotografie, Bühnenoutfit-Beratung für Schauspieler und Entertainer, Lehraufträge, die redaktionelle Mitarbeit an Dokumentarfilmen verschiedener Auftraggeber sowie Vorträge, Moderationen und Veröffentlichungen zum Thema Mode in Verlagen, Büchern und der Financial Times Deutschland.

Arjan van der Bliek studierte an der Academie van Bouwkunst Rotterdam, der Hogeschool Zeeland sowie an der University of Oxford, ist Architekt und einer der Gründungspartner des Büros Urban Symbiose. Er arbeitet mit verschiedenen Marken zu Räumen der Markenidentität, darunter Mexx, Philips und Nike.

Prof. Dr. Gabriele Brandstetter lehrt Theater- und Tanzwissenschaft an der Freien Universität Berlin mit den Forschungsschwerpunkten Geschichte und Ästhetik von Tanz, Theater und Literatur vom 18. Jh. bis zur Gegenwart; Theater und Tanz der Moderne und der Avantgarde; Zeitgenössisches Theater, Tanz, Performance; Theatralität und Geschlechterdifferenz; Virtuosität in Kunst und Kultur sowie Körper – Bild – Bewegung. Veröffentlichungen (Auswahl): Improvisieren. Paradoxien des Unvorhersehbaren. Kunst - Medien - Praxis (2010, hg. gemeinsam mit Hans-Friedrich Bormann, Annemarie Matzke); Notationen und choreographisches Denken (2010, hg. gemeinsam mit Franck Hofmann, Kirsten Maar); Theater ohne Fluchtpunkt. Das Erbe Adolphe Appias: Szenographie und Choreographie im zeitgenössischen Theater (2010, hg. gemeinsam mit Birgit Wiens) Prognosen über Bewegungen (2009, hg. gemeinsam mit Sibylle Peters, Kai van Eikels); Methoden der Tanzwissenschaft. Modellanalysen zu Pina Bauschs ´Sacre du Printemps´ (2007, hg. gemeinsam mit Gabriele Klein); Schwarm(E)Motion. Bewegung zwischen Affekt und Masse (2007, hg. gemeinsam mit Bettina Brandl-Risi, Kai van Eikels); Tanz als Anthropologie (2007, Mithg. Christoph Wulf); Bild-Sprung. Tanz-

TheaterBewegung im Wechsel der Medien (2005); Tanz-Lektüren. Körperbilder und Raumfiguren der Avantgarde (1995).

Prof. Dr. Birgit Haase ist Professorin für Kunst- und Modegeschichte/Modetheorie an der Hochschule für Angewandte Wissenschaften Hamburg. Nach einem mit Diplom abgeschlossenen Ingenieursstudium der Bekleidungstechnik promovierte sie am Fachbereich Kulturgeschichte und Kulturkunde der Universität Hamburg über Kleidung und ihre künstlerische Darstellung am Beispiel früher Figurenbilder Claude Monets. (Buchpublikation unter dem Titel: Fiktion und Realität. Untersuchungen zur Kleidung und ihrer Darstellung in der Malerei am Beispiel von Claude Monets Femmes au jardin, 2002.) Von 2002 bis 2004 war sie wissenschaftliche Mitarbeiterin am Württembergischen Landesmuseum Stuttgart zur Einrichtung des Modemuseums im Schloss Ludwigsburg. Zahlreiche Veröffentlichungen und Vorträge, insbesondere zur historischen Kleidungsforschung sowie zur Textil- und Modegeschichte.

Amy de la Haye ist Professorin für Kleidungsgeschichte und Kuratieren, Rootstein Hopkins Chair of Dress History and Curatorship, am London College of Fashion, University of the Arts London, Kuratorin von Kleider- und Mode-Ausstellungen an unterschiedlichen Museen und Autorin einer Vielzahl von Büchern. Veröffentlichungen (Auswahl): Fashion since 1900 (22010, gemeinsam mit Valerie Mendes); Carnaby 1960-2010 (2010, gemeinsam mit Judith Clark); Lucile Ltd: London, Paris, New York and Chicago 1890's to 1930's (2009; gemeinsam mit Valerie Mendes); The Land Girls: Cinderellas of the Soil (2009); Defining Dress: Fashion as Image, Object and Identity (1999); Concise History of Twentieth Century Fashion (1999, gemeinsam mit Elizabeth Wilson); Chanel: Couturiere at Work (1997, gemeinsam mit Valerie Mendes).

Prof. Klaus Honnef, geboren 1939, ist Prof. em. für Theorie der Fotografie der Kunsthochschule Kassel. Er war Chef der Redaktionen für Kultur und Unterhaltung bei den „Aachener Nachrichten", Direktor des „Westfälischen Kunstvereins" in Münster und Ausstellungsdirektor des „Rheinischen Landesmuseums Bonn". 1972 und 1977 gehörte er zu den Organisatoren der Documenta 5 und 6 in Kassel. Er war Gastprofessor und Lehrbeauftragter an deutschen Universitäten und Hochschulen und ist heute als freier Kurator und Publizist tätig. Er hat mehr als 500 Ausstellungen weltweit kuratiert und zahlreiche Bücher veröffentlicht. Klaus Honnef ist Träger des „Chevalier de l'ordre des arts et del lettre" der Republic de France und des Kulturpreises der DGPh 2011.

Alicia Kühl, M.A., studierte Kulturwissenschaften an der Universität Leipzig und konzentrierte sich in ihrem Studium auf die Stadt- und Konsumsoziologie. Ihre Magisterarbeit mit dem Titel „Die Eisenbahnstraße Leipzig: vom Arbeiterquartier zum Migrantenviertel. Eine Analyse des soziokulturellen Wandels von der Gründerzeit bis heute unter besonderer Berücksichtigung der DDR" erschien 2010 als

Monografie im Verlag Dr. Müller. Als Stipendiatin des DFG-Graduiertenkollegs „Sichtbarkeit und Sichtbarmachung" an der Universität Potsdam forscht sie derzeit über Modenschauen und ihre Positionierung und Bedeutung im Modezyklus.

Prof. Dr. Gertrud Lehnert lehrt Allgemeine und Vergleichende Literaturwissenschaft und Kulturwissenschaft an der Universität Potsdam. Zu ihren Forschungsschwerpunkten zählen Modegeschichte und -theorie, kulturelle Visualisierungs- und Inszenierungsprozesse, Gender Studies, Räume und Emotionen sowie Lyrik/Lyrikerinnen seit der Renaissance. Veröffentlichungen (Auswahl): Herzanker. Dichterinnen und die Liebe (2011); Raum und Gefühl. Der Spatial Turn und die neue Emotionsforschung (2011, Hg.); Spaces of Desire – Spaces of Transition. Space and Emotions in Modern Literature (2011, hg. gemeinsam mit Stephanie Siewert); Gender, in: Berg Encyclopedia of World Dress (2010, vol. 8); Schnellkurs Mode (1998; 4., aktualisierte Auflage 2008); Große Gefühle. Ein Kaleidoskop (2007, hg. gemeinsam mit Ottmar Ette); Die Kunst der Mode (2006, Hg.); Schnellkurs Europäische Literatur (2006). Zahlreiche Aufsätze u.a. über Modegeschichte und Modetheorie.

Prof. Dr. Petra Leutner ist seit 2006 Professorin für Modetheorie und Ästhetik an der Akademie Mode und Design Hamburg. Von 2004 bis 2006 war sie Gastprofessorin für Wahrnehmungstheorie an der Hochschule für Gestaltung Offenbach. Davor hatte sie Lehrverpflichtungen in Verbindung mit Projektarbeit an der Goethe-Universität Frankfurt am Main, der TU Darmstadt, der TU Karlsruhe und der Gesamthochschule Siegen. Studium der Literaturwissenschaft, Philosophie und Soziologie sowie Promotion an der Goethe-Universität Frankfurt am Main. Veröffentlichungen (Auswahl): Bild und Eigensinn (2006, hg. gemeinsam mit Hans-Peter Niebuhr); Das verortete Geschlecht (2003, hg. gemeinsam mit Ulrike Erichsen); Wege durch die Zeichen-Zone. Stéphane Mallarmé und Paul Celan (1994). Zahlreiche Aufsätze zu den Arbeitsschwerpunkten Ästhetizismus, Mode, Wahrnehmung, poetische Sprache.

Dr. Uwe Lindemann ist als Studienrat im Hochschuldienst im Fach Allgemeine und Vergleichende Literaturwissenschaft an der Ruhr-Universität Bochum tätig. Seine Forschungsschwerpunkte sind Poetik und Ästhetik der europäischen und anglo-amerikanischen Erzählliteratur, poststrukturalistische Kultur-, Medien- und Literaturtheorie sowie das Verhältnis von Literatur, Ökonomie und Konsumkultur. Zur Zeit arbeitet er an dem von der DFG geförderten Buchprojekt „Warenhausliteratur und Konsumkultur zwischen 1880 und 1930".

Olaf Martens ist Absolvent der Hochschule für Grafik und Buchkunst in Leipzig und arbeitet seit 1984 als Mode- und Kunstfotograf. Seit Ende der 1990er Jahre fotografiert er für Werbekampagnen internationaler Auftraggeber und für Zeitschriften wie FAZ Magazin, Der Spiegel, Stern, Max, art, Geo Spezial oder auch Merian. Mit seinen Arbeiten ist er in den Sammlungen Goetz und F.C. Gundlach vertreten. Einzelausstellungen (Auswahl): FFI – Fotoforum International, Frankfurt; Neue Sächsische Galerie, Chemnitz (2005); Grassi Museum für angewandte Kunst, Leipzig (2004); Internationale Fotobiennale, Goethe-Institut Rotterdam; Fotomuseum , Leipzig-Mölkau; Ephraim-Palais, Berlin (2003)

Prof. Dr. Gabriele Mentges ist seit 1996 Professorin an der TU Dortmund. Schwerpunkte ihrer Lehre und Forschung sind Kulturanthropologie des Textilen und der globalen Modegeschichte (Orientalismus, Zentralasien), Uniformierungsprozesse, Nationalkultur und Mode, Körper- und Geschlechtergeschichte, Materielle Kultur der Moderne sowie Museologie. Aktuelles Forschungsprojekt: Modernität der Tradition. Usbekische Textilkultur als kulturelle und ökonomische Ressource. (gefördert von der VW Stiftung). Veröffentlichungen (Auswahl): Modemenagerie. Zur Rückkehr der Tiere in der Mode, in: Andreas Hartmann / Peter Höher / Christiane Cantauw / Uwe Meiners / Silke Meyer (Hg.): Die Macht der Dinge. Symbolische Kommunikation und kulturelles Handeln (2011, S. 261-271); Medien der Mode. Dortmunder Studien zur Kulturanthropologie des Textilen (2010, hg. gemeinsam mit Gudrun König); Jewelry, in: Berg Encyclopedia of World Dress and Fashion (2010, vol. 8, S. 407-412); Härte, Echtheit und Notwendigkeit. Überlegungen zur Wertepolitik von Edelmetallen und Edelsteinen, in: Michaela Fenske (Hg.): Alltag als Politik - Politik im Alltag. Dimension des Politischen in Vergangenheit und Gegenwart (2010, S. 369-389).

Dr. Adelheid Rasche wurde 1963 in Salzburg (Österreich) geboren. Dort studierte sie an der Paris-Lodron-Universität Kunstgeschichte und Französisch. Für die Ausarbeitung der Dissertation erhielt sie ein Forschungsstipendium der Französischen Regierung. 1988 erfolgte die Promotion mit Auszeichnung. Seit 1990 ist sie Leiterin der Sammlung Modebild – Lipperheidesche Kostümbibliothek (Staatliche Museen zu Berlin), der weltgrößten grafischen Sammlung und Fachbibliothek zur Kulturgeschichte von Kleidung und Mode. Als Kunst- und Modehistorikerin ist Adelheid Rasche Kuratorin zahlreicher Ausstellungen und veröffentlichte erfolgreiche Fachbücher bzw. Aufsätze. Sie ist Mitglied in Fachjurys und angesehene Beraterin für historisches Kulturerbe der Mode- und Luxusindustrie.

Charlotte Silbermann, B.A., studierte von 2006 bis 2010 Kulturwissenschaft an der Universität Potsdam und ist dort seit 2010 Masterstudentin der Vergleichenden Literatur- und Kunstwissenschaft. Das Sommersemester 2011 verbrachte sie als Erasmusstudentin in Paris an der Université de Paris 12, Créteil. Charlotte Silbermann war von Juni 2008 bis Januar 2010 studentische Hilfskraft am Lehrstuhl für Allgemeine und Vergleichende Literaturwissenschaft bei Frau Prof. Dr. Gertrud Lehnert.

Dr. Änne Söll ist wissenschaftliche Mitarbeiterin am Institut für Künste und Medien der Universität Potsdam. Ihre Forschungsschwerpunkte sind die Kunst des 20. Jahrhundert mit Fokus auf Videokunst, Neuer Sachlichkeit, Fotografie und

Künstlerzeitschriften. Sie hat u. a. Publikation zur Materialforschung, zu Coolness und zum Thema Ekstase herausgegeben. Ihr Aufsatz „Pollock in Vogue: American Fashion and Avant-garde Art in Cecil Beaton's 1951 Photographs" ist 2009 in Fashion Theory erschienen. Seit Januar 2011 ist sie Mitherausgeberin der Zeitschrift kritische berichte. Momentan arbeitet sie an ihrem Forschungsprojekt „Moderne Männer. Krise, Modernität und Geschlecht in den Männerporträts von Otto Dix, Anton Räderscheidt und Christian Schad".

Prof. Katharina Tietze, geboren1968, leitet seit 2006 die Studienvertiefung Style & Design an der Zürcher Hochschule der Künste. Sie studierte Bekleidungsdesign an der Hochschule der Künste in Berlin, war Kostümbildnerin am Theaterhaus Jena und Mitarbeiterin am Lehrstuhl Moden und öffentliche Erscheinungsbilder an der Bauhaus-Universität in Weimar. Neben der Lehre hat sie verschiedene Ausstellungsprojekte realisiert, u. a. von 2002 bis 2006 gemeinsam mit Katharina Hohmann „K&K. Zentrum für Kunst und Mode" (www.kkkiosk.de).

Christine Waidenschlager, geboren 1954, studierte Kunstgeschichte, Geschichte und Hispanistik. 1985 bis 2005 war sie Kuratorin für Mode und Textil am Berlin-Museum, dem heutigen Stadtmuseum Berlin. Seit 2005 ist sie in gleicher Position am Kunstgewerbemuseum Berlin tätig. Ausstellungen und Veröffentlichungen (Auswahl): Uli Richter – Eine Berliner Modegeschichte, mit Bestandskatalog (2007, hg. gemeinsam mit Gesa Kessemeier); Gerd Hartung – Chronist der Berliner Mode (2004); Berliner Chic – Mode aus den Jahren 1820 – 1990, mit Katalog (2001); Heinz Oestergaard – Mode für Millionen, mit Bestandskatalog (1992); Couture – Konfektion – Varieté. Mode der 20er Jahre in Berlin, mit Bestandskatalog (1991).

Katja Weise, M.A., studierte an der Freien Universität Berlin Theaterwissenschaft und Allgemeine und Vergleichende Literaturwissenschaft mit den Schwerpunkten Modetheorie, Museumsgeschichte, Ausstellungstheorie, Körper- und Geschlechterkonzepte sowie Gartenkunst um 1800. Derzeit promoviert sie als Stipendiatin des DFG-Graduiertenkollegs „Lebensformen + Lebenswissen" an der Universität Potsdam und der Europa-Universität Viadrina Frankfurt/Oder über Modeausstellungen.

Farbteil

Abb. 1 Claude Monet: *Camille (La Femme à la robe verte)*, 1866.

Abb. 2 Claude Monet : *Les Promeneurs* (Bazille et Camille), 1865.

Abb. 3 Gustave Caillebotte: *Rue de Paris, temps de pluie*, 1877.

Abb. 4 *Les choses de Paul Poiret*, vues par Georges Lepape, Paris 1911.

Abb. 5 Scherer Gonzales, Mercedes Benz Fashion Week Berlin, Januar 2010
© Susanne Beckmann, www.modesearch.de .

Abb. 6 Olaf Martens: Theater im Yussupowpalast.

Abb. 7 Olaf Martens: Musikalische Komödie, Sankt Petersburg 2006.

Abb. 8 und 9 Olaf Martens: Serie Museum Antarktika/Antarktika Sankt Petersburg 2004

Abb. 10 Olaf Martens: Tschaikovskistraße.

Abb. 11 Zerschlissenes Seidenkleid des Londoner Modeschöpfers Peter Russell aus den 1930er Jahren

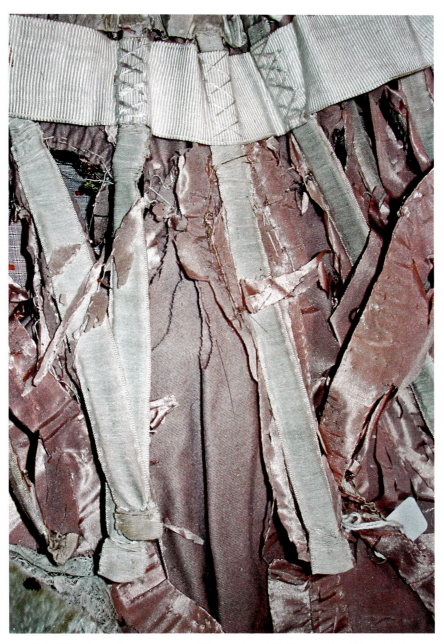

Abb. 12 Detail vom Inneren des zerschlissenen Ausgehkleides von Maud Messel, 1898.

Abb. 13 Robe à l'anglaise, England um 1780.

Abb. 14 Abendkleid mit Tournure, Amerika um 1875.

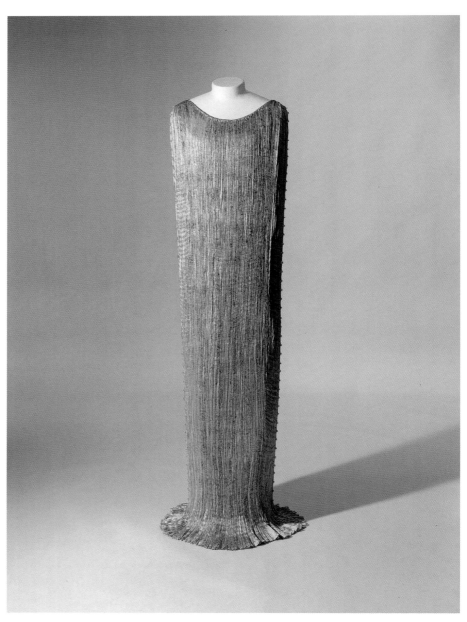

Abb. 15 Abendkleid von Mariano Fortuny um 1922.

Abb. 16 und 17 Tracey Emin: Everyone I Have Ever Slept With 1993-1995 (1996),
Innen-und Außenansicht (The Tracey Emin Museum at 221 Waterloo Road, 1996)

Abb. 18 Originale Puppe im Kostüm von Jacques Fath mit dem Namen *Longchamps Fleuri*, davor die Replik des Fath-Kostüms an einer Puppe der Robert Tonner Doll Company

Abb. 19 Das Puppenhaus von Viktor & Rolf in der Barbican Gallery, London.

Abb. 20 Das Puppenhaus von Viktor & Rolf in der Barbican Gallery, London.